HEYNE STILKUNDE
20

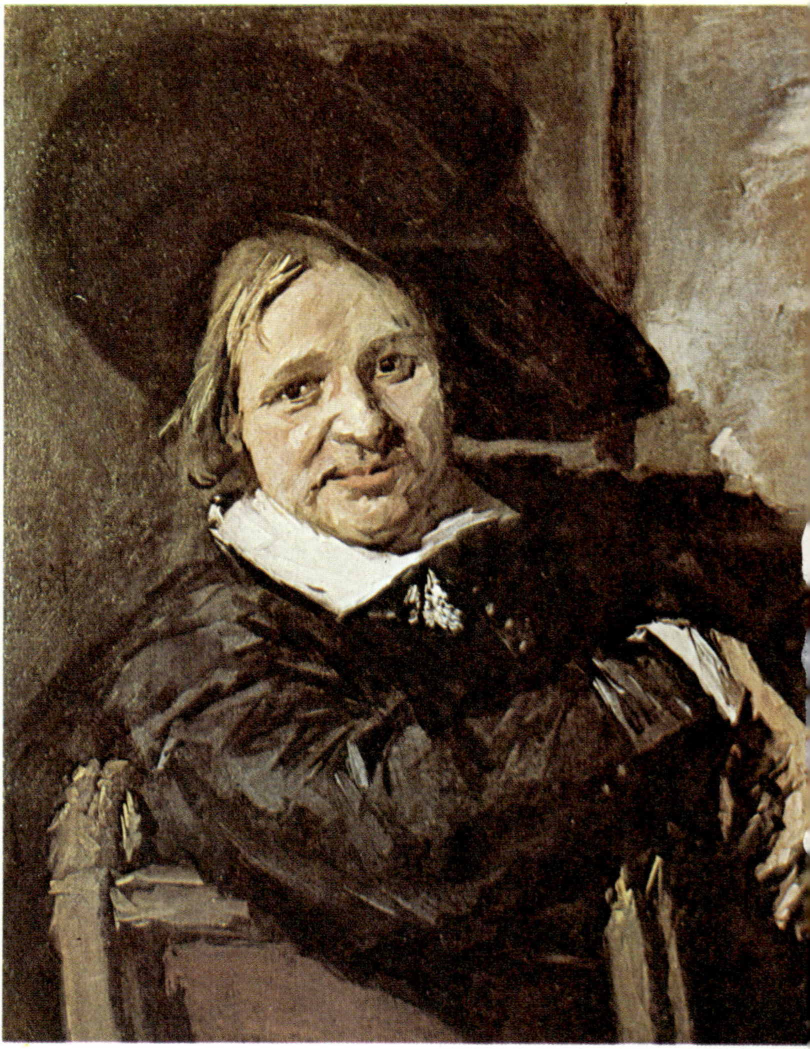

Frans Hals, »Der Mann mit dem Schlapphut«, ca. 1664, 79 × 66 cm. Kassel, Gemäldegalerie

HEYNE STILKUNDE

Hermann Bauer

HOLLÄNDISCHE MALEREI DES 17. JAHRHUNDERTS

mit 179 Abbildungen
davon 27 in Farbe

Wilhelm Heyne Verlag
München

Der Verfasser dankt Fräulein Corinna Rösner für Ihre Arbeit am Manuskript, die Bildbeschaffung und die Erstellung des Registers sehr herzlich. Herr Gerard Janssen hat das Manuskript ebenfalls durchgesehen und, wo es nötig war, ergänzt. Auch ihm sei dafür gedankt.

Umschlagfoto: Rijksmuseum, Amsterdam
Innenfotos: Bildarchiv Preußischer Kulturbesitz, Berlin; Kunsthistorisches Museum, Wien; Droemersche Verlagsanstalt, München
Printed in Germany 1979
Gesamtherstellung: Friedrich Pustet, Regensburg
ISBN 3-453-41347-4

Inhalt

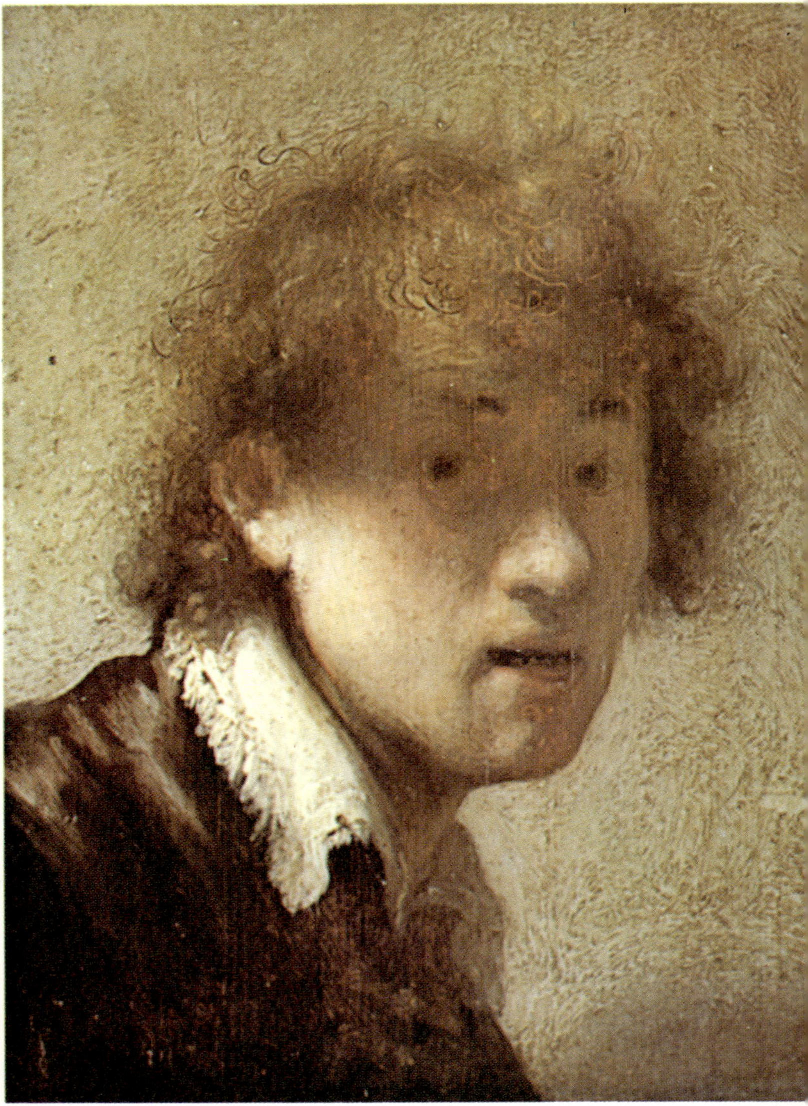

Rembrandt, »Selbstbildnis«, 1629, Öl/Holz, 16 × 13 cm. München, Alte Pinakothek

ZUR EINLEITUNG

Wir haben uns so an die Benutzung eines bestimmten Bildbegriffes gewöhnt, daß es uns kaum noch bewußt wird, daß dieser aus einer Revolution hervorging, die sich im Holland des 17. Jahrhunderts vollzog. Historisch-politische, religiöse und ökonomische Veränderungen führten zur Entwicklung einer neuen Kunstform. Der Bildbegriff dieser neuen Kunst vermittelte den Niederländern neue Vorstellungen von ihrem Land und machte so nicht nur Kunstgeschichte, sondern auch Geschichte. Eine Verselbständigung bislang gebundener Themen, die Herauskristallisierung von Motiven aus größeren Zusammenhängen, viele ikonographische wie formale Neuerungen, die Entstehung neuer Bildtypen (etwa das »Trompe-l'oeil«, d. h. »Augenbetrügerbild«, das reine Landschaftsbild, das Marinebild, das Stilleben etc.), das Aufgeben einer festen Bindung des Bildes an die Architektur, die Verwendung des Bildes als Handelsware und Ausstellungsobjekt, die es »ortlos« machte, das alles sind nicht nur die Symptome, sondern die Zeichen eines neuen Bildbegriffes. Eine Darstellung der holländischen Malerei, allein bezogen auf ihre künstlerische Leistung, wäre unvollständig, würde sie diese Änderungen außer acht lassen.

Ein einfacher Katalog von Fragen läßt sich dazu erstellen. Er lautet:

Wo? Wann? Was? Für wen? Durch wen? Wie?

Die Fragen lesen sich leicht, weniger leicht ist es sie zu beantworten, will man Simplifikationen vermeiden. Dieser Fragenkomplex umreißt weitgehend die Disposition dieses Buches; er macht die Frage nach dem rein Formalen zu einer Teilfrage, obwohl in diesem Bereich der holländischen Malerei ein neues Schönheitsprinzip eine entscheidende Rolle spielt.

DAS LAND

Oft ist zu lesen, daß die neue holländische Malerei des 17. Jahrhunderts ihre Prägung durch den Staat der Niederlande und durch die Landschaft erfuhr, die aus einem Tiefland gebildet wird, nahe dem Meer gelegen, mit seinen Marschen, Dünen und Kanälen, unterbrochen von kleinen Hügeln, mit Städten, die nahe beieinander liegen. Paul Claudel hat davon in seinem Buch über das »Wesen der holländischen Malerei« eine poetische Beschreibung gegeben: »In Holland trifft das Auge rings um sich her nicht auf einen einzigen jener fertigen Rahmen, darinnen ein jeder seine Erinnerungen und seine Träume ordnet. Die Natur hat ihm keinen deutlichen Himmelsrand gezeigt, sondern nur eine verschwommene Verlötung zwischen einem stets sich wandelnden Himmel und einer Erde, die nach einem Überspielen aller Tönungen in der Begegnung mit der Leere zerrinnt. Unsere Mutter Natur hat hier nicht geruht, durch mächtige Bauten, die wir Gebirge nennen, ihre Pläne deutlich aufzuzeigen oder prunkend zu offenbaren; rings keines der Dramen getürmter felsiger Schranken, nirgends die spielende Zier steigender oder fallender Flächen und jener langen Linien unaufhörlich abwogender und sich wieder fangender Erdwälle, in welchen Gestaltungen die Formenmelodie der Erde sich offenbart und erschöpft. Keine Unterbrechungen, keine Überraschungen, keine gewaltsamen Ereignisse oder auch nur unwiderstehlichen Reize in der Art des Loire- oder Seinetals, keine der Gegenwirkungen und plötzlichen Aufbäumungen, welche der Lauf der Erde dem Lauf des Wassers entgegenstemmt und aufzwingt. Hier ist man Bewohner oder Gast einer wässerigen, grassprießenden Fläche, einer weiträumigen Scheibe, über die das Auge so leicht dahinwandert, daß es in den Füßen keinerlei Sehnsucht erweckt. Alles ist ausgeglichen, die ganze ungehemmte Erdbreite, welche stets im Begriff zu sein scheint, sich in Farben und milchige

Dämpfe aufzulösen, wurde dem Menschen überantwortet, auf daß er daraus seine Weide und seinen Garten mache. Mit seinen Dörfern, seinen Glockentürmen mit den unregelmäßig verstreuten dichten Laubbüscheln aus Bäumen hat er es selber unternommen, eine Begrenzung des Himmels zu erschaffen. Die gradlinigen Kanäle, deren beide Ufer im Fernen in der Spitze eines V zusammenlaufen, machen uns die Entfernung kenntlich. Die Tiere in der unermeßlich sich breitenden Fläche, anfangs deutlich kenntliche Herden, dann bis ins Unendliche hineingestreute helle Punkte, sonnenübergossene Rapsspiegel und die vielfarbenen Hyazinthen- und Tulpenfelder schaffen Merkmale für unsere Augen. Und dennoch hat man im Mittelpunkt dieser Kreisscheibe aus grüner Emaille in keinem Augenblick den Eindruck starrer Unbewegtheit. Das entspricht nicht nur der unendlichen Mannigfaltigkeit der Schatten und Lichter im Steigen und Sinken des Tages an dem unermeßlichen Himmel, an dem in jeglichem Augenblick etwas zu geschehen oder etwas sich vorzubereiten scheint.«[1]

In seiner dichterischen Aussage schildert Claudel die holländische Landschaft in all' ihren Wesenszügen, die ihren Ausdruck erneut im holländischen Landschaftsbild finden sollten: tiefliegender Horizont, Ferne ohne Vordergrundakzente, die Vereinigung von Himmel und Erde in der Ferne, das bewegte Spiel von Licht und Wolken im Himmel über der Ruhe der Landschaft. Das holländische Stadtbild gewann die Intimität von Innenräumen. – Auch die spezifische Atmosphäre des Landes und der See mit ihren klimatischen Bedingungen wurde im Bild dargestellt und hat sicherlich zur Entstehung einer Art Freilichtmalerei beigetragen. Die Frage bleibt, ob diese Vorgegebenheit und Bedingungen ausreichen, die Neuerungen in der Maltechnik, der Bildgestaltung und der Bildinhalte zu erklären?

Eine mögliche Antwort geben die Bilder von Frans Post (1612–1680), der von 1637–44 mit Johann Maurits von Nassau-Oranien in Brasilien war und dort exotische Ansichten malte. Dabei bediente er sich der in diesen Jahren gerade voll ausgebildeten holländischen barocken Bildstruktur: Weite Landschaften, tiefliegende Horizonte, das Agieren von Licht und Wolken im Himmel. Die Genrefigur wird auch in diesen brasilianischen Ansichten zum Bild-

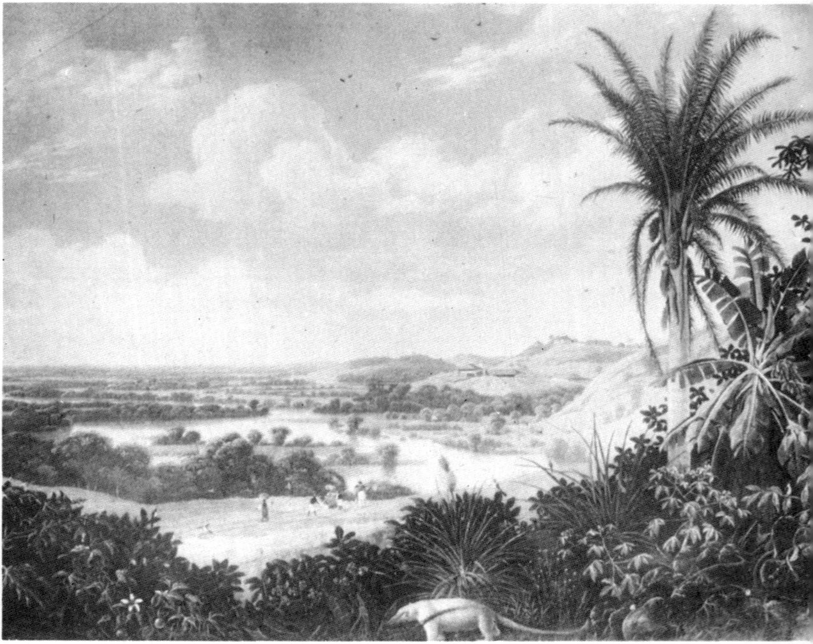

Frans Post, »Brasilianische Landschaft mit Ameisenbär«, 1649, Öl/Holz, 53 × 69 cm. München, Alte Pinakothek

gegenstand und gliedert die Struktur des Bildes. Durch die Verwendung der in Holland gültigen Prinzipien werden diese Bilder holländischen Ansichten vergleichbar. Es hatte sich eine bestimmte Schau einer Landschaft herausgebildet, die diese in eine bestimmte Bildordnung einfügte; als Maßstab diente die holländische Landschaft. Das ermöglichte es, daß auch völlig andere Landschaften nach dem gleichen Prinzip gestaltet werden konnten. Ein Vergleich zwischen einem der »italianisierenden« Maler, Nicolas Berchem (1620–1683), und einem seiner italienischen Vorbilder, Salvator Rosa (1615–1673), bestätigt das: Wenn ein Holländer in das Bild Berge, pittoreske Staffagen oder Ruinen einbringt, so unterscheidet er sich vom Italiener dadurch, daß letztlich nicht diese Werte des Pittoresken das Bild bestimmen, sondern daß in der Bildanlage wie in der Behandlung der Gegenstände eine besondere Ruhe, geradezu »angehaltene Zeit«, die Spannung und Bewegtheit des italienischen Vorbildes ablösen. Die Form des holländischen Landes scheint das Bild geprägt zu haben. Gleichzei-

Nicolaes Berchem, »Hirten bei einem Aquädukt«, 47 × 39 cm. London, National Gallery

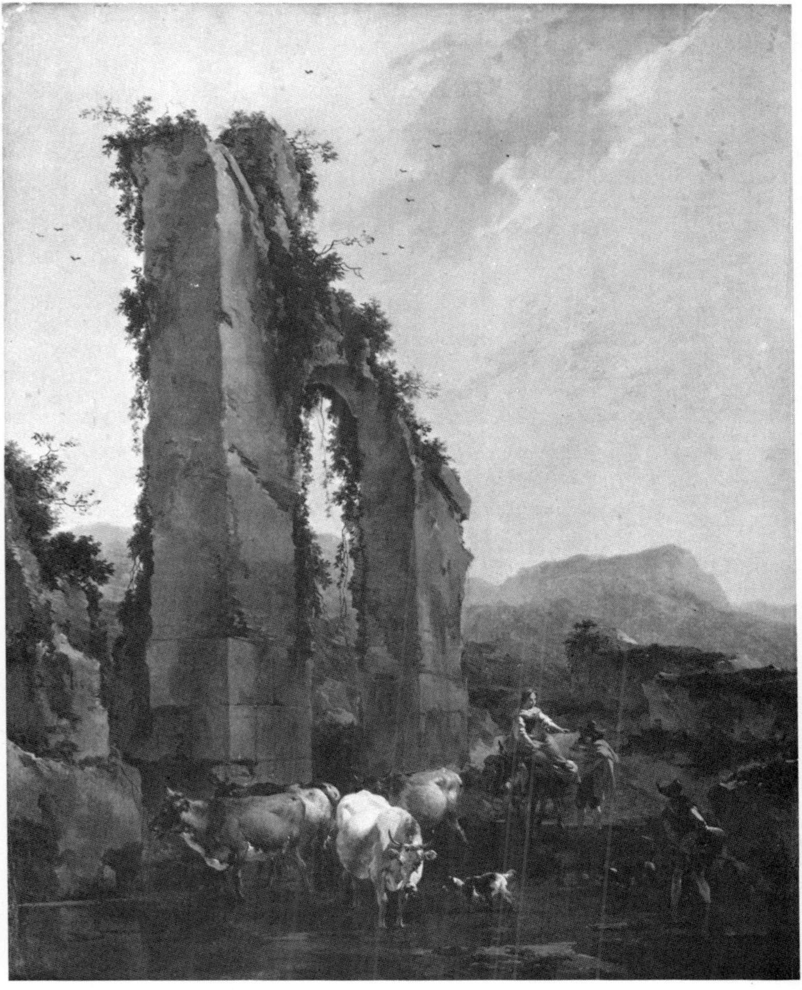

tig aber erkennen wir immer wieder, daß diese Bildaussage auf die ureigene Landschaft projiziert wurde, daß also vom Bild her Prägendes ausging im Hinblick auf das Land.

Salvator Rosa, »Landschaft mit Brücke«, um 1640, 106 × 127 cm. Florenz, Palazzo Pitti

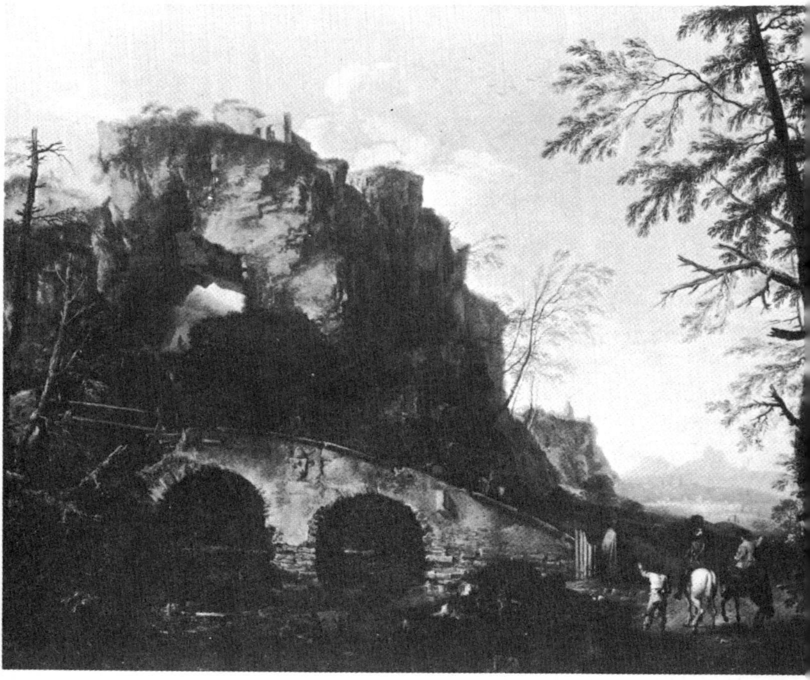

GESCHICHTLICHE VORAUSSETZUNGEN

Der historische Raum und seine Bedingtheiten, innerhalb dessen das Phänomen dieser neuen Kunst im 17. Jahrhundert entstehen konnte, stellt sich, wie folgt, dar: Die Niederlande erlangten ihre politische Selbständigkeit im 15. Jahrhundert durch die burgundischen Herzöge. Im Jahre 1363 erlosch eine der Nebenlinien des Hauses Valois. Der französische König Johann II., ein Valois, übergab seinem jüngsten Sohn Philipp (später der Kühne genannt) das Herzogtum Burgund, das bald einem Königreich an Macht und Prunkentfaltung gleichen sollte. Am 19. Juli 1369 heiratete Philipp die flandrische Erbtochter Margareta van Male und gewann damit, nach dem Tode seines Schwiegervaters Lodewyk van Male im Jahre 1384, Flandern hinzu. Sein Enkel, Philipp der Gute, konnte große Teile der deutschen Niederlande erwerben bzw. in den Jahren 1430–1445 erobern. Mit Hilfe der französischen Krone oder auch in Auseinandersetzungen mit ihr wurde Burgund zu einem Machtfaktor; es wurde zum prägenden Bestandteil der Kultur des ausgehenden 14. wie des 15. Jahrhunderts. Die Entstehung eines bestimmten höfischen Zeremoniells gehörte zu den großen Leistungen der Burgunder, vor allem aber die Einbringung der flandrischen und niederländischen Kunst in diesen damals reichsten Kulturbereich. – Mäzene wie der Duc de Berry oder der Kanzler Rolin, sie engagierten niederländische Maler wie die Brüder Limburg oder van Eyck, bestimmten nicht zuletzt das Aussehen dessen, was man die burgundische Pracht nennt. Dabei ist es bedeutungsvoll, daß im Rahmen dieser »burgundischen Pracht«, bedingt durch die politischen Verbindungen, nicht zuletzt die Niederländer die Träger der künstlerischen Form wurden.

Die Verheiratung des Habsburgers Maximilian I. mit Maria, der Erbtochter Karls des Kühnen von Burgund, führte zu einem Kampf um die Erbschaften zwischen Habsburg und der Krone

Frankreichs. Der aus dieser Ehe stammende Sohn, Philipp der Schöne, trat 1494 die selbständige Regierung in Burgund, also auch in den Niederlanden an. Ihm folgte 1506 sein Sohn, der spätere Karl V., nach. Durch Maximilian I. wurden die Niederlande, der fruchtbarste Nährboden der burgundisch-französischen Kultur, zu einem Teil des Reiches Habsburg. Zu ihnen gehörte seit 1524 das bisher unabhängige Friesland; 1528 wurden Utrecht, 1536 Drente, 1538 Groningen und 1543 das Gelderland hinzugewonnen, was für die spätere Geschichte der Niederlande bedeutsam werden sollte.

Philipp II., der Sohn Karls V., entschloß sich im Jahre 1555 die Niederlande zu einem Teil der spanischen Gesamtmonarchie zu machen; er wollte sein Reich in einem Einheitsstaat zusammenfassen. Unter der Regierung der Landvögtin Margaretha von Parma finden sich erste unübersehbare Zeichen einer Opposition gegen diese Zentralisierung unter der Herrschaft von Madrid. 1566 kam es zu antikatholischen Kundgebungen und sozialen Unruhen, die einen Bildersturm in den Kirchen auslösten. Eine Zeit lang konnte diese Reformation, die in Form des Calvinismus über die wallonischen Gebiete hinweg eindrang, von der Regierung niedergehalten werden. Dann aber geschah das, was die Geschichtsschreibung den »Abfall der Niederlande« nennt. Im Jahre 1567 erfolgte die berüchtigte Strafaktion des Herzogs von Alba, in deren Verlauf die Grafen Egmont und Hoorne hingerichtet wurden. Unter der Führung des Initiators des Widerstandes, Wilhelm von Oranien und Nassau, begann der sog. »80jährige Krieg«, in dem die Geuzen auf den Plan traten. Holland und Seeland ernannten Wilhelm von Oranien zum Statthalter. Im Jahre 1579 bildete sich eine Union der nördlichen sieben Provinzen: Geldern, Holland als Zentrum und später für das Ganze namengebend, Seeland, Utrecht, Friesland, Overijssel und Groningen. Zwar gelang es 1576 in der Pazifikation von Gent auch die südlichen Provinzen zu einem Bündnis gegen Habsburg-Spanien zu gewinnen, diese Vereinigung wurde aber durch den neuen Landvogt Alexander Farnese zerschlagen. Im Norden wurde eine neuer Landesherr von Habsburgs Gnaden, Franz von Anjou, durch Wilhelm von Oranien vertrieben, was zu einer Unabhängigkeitserklärung der Stände (Staaten) führte. –

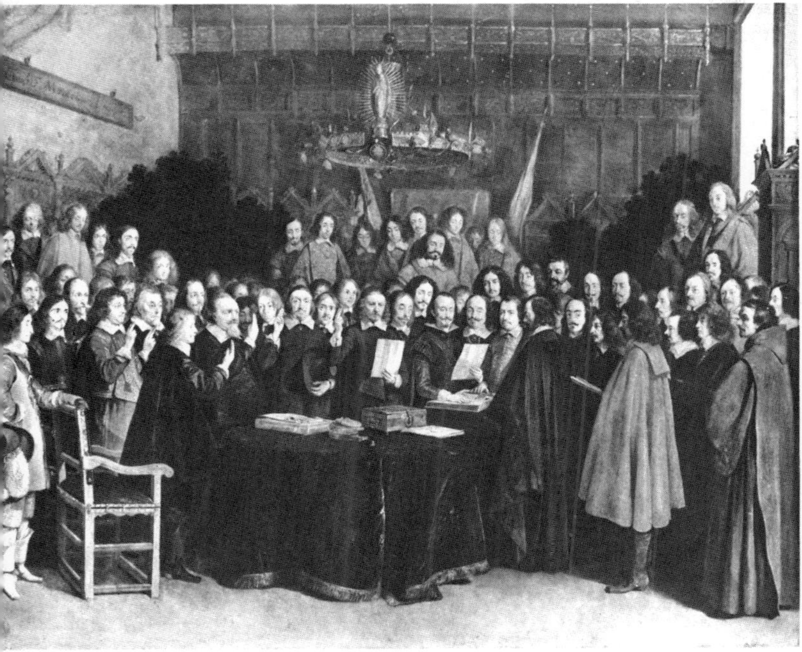

Gerard Terborch, »Der Friedensschluß zu Münster am 15. Mai 1648«, 1648, 45 × 58 cm. London, National Gallery

Wilhelm von Oranien wurde 1584 ermordet. – Im Waffenstillstand von 1609 und im 1648 geschlossenen »Westfälischen Frieden« gelang es den nördlichen Provinzen ihre Selbständigkeit zu bewahren.

Die Staatsordnung der damit frei gewordenen niederländischen Provinzen lag in den Händen der Stände (Staaten), die ausführende Gewalt bei den Oraniern als Statthaltern, wobei die einzelnen Provinzen sich den Status einer Republik gaben. Spannungen blieben in der Folge nicht aus, sie entstanden zwischen den Oraniern und den Regenten ebenso wie innerhalb der verschiedenen Richtungen der Reformation (z. B. Gomaristen gegen Arminianer). In der Struktur des Landes, das in der Großpolitik seinen eigenen Weg suchte, waren diese Schwierigkeiten begründet.

Von 1585–1625 regierte Moritz von Oranien das Land, im Anfang als Regent unter einem englischen Generalstatthalter, dem Grafen von Leicester. Ein antispanischer Vertrag bildete dann die Grundlage für die Dreierallianz zwischen England, Frankreich und den Niederlanden, die 1596 ihre volle Unabhängigkeit erlangten, nachdem Moritz von Oranien die noch in spanischen Händen befindlichen Städte Breda, Deventer und Groningen erobert hatte.

In den Jahren 1609–1621 bestand zwischen Spanien und den Niederlanden ein Waffenstillstand. Während außenpolitisch eine Beruhigung eingetreten war, wurde das Land von innenpolitischen und religiösen Unruhen erschüttert. Die bürgerlichen, in Fragen der Religion meist toleranten Regenten der Städte waren den Angriffen der calvinistischen Volkspartei des Statthalters ausgesetzt. Es kam zu erneuten kriegerischen Auseinandersetzungen mit Spanien, es gelang Breda zurück zu erobern. Erst dem Halbbruder von Moritz von Oranien, Friedrich Heinrich, gelang es im Jahre 1648 im Westfälischen Frieden einen Vertrag mit Spanien zu schließen, der die de facto Anerkennung der Niederlande beinhaltete und Brabant und Limburg dem Reich einverleibte. – Gerard Terborch (1617–1681) hat die feierliche Zeremonie der Unterzeichnung in einem Bild festgehalten. – Doch dieser Vertrag brachte den Niederlanden auch Verluste. Die südlichen Provinzen verblieben in spanischer Hand und fielen 1714 an Österreich. Nach dem Tode Wilhelms II. im Jahre 1650 wurden für einige Zeit sogar die Statthalter abgeschafft, und Holland übernahm unter Johann de Witt die Führung aller Provinzen. De Witt folgten dann die Ratspensionäre, mit ihnen begann die goldene Zeit des Landes. Im Jahre 1672 gelingt es erneut, mit Hilfe der Calvinisten und dem französischen Hof, einem Oranier auf den Sitz des Statthalters zu gelangen. Es war Wilhelm III. von Oranien, er steht am Ende der zu behandelnden Epoche, die mit ihm im Prunk eines absolutistischen Hofes endet.

Es ist ein Paradox in der Geschichte Hollands, daß die wirren Jahre der Befreiung das Land zu einem der reichsten der damaligen Welt machten. Aber eben diese Befreiung machte die Bildung von Reichtum erst möglich; der Calvinismus und die entstehende Republik wurden zu seinen Förderern.

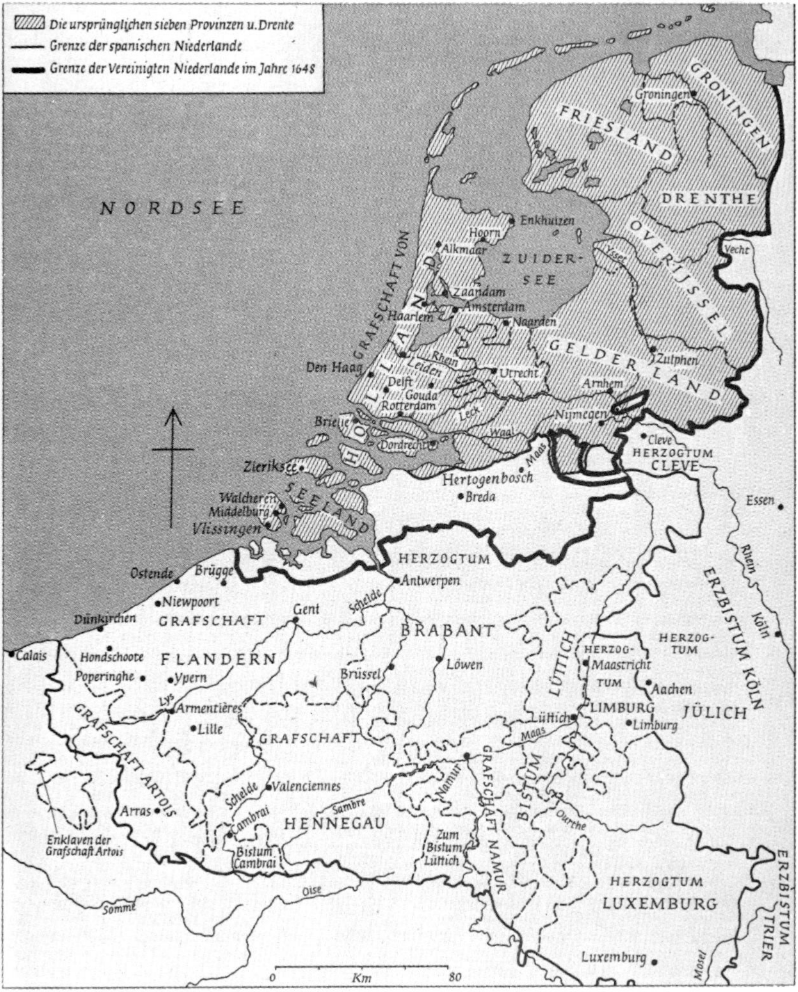

Die Niederlande zur Zeit des Aufstandes

Während im 16. Jahrhundert noch Antwerpen die reichste Handelsstadt des Nordens gewesen war – als Umschlagplatz vor allem für Textilien –, wurde nun Holland zu einem Land, das dank seiner Schiffbaukunst bald die Meere beherrscht und schließlich mit seiner Flotte die Schelde sperren und so den Handelsweg nach Antwerpen blockieren konnte. Holland übernahm geradezu ein Monopol für Schiffsfrachten in alle Welt und zurück. Die Basis für den rasch erworbenen Reichtum bildete der Getreidehandel über die Ostsee, die kolonialen Stützpunkte in Ostindien, Westindien, Nord- und Südamerika und die systematisch betriebene Fischerei. Dazu kam die Herrschaft über den Geldmarkt in Amsterdam. Viele Trockenlegungen im Westen, wobei die Konstruktion von Windmühlen notwendig wurde, finanzierte das städtische Kapital. Die 1602 erfolgte Zusammenlegung verschiedener Handelsgesellschaften zur Niederländisch-Ostindischen Handelskompanie war eines der Signale des Machtzuwachses. Der Preis für diese Entwicklung waren Kriege mit England und Frankreich, den Konkurrenten auf dem Weltmarkt, hinzu kam eine große Diskrepanz zwischen den Städten, in denen nicht nur der Handel, sondern auch Frühformen der Industrialisierung Spannungen zu den Provinzen schufen, die nur eine wenig bedeutende Landwirtschaft besaßen. Es gab in den Städten eine Zulieferungsindustrie für die Handels- und Kriegsflotte, zu ihr gehörten Segeltuchwebereien, Seilbahnhersteller, Ölmühlen, Sägereien und Zwiebackbäckereien. Die aus Südeuropa eingewanderten Juden gewannen Bedeutung als Verleger und Diamantenschleifer. Das importierte Rohmaterial, vor allem Zucker und Tabak wurde verarbeitet. Dazu kam in den ländlichen Gebieten der Ausbau der Käseproduktion und die Kultivierung des Gemüseanbaus. – Wenn 1609 Hugo Grotius (1583–1645) seine Schrift gegen den portugiesischen, dann spanischen Monopolismus im Seehandel »Mare liberum« nannte, bezeichnete das letztlich die Eroberung der Handelswege durch die Niederlande. Amsterdam bestimmte die Börse, die Ostindische Kompanie war das Beispiel für die Ökonomie des Landes.

Die Zinstechnik und die Möglichkeit der Vermögensgewinnung auf privater Basis innerhalb von Institutionen sind eine Erfindung der Holländer. Es war üblich, ein Viertel der Einnahmen zu sparen. Das Ergebnis war eine Ansammlung von Kapital in privater Hand, die Holland in die Lage versetzte, auch politisch eine Weltmacht zu werden. Moritz von Oranien führte für den Staatshaushalt eine Buchführung ein, die dem System der italienischen Stadtrepubliken entsprach. Die finanzielle und überseeische Leistung führte zu einer Vorrangstellung der Provinz Holland vor den übrigen sieben Provinzen, die in einer Union der Aufständischen verbunden waren. So gab Holland den Namen für die gesamte Union der nördlichen Niederlande. – Wenn in unserem Zusammenhang von holländischer Malerei die Rede ist, so müßte man besser von niederländischer Malerei sprechen. – Holland war die eigentliche amphibische Provinz, die zu Lande gemeinsam mit den übrigen Provinzen in hartem Existenzkampf gegen Spanien stand, die aber zur See fast allein ein Traumreich märchenhafter Gewinne erobert hatte. Nach dem Waffenstillstand von 1609 stiegen die Aktien der Ostindischen Kompanie auf über 500%. – Im Hintergrund der Kunstentwicklung dieser Epoche steht ein festgefügter Freiheitsbegriff, der Glaube an den Erfolg mit dem Ziel des Wohlstandes und vor allem die Entstehung eines reichen Bürgerstandes, der sich auf die Ideale der Römischen Republik und die der italienischen »demokratisch« regierten Stadtstaaten berief. Das alles vollzog sich in einer Zeit, in der die Welt vom Absolutismus geprägt war. Die Oranier herrschten als Fürsten, zahlten aber einen hohen Preis für die »Befreiung der Niederlande«.

Diese wurden zu föderalistischen »Generalstaaten« mit weitreichender Selbstverwaltung. Die Oranier erlangten erst 1814 anläßlich des Wiener Kongresses die Königswürde. Bis zu diesem Zeitpunkt beschränkte sich ihre Macht auf die Kriegsführung, sei es zunächst gegen Spanien oder später gegen England, doch blieben sie letztlich immer nur Beauftragte der Generalstaaten.

Bedingt durch die begrenzte Macht des Herrscherhauses entwickelte sich in den Niederlanden keine höfische Kultur, die der absolutistischen französischen vergleichbar gewesen wäre. Es gibt aus dieser Zeit Oranierschlösser, doch stehen sie außerhalb dessen, was im Auftrage eines reich gewordenen Bürgertums geschaffen wurde. Es entstand in den Niederlanden eine Geldaristokratie, ein reiches Bürgertum, das seine Legitimation aus dem Befreiungskampf und dem neuen Finanzerfolg herleitete und in dem barockabsolutistische Elemente auf andere Weise weiterlebten.

DIE AUFTRAGGEBER

Eng mit der Geschichte und der durch sie entstandenen Struktur des Landes hängt die Soziologie der Auftraggeber und Käufer von Kunstwerken zusammen.

Es gab eine höfische Kunst, vornehmlich unter den Statthaltern aus dem Haus Oranien. Nachdem Prinz Moritz sich im Haag einen prachtvollen Hof eingerichtet hatte und unter Friedrich Heinrich die Tendenz, den anderen großen Fürstenhöfen Europas nachzueifern, zunahm, entstanden Schlösser, die man entsprechend ausstatten wollte, nicht zuletzt mit Bildern, die als allegorische Wegweiser für das Zeremoniell dienen sollten. Bezeichnend ist, daß für solche Ausmalungen meistens Maler aus den südlichen Niederlanden, aus Brabant oder Antwerpen geholt wurden, wie etwa im Falle des Huis ten Bosch. Dieser Palast im Wald, der Name deutet es an, nördlich vom Haag gelegen, wurde 1645 von dem Architekten Pieter Post (1608–1669), dem Bruder des Malers Frans Post, für Amalia van Solms erbaut. Stilistisch ist er vom englischen Palladianismus beeinflußt. Für den zentralen, kuppelüberwölbten »Oranjesaal« wurde nach dem Tode ihres Mannes Friedrich Heinrich (1647) eine Verherrlichung des Hauses Oranien gemalt. Das ikonographische Programm entwarf Constantijn Huygens (1596 bis 1687), der ehemalige Sekretär des Prinzen, gemeinsam mit einem künstlerischen Berater; die Skizzen wurden von Jakob van Campen (1595–1657) gefertigt. Der Flame Jakob Jordaens (1593 bis 1678) malte den zentralen *»Triumph des Friedrich Heinrich« (1652)*. Der ehemalige Rubensmitarbeiter Pieter Soutman (gest. 1657), die Haarlemer Klassizisten Salomon de Bray (1597–1664), Pieter de Grebber (ca. 1600–1652/3) und Caesar van Everdingen (1606/17–1678), Jan Lievens (1607–1674) und der Utrechter Caravaggist Gerard Honthorst (1590–1656) malten wie Jordaens in elegantem, höfischem Stil andere allegorisch-mythologische Dar-

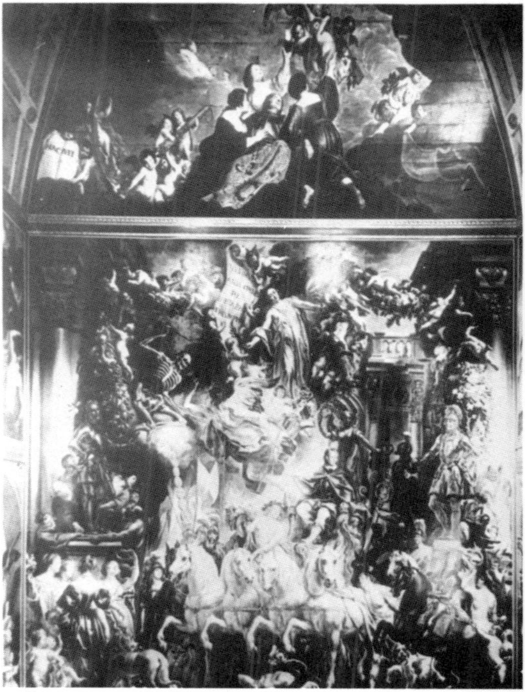

Jacob Jordaens,
»Triumphzug des
Prinzen Friedrich
Heinrich«, 1652.
Den Haag,
Huis ten Bosch

stellungen, in denen der Friede, der Krieg, die Musen, die Ehen der Familie Oranien, die Künste, die Wissenschaft usw. eine Rolle spielten.

Die dauernden Auseinandersetzungen zwischen Republikanern und Anhängern der oranischen Prinzen ließen allerdings nie so große Schloßanlagen entstehen, wie etwa die in Frankreich oder Deutschland. Erst unter der Regierung Wilhelms III. (1672–1702), also am Ende unserer Epoche, beginnt sich Holland anzugleichen. Bezeichnend ist, daß die holländischen Maler kaum die Freskotechnik beherrschten und die großen allegorischen Aufträge nicht ausführen konnten oder wollten. Man denke im Vergleich an den Medicizyklus von Peter Paul Rubens (1577–1640), den er von 1622 bis 1625 für das Palais de Luxembourg in Paris malte. Auftraggeberin war die Regentin Maria de Medici, die Witwe Heinrichs IV. In 24 Szenen sind die wichtigsten Ereignisse im Leben der Königin dargestellt. Einen weiteren Vergleich bilden die Deckenbilder von Whitehall in London. Auftraggeber war der englische König Karl I. Er beauftragte Rubens, die Regierungszeit seines Vaters James I. in großen Deckenbildern für das 1622 von Inigo Jones gebaute Banqueting House in Whitehall zu verherrlichen. Zwischen 1630 und 1634 arbeitet Rubens an diesen Gemälden. Diese Vergleiche lassen erkennen, wie bedeutungslos die holländische höfische Malerei in ihren Ansprüchen und ihrer Formgebung war.

Die Träger der republikanischen Befreiung waren in Holland eine große Zahl von bürgerlichen Institutionen, vom Rathaus bis zu den Gilden, den Schützenvereinigungen, den Rhetorikergesellschaften oder Zünften, die alle weit mehr als der Hof als Auftraggeber für Kunstwerke bedeutungsvoll wurden. Der Grund dafür ist, daß mit der neu erstandenen Republik das Bedürfnis der Selbstdarstellung entstand. Ihm verdanken wir u. a. die Entstehung eines neuen ikonographischen Bildtypus, es war das Gruppenporträt. Das Rathaus von Amsterdam beauftrage Rembrandt Harmensz. van Rijn (1606–1669), den *»Schwur der Bataver«* zu malen als Symbol republikanischer Freiheit. Rembrandt war nicht der einzige Maler, der einen solchen Auftrag erhielt. An der Innenausstattung des Rathauses waren u. a. Ferdinand Bol (1616–1680) und Govaert Flinck (1615–1660) beteiligt. Moralische und belehrende Absichten sind sehr deutlich im Bildprogramm des Rathauses zu erkennen. 1656 malte Bol z. B. für das Bürgermeisterzimmer eine Szene, in der der römische Feldherr Fabritius sich nicht von einem Elefanten seines Gegners Pyrrhus beeindrucken läßt. Flinck zeigt im selben Raum, wie ein anderer Römer sich nicht mit Geschenken bestechen läßt und lieber Rüben ißt. In dieser Weise wurden die Magistraten angehalten, sich ebenfalls in ihren Ämtern korrekt zu verhalten. Die römisch-republikanische Vergangenheit wird als Musterbeispiel gezeigt. Auch biblische Parallelen werden verwendet, um die Zuschauer zu belehren. Im Gerichtssaal, »Vierschaar«, ist neben zwei römischen Gerechtigkeitsszenen Salomons Urteil in einem Marmorrelief dargestellt. Die Regenten der Städte, die Abgeordneten des Staatsrates, die Vertreter der drei Teile der städti-

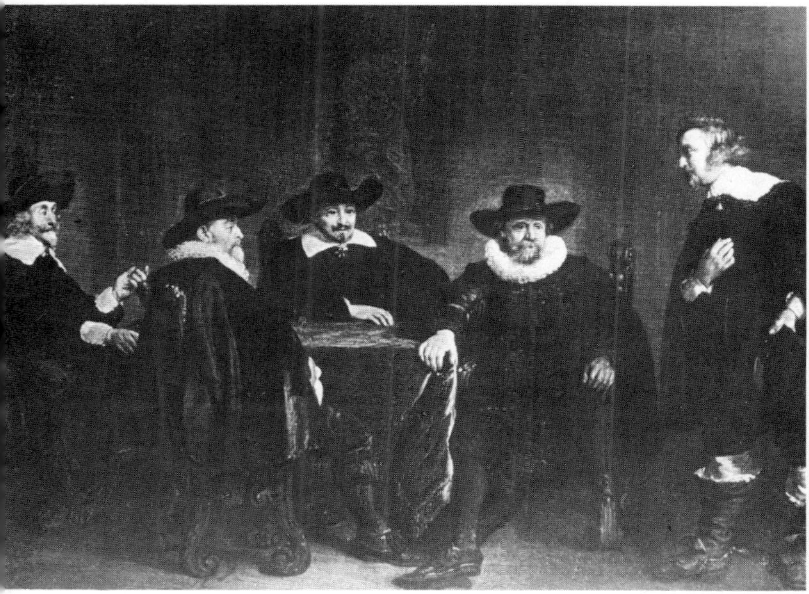

Thomas de Keyser, »Die Bürgermeister von Amsterdam«, 1638, Öl/Holz, 28 × 38 cm. Den Haag, Mauritshuis

schen Verwaltung, Bürgermeister, Magistrat und Schöffen, ließen sich häufig porträtieren und kauften Bilder. Es ist aber nicht so, daß alle Regenten in allen Ämtern sich in gleichem Maße porträtieren ließen. Es war meistens die »untere Oberschicht«, z. B. die Vorsteher der Hospitäler, Waisen-, Armen-, Pest- oder Strafhäuser, oft handelte es sich um sog. Ehrenposten. Kaum porträtieren ließen sich die Bürgermeister. In Amsterdam gibt es nur ein Beispiel eines Bürgermeister-Gruppenporträts, gemalt von Thomas de Keyser (1596/7–1667). Auch aus anderen Städten sind nur wenige dieser Art bekannt.

Eine neue Bürgeraristokratie war entstanden, die Regenten stammten meist aus reichen und einflußreichen Bürgerfamilien, sie konnten ihre Ämter vererben. Daß in solchen oligarchischen Stadtstrukturen das Porträt als Legitimation und Surrogat eines langen Stammbaumes eine sehr große Rolle spielen mußte, ist verständlich.

Aber auch das mittlere und kleine Bürgertum gehörte zum Kreis der Auftraggeber und Käufer von Bildern, und es kam sogar noch ein weiterer Kreis von Käufern hinzu: Die reichen Bauern begannen Bilder zu kaufen, nicht nur als Kunstobjekt, sondern auch als Spekulationsobjekt. Wie letztlich alles, wurden in Holland auch die Bilder zur Handelsware. – Ein reisender Engländer, John Evelyn, schrieb 1641 in seinem Tagebuch: »13 (August). Wir trafen spät in Rotterdam ein, wo gerade der Jahrmarkt oder Messe stattfand. Es gab so viele Bilder (insbesondere Landschaftsbilder und »drolleries« wie man hier diese narrenhaften Darstellungen nennt), daß ich staunte. Ich habe einige davon gekauft und nach England geschickt. Der Grund weswegen es diese Menge Bilder gibt und sie so billig sind, ist darin gelegen, daß Land fehlt, um ihr Kapital darin zu investieren. Darum ist es völlig normal einen Bauern zu treffen, der zwei- oder dreitausend Pfund in Bilder investiert. Ihre Häuser hängen voll damit und sie verkaufen sie mit großem Gewinn während ihren Kirmessen.«[2]

Beim Bauern als Käufer von Bildern handelt es sich um ein völlig neues Phänomen, das sich in dieser Form in der Geschichte nicht mehr findet. Ob ein einzelner Bauer nun wirklich zwei- bis dreitausend Pfund, wobei der Gulden niedriger stand als das Pfund, in Bildern investierte, bleibt fraglich. Aus Inventaren und Versteigerungen dieser Epoche ist bekannt, wieviel man für Bilder bezahlte. 1640 wurden neun Gemälde eines reichen Herrn in Amsterdam auf 336 Gulden geschätzt. 1639 zahlte man für 13 Gemälde, darunter Rembrandt, Jan Porcellis (1584–1632) und Poelenburg (1586–1667), 639 Gulden. Der Agent des Kardinals Richelieu in den Niederlanden, Alfonso Lopez Suasso, kaufte 1639 auf der Van Uffelen-Versteigerung in Amsterdam Raffaels *»Castiglione«* (das heute im Louvre befindliche Porträt des Baldassare Castiglione (1515, London)) für 3500 Gulden. Wir verdanken diese Information Rembrandt, der schnell eine Skizze nach dem Porträt machte und daneben den Preis notierte. Mit diesen Preisen verglichen erscheinen zwei- bis dreitausend Pfund übertrieben.

In jener Zeit betrug die Jahresmiete für eine Wohnung 40 bis 100 Gulden, ein Arbeiter verdiente am Tag einen Gulden!

Ein Auftraggeber, der im katholischen und teilweise auch protestantischen Bereich eine große Rolle spielte, fiel in den republikanischen niederländischen Provinzen fast völlig aus: die Kirche. Die Gründe finden sich in dem engen Zusammenhang von Befreiungskriegen und der Entstehung neuer Religionsgemeinschaften.

1586 wurde Johan van Oldenbarnevelt zum »Advocaat van der Lande« ernannt, was soviel wie »Sprecher der Republik« bedeutete. Seine Anhänger gehörten der liberal-evangelischen Richtung der Remonstranten an, die man auch Arminianer nennt nach dem Leidener Professor Arminius, der entgegen dem Calvinismus die Willensfreiheit und den Vorrang der Bibel vor den Bekenntnissen hervorhob. Damit stellte sich der Glaube der Remonstranten gegen die Prädestinationslehre der Calvinisten, welche die in einer »Remonstrantie« des Predigers Uytenbogaert erklärten Glaubensartikel bekämpfte.[3]

Die Anhänger des Hauses Oranien gehörten vornehmlich zum Kreis der orthodoxen Calvinisten. Als Prinz Moritz mit Hilfe der Stadt Amsterdam 1618 Oldenbarnevelt stürzen konnte, war dies zugleich ein Sieg des Calvinismus, der dadurch fast zu einer Staatsreligion wurde und seine Macht mit der zunehmenden Freiheit der Provinzen vergrößerte. Nur Teile der nördlichen Provinzen und des Bauernlandes blieben katholisch. Das katholische Utrecht übernahm eine Vermittlerrolle zum Süden des Landes, auch in Dingen der Kunst. Die 1618 einberufene nationale Synode von Dordrecht verdammte die Remonstranten, verbot den katholischen Gottesdienst und besetzte alle Ämter mit Calvinisten. Doch wie die republikanische Landkarte war auch die des Glaubens ein bunter Teppich, allerdings mit einer dominierenden Farbe. Der Kernsatz des calvinistischen Glaubens, daß die Bibel, vor allem das Alte Testament die alleinige Wahrheit garantiert, dazu die Prädestinationslehre brachten immer wieder eine Auflehnung gegen die weltliche Herrschaft zustande. So ist es nicht erstaunlich, daß sich später gerade der Calvinismus gegen die absolutistischen Bestrebungen der Statthalter wendete. Neben den Kirchen wurden die privaten

Häuser zum Ort der Andacht und Predigt, Glocken läuten nur noch bei Beerdingungen, die Orgel durfte nicht mehr gespielt werden, und die Bilder wurden aus den Kirchen entfernt. Nicht zum erstenmal in der Geschichte waren die Folgen einer Revolution politische und religiöse und endeten in einem Bildersturm. An vielen Plätzen war es bei der Übernahme des protestantischen Glaubens, nicht nur in Holland, zu Aufständen gekommen, die mit einem Sturm auf die Bilder des alten Glaubens als Symbole des Schlechten endeten. Dabei spielte oft die Bedeutung der Darstellung, ob sie ein Ersatz des Heiligen war oder nur sein Abbild, eine untergeordnete Rolle. Calvin bezog zu dieser Frage in seinem »Dekalog« Stellung: Er verbot die bildliche Darstellung, wobei er sich auf die Lehre bezieht, in der u. a. die Suffizienz der Heiligen Schrift hervorgehoben ist, das Meßopfer verworfen wird und ein besonderes Priestertum eingesetzt wird, wobei die meisten Sakramente abgeschafft werden. In Calvins Prädestinationslehre ist der Zentralgedanke die Gloria Dei: Alles ist zu Ehren Gottes geschaffen, alle, selbst die von Gott zur Verdammung bestimmten Menschen müssen ihr dienen. Diese neue menschliche Aufgabe spiegelt sich häufig in den Porträts wider. Sie zeigen einen grüblerischen, in Selbstverantwortung versunkenen Menschen voller Stolz und Härte.

Das Staatsideal der Calvinisten ist das des Gottesstaates. Die republikanische Verfassung hat den Vorrang vor der Monarchie, die aristokratisch-oligarchische Verfassung den Vorzug vor der demokratischen, was aber die Calvinisten nicht hinderte, mehrmals die Partei des »auserwählten« Oranien-Statthalters gegenüber den Städten zu ergreifen, nicht zuletzt deshalb, weil trotz aller absolutistischer Tendenzen der Oranier hier ein fester utopischer Zentralgedanke garantiert wurde. Es sei in diesem Zusammenhang, vielleicht übertreibend, darauf hingewiesen, wie in dieser Art von Ethik der äußere Erfolg zum Zeichen göttlicher Gnade werden kann.

Die grundlegende Wandlung des Glaubens stellte der Malerei neue Aufgaben und Themen. Ihr Gegenstand sollte jetzt die nahe Wirklichkeit auf Erden sein, das im übrigen Europa zu findende allegorische Symbol wurde dabei entweder didaktische Mahnung (an die Zeit und ihr Ende auf Erden) oder, oft sogar gleichzeitig, Schilderung der irdischen Schönheit. Das »Vanitas-Stilleben« ist dafür ein Beispiel.

Es entstand ein sehr vielschichtiger Bildbegriff. Die Abkehr vom religiösen Bild führte zu neuen Themen und brachte eine Bildproduktion in Gang, wie es sie im Abendland zuvor nie gegeben hatte. Eine Art von »Säkularisierung« brachte eine Verselbständigung neuer Themenkreise, nach einem langen bis ins 15. Jahrhundert zurückreichenden Prozeß: Die Landschaft, das Stilleben, das Genrebild wurden zu eigenständigen Bildaussagen.

DIE STÄDTE UND ZENTREN DER MALEREI

Die Freilichtmalerei (also das Malen von Bildern in freier Natur, vor der Landschaft z. B.) ist eine Erfindung des 19. Jahrhunderts. Sie basiert auf der Schule von Barbizon. In der Mitte des 19. Jahrhunderts malten die Vorläufer des Impressionismus, François Millet, Theodore Rousseau und Narcisse Diaz vor allem das Bauernleben und die Landschaft in der Umgebung von Fontainebleau. Der große Anteil der Landschaftsbilder in der barocken holländischen Malerei ließ falsche Vorstellungen von deren Entstehung aufkommen. Es wurde zwar im Freien vor dem Objekt skizziert, die wirklichen Bilder entstanden aber im Atelier, das wir uns als mehr oder weniger geeigneten Arbeitsraum vorstellen dürfen. Für das Bild mit der Ansicht von Delft zog Vermeer in ein gegenüberliegendes Haus, verlegte also sein Atelier. Für die Vorarbeiten zu einem Bild wurden auch optische Hilfsmittel wie Spiegel oder die Camera optica benutzt. Das endgültige Bild ging aber aus der Werkstatt hervor und konnte als einmal gefundener Typus immer neue Nachfolger haben. Oft ist es sehr schwierig, das zu einer bestimmten Skizze gehörende Bild genau zu bestimmen. Es scheint sich meist um Situationen in der Landschaft zu handeln, um bestimmte Dünen, Wälder, Marschen, Windmühlen und Kirchtürme, denen man Namen geben kann – das Bild als Ganzheit aber stellt eine konstruierte Auswahl dar und verallgemeinert im Sinne einer Zusammenführung, in dem es realistisch aufgenommene Gegenstände zu einem typischen Ganzen zusammenfügt. Eine Reihe von ähnlichen Anekdoten läßt die Maler von Bauern oder Wirtshausszenen, wie Adriaen Brouwer (1605/6 bis 1638) oder Adriaen van Ostade (1610–1685), zu Frequentierern ländlicher Vergnügungen werden, wie schon der Biograph Karel van Mander von Pieter Brueghel (1525/30–1569) bemerkt, daß er gerne Bauernhochzeiten besucht habe. Auch die Tatsache, daß

Maler manchmal Schankwirte waren und sicherlich ihr ländliches Genre bestens kannten, ändert nichts daran, daß ihre Bilder weniger Kirchweihreportagen sind als Vertreter eines bestimmten festgelegten Typus. So bildete das Bauerngenre wie die Landschaft eben einen ganz bestimmten Typus und ein ihm entsprechendes Bildergenre.

Wenngleich das Land auch Abnehmer von Bildern war und die ländliche Kirmes Gelegenheit zum Verkauf bot, zu der die Maler oder deren Frauen Bilder hinausbrachten, auf Wagen oder Treidelkähnen, war die Stadt doch der eigentliche Boden, in dem die Malerei wurzelte. Manche Maler finden wir ihr Leben lang in der gleichen Stadt, wie Jan Vermeer (1632–1675) in Delft oder Pieter Claesz. (1597/8–1660) in Haarlem, oft blieben sie dort, weil ihnen diese Stadt einen festen Neben- oder Hauptberuf bot. Manche wurden nach einer auf Wanderschaft verbrachten Lehrzeit seßhaft, andere wieder sind nacheinander in fast allen Städten zu finden, wie Gerard Terborch, geboren in Zwolle, gestorben in Deventer, mit einer Lehre in Amsterdam und Haarlem, einem Aufenthalt in England, Rom und Westfalen und schließlich Spanien, bis er in die Heimat zurückkehrte. Paulus Potter (1625–1654), Esajas van Velde (1591–1630) und andere wechselten oft die Stadt, aber nach Auslandsaufenthalten (in der Frühzeit und in der Utrechter Schule, vor allem in Italien) oder nach längerer Wanderschaft wurden sie alle in Städten seßhaft. Die Gilden, oft erst jetzt im 17. Jahrhundert eingerichtet, boten als Berufsgenossenschaften einen gewissen Schutz und organisierten den Verkauf der Bilder. Die Städte waren, als die Träger der Geschichte, der Humus jener geistigen, religiösen und politischen Entwicklungen, in denen die Maler die Bedürfnisse an Bildern bestimmten Inhalts und Aussehens befriedigten. – Ein Kenner seines Landes, Johan Huizinga, konnte es schlicht als ein Land städtischen Lebens bezeichnen.[4] – Unübersehbar ist beispielsweise in Utrecht der Einfluß der historischen Entwicklung und der Wandel der gesellschaftlichen Struktur auf die Bildproduktion. Utrecht war lange die einzige Bischofsstadt des ganzen Gebietes; es war einer der wichtigsten mittelalterlichen Orte im Rheinmündungsgebiet und hatte als beliebter Kaisersitz von allen niederländischen Städten des Nordens die besten Beziehungen zum Herrscher. Die 1636 gegründete Reichsuniversität, das Erzbistum und das Überleben des Katholizismus in diesem Bereich machten Utrecht zur Stadt mit den engsten Beziehungen zu Deutschland und Italien. Die Maler der Utrechter Schule, die die Frühzeit der holländischen Barockmalerei bestimmen sollten, waren fast alle mehr oder weniger lange in Italien. Der Caravaggismus als Grundlage der Hell-Dunkel-Malerei kam über Utrecht nach Holland.

Im Vergleich zu Utrecht waren etwa Dordrecht, Middelburg, Haarlem und Leiden spät, erst im 13. Jahrhundert, städtische Zentren geworden. Gegen Ende des Mittelalters wurde die jüngste in einer Gruppe nahe beieinanderliegender Städte, Amsterdam, führend durch Wirtschaft und Handel. »Holland, die Provinz war schon im 15. Jahrhundert vorwiegend ein Städteland geworden; Seeland und Utrecht wurden es, wenn auch in schwächerem Grad, ebenfalls; und in dem Maße, in dem Handel und Gewerbe die Hauptquellen der Wohlfahrt wurden, nahm die gesamte Bildung mehr und mehr den Typus einer städtischen Kultur an. Die wirtschaftliche Struktur des Landes war in seinem vornehmsten Teil diejenige einer Vielheit von kleinen Städten, die in engen Grenzen nebeneinander lebten, was natürlich nicht hinderte, daß weitaus die größte Oberfläche des Gebietes von Wasser, Heide, Acker- und Grasland bedeckt war.«[5]

Die stärkste und geistig mündige Oberschicht war der Kaufmannsstand. Wenn Karl V. 1528 die weltliche Macht des Bistums Utrecht, also eigentlich der nördlichen Niederlande, aufheben konnte, dann deshalb, weil die Geistlichkeit in dieser Zeit und in diesen Städten als politischer Faktor weitgehend bedeutungslos geworden war und somit für das Einströmen neuer Lehren Tür und Tor offen standen. Der Magistratenstand dieser Städte, aus dem Geschäftsleben erwachsen und gebildet im Sinne eines bürgerlichen Humanismus, schuf sich seine eigenen Universitäten, in denen neben dem Recht die Naturwissenschaften gepflegt wurden. Es entwickelte sich der Begriff »Mercator Sapiens«, der gelehrte Kaufmann. Caspar Barlaens, Ordinarius an dem Atheneum Illustre in Amsterdam hielt 1632 über diesen Begriff seine Antrittsvorlesung.

Im Jahre 1574, kurz nach der Befreiung der Stadt Leiden, stiftete der Oranierprinz mit Erlaubnis der Stände für Holland und Seeland die Universität Leiden. »Vom Anfang an geht die Sorge nicht allein nach den ›scientien der godtheyt‹, sondern auch nach ›allerlei guten, ehrlichen und freien Künsten und Wissenschaften‹; die Schule solle dienen ›zu einer festen Stütze und zum Halt der Freiheit und guter, gesetzlicher Regierung des Landes nicht allein in Sachen der Religion, sondern auch in denjenigen, die den gemeinen bürgerlichen Verband und Wohlstand betreffen«. Damit war der Weg zu einer empirischen Wissenschaft und zur Pragmatik frei. Diese Entwicklung wird auch in der Malerei spürbar. In Leiden entwickelt sich die Feinmalerei mit tiefem Sinngehalt, hier werden bezeichnende Symbole erdacht und bestimmte allegorische Formen entstehen und werden zur Mode. So kann man, allein was die Stillebenbilder betrifft, die feinsinnigen aus Leiden gegenüber den Prunkstilleben aus Haarlem und den Fischstilleben aus Den Haag wegen ihrer Vanitas-Allegorie leicht erkennen. – Der Müllerssohn Rembrandt wuchs in dem Raum dieser humanistischen Gelehrsamkeit auf, bevor er nach Amsterdam zog. – Amsterdam hatte am Ende des Dreißigjährigen Krieges 150 000 Einwohner, gehörte also zu den europäischen Großstädten. Das Bild einer Stadt, die sich in einem halben Jahrhundert um ihr Dreifaches vergrößert hatte, war durch Grachten und Straßen systematisch formiert; das Fischerdorf aus dem 13. Jahrhundert auf dem Damm zwischen Amstel und Ij hatte das Erbe Antwerpens angetreten. Brabanter Kaufleute und die 1576 vertriebenen portugiesischen Juden brachten den Handel und Handwerk mit. Das 1648 erbaute, im Anspruch einem Schloß gleiche Rathaus war de facto (nicht de jure) das Zentrum der nördlichen Niederlande.

Während gleichzeitig Haarlem durch seine Leinenindustrie reich wurde, wurde es Amsterdam durch den Handel und das Kapital, 44% aller Tätigen waren im Handel. Eine weitgehende Identität von Geldaristokratie und politisch Verantwortlichen sollte hier das Bild zu einem wesentlichen Instrument der Repräsentation und der Selbstdarstellung machen. Das Porträt als Instrument der Legitimation und der Befreiung hatte hier und in Haarlem einen zentralen Platz in den Künsten. Das Gruppenporträt gab es eigentlich nur in diesen beiden Städten. Und Rembrandt sollte nicht zuletzt der Maler sein, in dessen Themen, Aufgaben und ihren Lösungen sich die Probleme eines barocken »Nachholbedarfes« und der Konkurrenz mit dem Höfischen und auch vor allem des emanzipierten Menschen spiegeln. Die Verlagerung, die hier von der Kirche weg in das Privathaus und in die Universitäten als Forschungsstätten erfolgt war, die »Privatisierung« von Macht und Denken hat ihren Spiegel in jedem Bild von Rembrandt und Frans Hals (ca. 1581/5 bis 1666).

DAS BILD ALS WARE

Die steigende Nachfrage nach Gemälden und die daraus folgende Mehrproduktion führte bald zu einer Spezialisierung der Maler auf bestimmte Themen. Eine Ausnahme stellte Rembrandt dar; bei ihm gab es kaum ein Themengebiet, in dem er nicht arbeitete. Die Regel war, daß sich einzelne Künstler auf bestimmte Themen und Techniken spezialisierten. Das ging soweit, daß unter den Marine-Malern noch unterschieden werden kann zwischen Spezialisten für ruhige und für stürmische See. Oft gingen Bilder in Serienproduktion, wie bei Jacob van Ruisdal (1628/9 bis 1682), von dem man 150mal die gleiche oder ähnliche Landschaft mit dem Wasserfall nachweisen will. Es ging soweit, daß Maler die Menschenstaffage in die Landschaften anderer malten. Adriaen van de Velde (1636–1672) malte Figuren für Jacob van Ruisdal, Meindert Hobbema (1638–1709), Philips Koninck (1619–1688), Jan van Heyden (1637–1712) und Jan Wynants (ca. 1630/5 bis 1684). In einem Landschaftsbild Berchems steht ein Ehepaar, gemalt von Gerard Wons (Amsterdam). In Pieter Saenredams (1597 bis 1665) Kirchenbildern sind die Figuren häufig von der Hand Pieter Posts. Eine solche Zusammenarbeit erschien wohl aus ökonomischen Gründen oft sinnvoll, und sie entstand ohne das Problem gestörter Urheberrechte.

Rembrandt überging »een groot lantschap van Hercules Segers« (heute in den Uffizien, Florenz), die im Saal seiner Wohnung hing, wie das Inventarverzeichnis von 1656 ausweist. Wahrscheinlich sind die Figuren von der Hand Rembrandts. Er überarbeitete auch ein Bild mit der *»Opferung Isaaks« (München, Alte Pinakothek)*, das sein Schüler Govaert Flinck als Kopie nach Rembrandt gemalt hatte. Er vermerkte das in einer Bildbeschriftung, um einerseits ehrlich zu sein und um gleichzeitig das Gemälde durch seinen Namen aufzuwerten. Die Bildbeschriftung lautet: »Rembrandt verän-

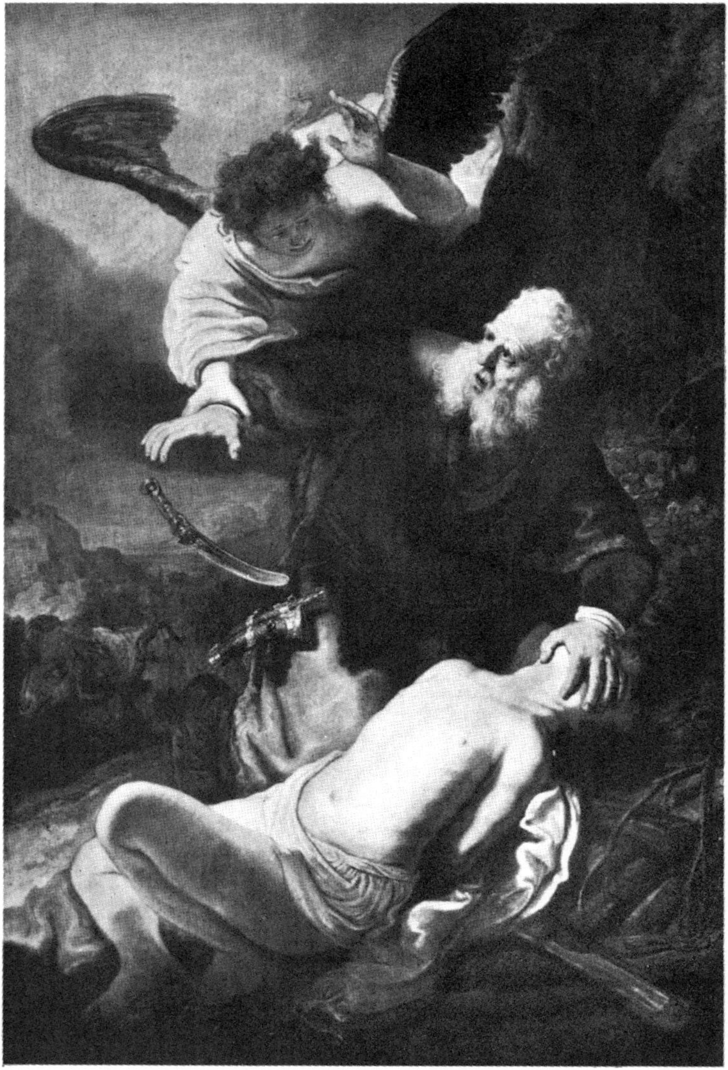

Govaert Flinck, »Die Opferung Isaaks«, 1636, 195 × 132 cm. München, Alte Pinakothek

dert. En over geschildert. 1636« (R. – hat es – verändert und übermalt). Die Überarbeitung des Meisters ist in dieser Kopie ziemlich weitgehend, die Signierung Rembrandts nichts Außergewöhnliches, denn die Gildebestimmungen erlaubten einem Schüler, wie es Flinck in den dreißiger Jahren bei Rembrandt war, Kopien anzufertigen, zu signieren und zu verkaufen. Verkäufer der Bilder war aber der Meister der Werkstatt, der mit diesen Produktionen oft gute Geschäfte machte. Aus Rembrandts Notiz auf der Rückseite einer Zeichnung, *»Susanna und die Alten« (Berlin-West, Gemäldegal.)*, geht hervor, daß er mit den Werken seiner Schüler Bol und Leendert Cornelisz. van Beyeren (1620–1649) handelte. – Houbraken berichtet, wie Frans Hals seinem Schüler Adriaen Brouwer ausbeutete. – Es waren aber nicht immer ökonomische Gründe, die die Meister veranlaßten, die Gemälde von Kollegen oder Schülern zu überarbeiten. Rembrandt war so von den Arbeiten des Hercules Seghers (1589/90–1638) beeindruckt, daß er die Kupferplatte einer Radierung des schon verstorbenen Seghers' änderte. Was entstand, war eine Synthese der Stile beider Künstler. Ursprüngliche Vorlage für diese Platte war ein Stich (1608) von Hendrick Goudt (gest. 1626) nach Adam Elsheimers (1578 bis 1610) *»Tobias und der Engel« (London, National Gall.)*. Der heutige Begriff des Urheberrechts läßt sich also in der Kunst des 17. Jahrhunderts nicht anwenden.

Die Entwicklung zur Werkstattproduktion von Bildern mit immer wiederkehrenden gleichen Themen führte zu Versuchen der Einführung von Standardformaten. So schrieb die Utrechter Gilde 1640 vor, daß die Mitglieder zur Ausschmückung der Gilderäume, die gleichzeitig als Ausstellungsräume dienten, Bilder in nur drei festgelegten Formaten liefern sollten. Von einem Kunsthändler in Leiden wissen wir, daß er 1643 neben Bildern auch standardisierte, präparierte Malbretter und Leinwände anbot. Die Vereinheitlichung der Bildformate sollte den Handel erleichtern und anregen. – Der modern anmutende Witz vom Bild als Quadratmeterware und -bedarf war damals in Holland schon teilweise Wirklichkeit geworden. – Die Folge dieser Auffassung vom Bild als so-und-so-große, bemalte Fläche zeigt ein im Holland dieser Zeit auffallendes Nicht-berührt-sein vom Thema und seiner durch das Bildformat bedingten Ausführung. Das »*Bild eines jungen Stieres*« (Paulus Potter, 1625–1654) kann riesengroß (235,5 × 339 cm) sein und das eines »*Seesturms*« (Jan Porcellis, *München, Alte Pinakothek*; s. S. 111) ein kleines Kabinettstück (18,5 × 24 cm). Mit der Formatvereinheitlichung ist eine zunehmende Mechanisierung des Malprozesses zu beobachten. Technische wie inhaltliche Schemata wurden, sofern sie sich bewährt hatten, immer wieder verwendet. Die Feinmalerei wurde zur Routine, sie erschien sorgfältig und wirkte teuer. Um das Verfahren beim Malen von Bäumen abzukürzen, entwickelte man spezielle Pinsel, mit denen sich mehrere Blätter auf einmal im Baumschlag hintupfen ließen. Vorzeichnungen ermöglichten eine rasche Arbeit, mit dem Schlußfirnis verdeckte man die Felder und ließ die Gegenstände hinter der verschleiernden Abdeckung interessant erscheinen. – »Das Bild ist beweglich, es wird nicht nur gesammelt und als Zimmerschmuck verwendet, es wechselt häufig genug den Besitzer. Es dient zugleich als Kapital, als Zahlungsmittel und als Handelsobjekt, mit dem nach Belieben verfahren wird«[6] – Bilder als Spekulationsobjekte sind eine neue Erscheinung. Sie wurden gekauft und in der Hoffnung gelagert, daß sich mit steigendem Ansehen des Malers ihr Wert erhöht. Ebenso wie mit Tulpenzüchtungen begann man mit Bildern zu spekulieren. Es entstand ein Kunstmarkt im modernen Stil, wobei, eben weil das Phänomen neu ist, diese Entstehung in ihrer Tragweite leicht unterschätzt wird.

Die Beweglichkeit, die das Bild als Ausstellungs- und Handelsobjekt erlangt hatte, wirkte sich auch auf die Rahmungen aus. Schon länger war man dazu übergegangen, Bilder durch Leisten zu rahmen. Mit der Renaissance wurde der meist geschnitzte Rahmen zu einem oft eigenständigen, architektonischen Kunstwerk. Davor stand die gemalte Tafel meist mit der Rahmenbegrenzung in direktem Zusammenhang, es wurde gleichsam in eine Flächenvertiefung gemalt. Im barocken Holland und auch in Flandern kann man jetzt geradezu von »Wechselrahmen« sprechen. Am häufigsten finden wir den aus profillosen, dunklen Platten gebauten, in Ebenholz furnierten, schwarz glänzenden Rahmen. Oft zeigt er auch ein abgetrepptes Profil mit Flamm- und Wellenleisten. – »Das 17. Jahrhundert in Holland zeigte in vielen Be-

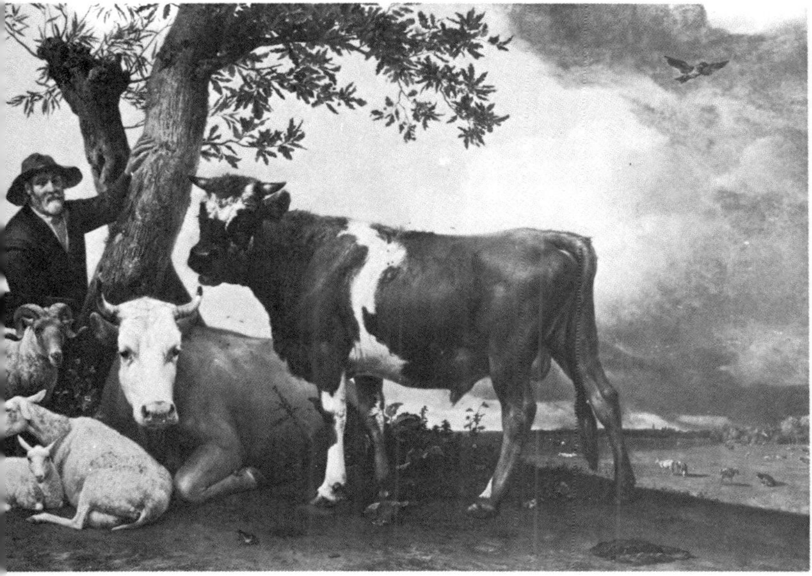

Paulus Potter, »Das Bild eines jungen Stieres«, 1647, 235 × 339 cm. Den Haag, Mauritshuis

reichen die Durchsetzung bürgerlicher Lebensformen und Denkinhalte. Der der schwarzen Atlasseide der karg geschnittenen großbürgerlichen ›Regenten‹-Mode erscheinungsmäßig entsprechende Ebenholzrahmen kann als solcher ›bürgerlicher‹ Typus gelten. Das ungefaßte, nur noch gefirnißte Material weist in die Bedeutungswelt des Möbels und damit der Alltagszwecke häuslicher Einrichtung. Da es bei diesem Rahmentypus keine Profile und keine Ornamente mehr gibt, die sich auf Gliederungs- oder Dekorationsformen der Architektur beziehen lassen, entfällt jeder Zusammenhang mit den symbolischen Formen, durch die die einzelnen Räume und Raumteile von Bauten als repräsentatives Gefüge gekennzeichnet waren. Der schwarze Rahmen grenzt keine ›repräsentativen‹ Inhalte mehr ab, sondern einen Bereich gesteigerter realer Sinneseindrücke. Auf deren intensive Aufnahme und kontemplative

Weiterverarbeitung ist er gerichtet – darin ohne Rücksicht auf die räumliche Umgebung.«[7] – Lag ein besonderes Prunkbedürfnis vor, so orientierte man sich, auch was die Rahmen betraf, an höfischen französischen oder italienischen Formen. So ist der gängige holländische Bilderrahmen keine plastische Einheit, sondern ein Viereck aus in Gehrung zusammengeschnittenen Leisten.

Das Bild ist weitgehend mobiler Gegenstand geworden, während es in der Renaissance meist Teil der Architektur war, sei es als Fresko oder als Tafelbild für einen vorher bestimmten Platz. In Holland treten Architektur und Bild in ein neues Verhältnis zueinander, das Bild wird »ortlos« (bis auf einige Ausnahmen), es wird zum Ausstellungsobjekt und zur Ware, was später zur Ausbildung von reinen Ausstellungsbauten führen sollte. Die Beziehungslosigkeit der Bilder zu ihrer Umgebung führte zu einer Begrenzung der Bildinhalte auf das nur in seinem Rahmen – im wörtlichen Sinne – Darstellbare. Zusammenhänge im Sinne einer großen barocken Ikonologie werden nicht gesucht; ein Wandel der Ikonographie kündigt sich an. Das Bild selbst, in seinem Thema »ungebunden«, kann sich nur noch durch sich selbst rechtfertigen, denn es existiert in der Isolation und bildet innerhalb seines Rahmens eine eigene, in sich abgeschlossene Welt. – Das Phänomen der Hell-Dunkel-Malerei, das in Holland seine Prägung erfuhr, wäre in einer der Architektur verbundenen Kunst undenkbar gewesen. So wird das Bild zu einem für einen Markt und nicht nur für einen konkreten Auftrag geschaffenen Gegenstand, sogar zum gehorteten Wertgegenstand, letztlich zu einer Ware. Eine neue Gesellschaft verbindet den Begriff Kunst mit dem Begriff Handel, sie schafft so etwas wie einen Kunstmarkt, basierend auf einem Ausstellungswesen, dessen Ziel der Verkauf von Bildern war.

Im Jahre 1640 richtete die Utrechter Gilde eine ständige Verkaufsausstellung ein, für die die Stadt die Räumlichkeiten zur Verfügung stellte. Aus den alljährlich stattfindenden Märkten, wo auch Kunst angeboten wurde, entstand ein permanenter Kunstverkauf.

Im Haag vereinigten sich im Jahre 1656 die Maler zu einer eigenen Korporation unter dem Namen »Pictura«. Bisher waren auch andere Kunsthandwerker Mitglied der Gilde, die sich jetzt spezialisiert. Zur Ausschmückung des Versammlungssaales sollte jeder Maler ein eigenhändiges Bild liefern, auch die Amateurmitglieder konnten Bilder stiften. So vereinten sich Künstler und Freunde der Kunst in einer Art »Kunstverein«. Dort wurde diskutiert, kritisiert und bewundert: Erstmalig entwickelte sich so etwas wie eine Kunstkritik an den ausgestellten Werken, sie war keine Theorie, sondern bezog sich konkret auf die vorhandenen Bilder.

Die Möglichkeit, Bilder zu erwerben, bot sich nicht nur bei den Gilden, sondern oft leichter bei den Kunsthändlern, die häufig neben Gemälden auch Bücher handelten. Die Händler arbeiteten oft auch als Versteigerer und taxierten den Wert von Gemälden. Die Versteigerungen waren, genau wie die heutigen, eine Art kurzer Auststellungen; oft wurden Privatsammlungen angeboten, die nach dem Tode des Besitzers aufgelöst wurden, eine Praktik, die gerade in Amsterdam oft gehandhabt wurde. So war die Sammlung Vendramin, sie umfaßt mit Vorrang italienische Meister des 16. Jahrhunderts, aus Venedig nach Amsterdam zur Versteigerung gebracht worden. Amsterdam wurde zum bedeutendsten Kunstzentrum Europas, hier war der Platz, wo Werke von Raffael, Tizian, Dürer und Holbein neben anderen versteigert wurden. Eine auch noch heute eindrucksvolle Sammlung, die des Grafen von Arundel, befand sich längere Zeit in der Nähe von Amsterdam.[8] – Es ist sicher, daß diese so unterschiedlichen, aus dem Ausland stammenden Kunstwerke die holländischen Maler beeindruckten und beeinflußten.

DIE MALER

Zu den scheinbaren Paradoxa des Holland des 17. Jahrhunderts gehört es, daß dieses Land, das in seiner Religion dem Bild voller Skepsis gegenüberstand, bald eine Massen- und Überproduktion an Bildern haben sollte. Die Nachfrage nach Bildern stieg ständig, ihr folgte das Angebot. Politische oder wirtschaftliche Krisen blieben nicht ohne Auswirkung auf den Kunstmarkt, was zur Entwicklung eines künstlerischen Proletariates führte, einem Novum in der Geschichte der Kunst. Die ersten Anzeichen dieser Vermassung von Künstlern zeigen sich bereits vor der Trennung der nördlichen und südlichen Provinzen. Um 1560 gab es in Antwerpen 330 Maler, die sich als Meister bezeichneten, gegenüber 169 Bäckern und 78 Fleischern. Die Überproduktion von Bildern führte für die Maler zu wirtschaftlich schlechten Verhältnissen, woran auch der Zusammenschluß in Gilden wenig änderte, obwohl diese mit neuen Ordnungen die Lage verbessern wollten. – Um die Jahrhundertmitte kostete ein gutes Porträt 60 Gulden (ein Ochse 90 Gulden). Jan Steen (1626–1679) malte einmal drei Porträts für 27 Gulden, und Rembrandt, auf der Höhe seines Ruhmes, erhielt für die *»Nachtwache«* nicht mehr als 1600 Gulden, während der höchste Preis, den Jan van Goyen (1596–1656) je für ein Bild erzielte, es war die *»Ansicht von Den Haag«*, nur 600 Gulden betrug. Während in der gleichen Zeit Rubens etwa 100 Gulden am Tag verdiente und vom spanischen König für ein Bild 14 000 Franc erhielt, lieferte Isaak van Ostade (1621–1649) einem Kunsthändler 13 Bilder für insgesamt 27 Gulden.

So zwang die wirtschaftliche Not viele Maler dazu, Nebenberufe auszuüben, oder die Malerei neben einem Hauptberuf zu betreiben: Jan van Goyen handelte mit Tulpen, Häusern und Land; Jan Steen (1626–1679) und Aert van der Velde waren Schankwirte, eine günstige Kombination, weil in den Wirtshäusern vielfach

Bilder verkauft wurden, so gab man sie für eine Zeche in Zahlung, was die Schenken oft zu einer Art Kunsthandlung werden ließ. Andere Maler waren zugleich Kunsthändler und Agenten, so Vermeer in Delft; Jacob van Ruisdal arbeitete als Chirurg, Philips Koninck war Inhaber der Schiffahrtslinie Amsterdam–Rotterdam, und Meindert Hobbema betätigte sich als Steuereinnehmer. Zu den reichen Künstlern gehörte Jan van de Capelle (1624/5–1679), den man daher als Amateur bezeichnen kann. Er konnte sich als Besitzer einer Färberei sogar eine Privatjacht leisten. Auch Albert Cuyp (1620–1691), Govaert Flinck und Ferdinand Bol waren wohlhabend durch reiche Heiraten geworden. Reichtum nur durch ihre Bilder erwarben Gerard Dou (1613–1675), Philip Wouwerman (1619–1668) und Jan van Huysum (1682–1749). – Durch Quellen, wie die bei Bredius edierten Künstlerinventare, wissen wir viel über die Lebensumstände der Maler, auch über Pfändungen, Zahlungsbefehle, Schuldscheine, wobei der Fall Rembrandt keine Ausnahme war.

Obwohl die Malerei in der allgemeinen Entwicklung Hollands zu einem der Symbole der Befreiung wurde, wie wir beispielsweise aus der Wertschätzung und Beschreibung der Kunst des jungen Rembrandt wissen, zählten die Maler weiterhin zu den Handwerkern, teilweise sogar zur Klasse der Proletarier. Die Kunst konkurrierte mit der klassischen Kunst Italiens, sie stand in einem Wettstreit dazu, aber die Künstler nahmen an dieser Erhöhung der Bedeutung der Malerei nicht teil. – Der Werdegang eines Malers war immer ähnlich: Mit etwa vierzehn oder fünfzehn Jahren trat der Lehrling in die Werkstatt eines Meisters ein, wobei gute Meister teuer waren. Rembrandt, so wird aus den Jahren 1630/31 überliefert, verlangte von einem Lehrling jährlich 100 Gulden. Die Arbeit der Schüler bestand im Grundieren von Leinwänden, in der Farbenherstellung, später im Kopieren und der Mitarbeit an Bildern des Meisters, dazu kam Zeichnen nach Modellen und Gipsen. Mit einundzwanzig Jahren konnte der junge Maler dann in die Gilde aufgenommen werden. Jan Vermeer brauchte ein Jahr, um die sechs Gulden Aufnahmegebühr zu entrichten. Die Gilden kümmerten sich als Berufsorganisation im wesentlichen um materielle Belange ihrer Mitglieder und waren den Handwerkergilden vergleichbar. So waren die Maler in Leiden zunächst mit den Glasermeistern beisammen, und in Utrecht war beispielsweise Paulus Moreelse (1571–1638) bis zur Gründung einer eigenen Gilde Mitglied der Sattlerzunft. Eine Hauptaufgabe der meisten nach 1600 gegründeten Malergilden, die sich oft den Namen ihres Patrons, des Heiligen Lukas, gaben, war es, die Bildinflation in Grenzen zu halten und in Krisenzeiten den Verkauf zu fördern.

Die Maler entstammten meist dem Kleinbürgertum oder dem Handwerk, diesen Gruppen entsprach ihr Bildungsniveau. Oft waren es »illiterati«, »Ungebildete«, im Gegensatz zu den Dichtern und Rhetorikern, deren Heimat und Wirkungskreis viel mehr im Großbürgertum lag. – Rembrandt stammte aus einer Mühle und lebte als Maler »in halb einsiedlerischer, halb bohemeartiger Vornehmheit«, und obwohl er in der Lateinschule war, darf man ihn nicht zu den »literati« zählen. Der schon oben genannte Constantyn Huygens schreibt in seiner Autobiographie (1692 begonnen)[9] über Rembrandts Abstammung, daß seine Eltern in Leiden eine Mühle besaßen und in der Nähe davon wohnten. Sie waren nicht arm, eher ziemlich wohlhabend. Er war 1620 an der Universität von Leiden immatrikuliert, aber studierte dort nicht lange. Der Vergleich mit Rubens mag hinken, aber er beleuchtet doch die Situation. Dessen Vater, ein ehemaliger Senator, mußte zwar als Calvinist aus Amsterdam fliehen, aber die Ausbildung seines Sohnes, vor allem in den Sprachen, die man ihm angedeihen ließ, weist den späteren Maler und Diplomaten als Sproß eines gebildeten Bürgertums aus. Die zwei wichtigsten Auftraggeber für Rubens, Kirche und Hof, finden wir in Holland nicht oder kaum. In den dreißiger Jahren erhielt Rembrandt vom Hof im Haag durch Huygens einen Auftrag für eine Passionsserie (München). Dies war der erste und einzige Auftrag, den er je vom Statthalter bekam. Auch später sind öffentliche Aufträge selten. Die Ausnahmen sind zwei Anatomiestücke (1632, 1656), ein Schützenstück (1642) und ein Bild für das Amsterdamer Rathaus (1661).

DIE THEMEN

Die politischen, religiösen und soziologischen Entwicklungen im Holland des 17. Jahrhunderts schufen einen neuen Typ des spezialisierten Künstlers. Doch waren es nicht nur die Künstler, die als Spezialisten ihre neuen Themen prägten, es waren ebenso die neuen Aufgaben, die ein Spezialistentum erforderten. In gewisser Weise bestimmt den Rang Rembrandts die Tatsache, daß er der einzige war, der fast alle Themen und die Medien der Malerei und auch der Graphik beherrschte. Erstaunlich ist es, daß diese Gruppenbildung stattfand, sie erforderte die Ausbildung zum Spezialisten in einem bestimmten Fach; Constantijn Huygens nannte diese Gruppe einmal abfällig »pictores rurales«.

Das Porträt

Eine der größten Leistungen der holländischen Malerei ist das Porträt, das als selbständige Bildform seit dem 15. Jahrhundert bestand. Es wird zur Grundlage der Selbstdarstellung fast aller Schichten des Volkes. Das soll heißen, daß über das Standes- oder Repräsentationsporträt hinaus das Bildnis oder Selbstbildnis j e d e r Person darstellenswert war. Rang und Name des Regenten wie des Bürgers, Selbsterforschung des Künstlers, Mitleid vor dem Bettler, Fröhlichkeit im Genuß des Weltlichen, Verantwortung vor Gott und dem Land, vor allem aber vor sich selbst, sind das Ergebnis der holländischen Emanzipation. Die Feststellung, daß im Porträt jetzt die Selbstdarstellung eines freien Bürgertums entstanden sei, genügt nicht, wie ein Überblick über das Werk Rembrandts zeigt, der mit Bildnissen begann und sein Leben damit beschloß. Stand, Rang und Name, Person und Persönlichkeit werden auch über die Eitelkeit der Rangabzeichen hinweg im Menschlichen geprüft. Daß wir uns im Barock befinden, zeigt allerdings die Tatsache, daß die Individualisierungen umso deutlicher wer-

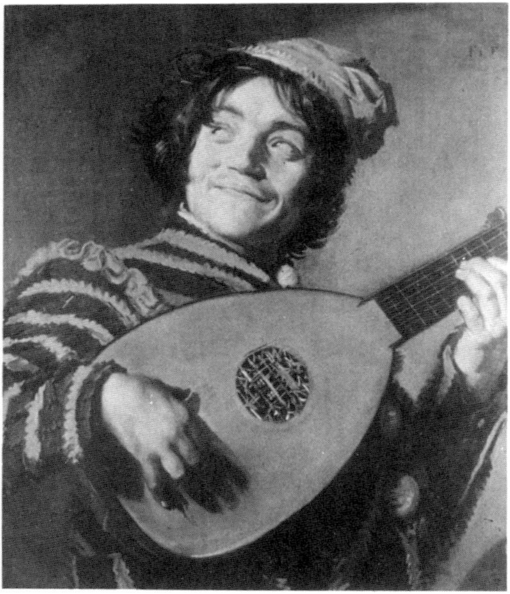

Frans Hals,
»Porträt eines
die Laute
spielenden Mannes«,
ca. 1620/23,
70 × 62 cm. Paris
Sammlung Baron
Alain de Rothschild

den, je ranghöher oder bedeutender die porträtierte Person war. Handwerker, Bauern, das einfache Volk, sie werden viel mehr typisiert und sind so gesehen kaum als porträtwürdig zu betrachten. Diese Beobachtung kann man bei Frans Hals ebenso machen, wie bei den Malern des Würdeporträts (mit Anleihen aus dem Höfischen), wie z. B. bei Michiel van Miereveldt (1567–1641), Jan van Ravesteyn (1570–1657); beide waren Hofmaler. Das gleiche gilt für Thomas de Keyser und Bartholomeus van der Helst (1630 bis 1670) und bei den Malern des Preziösen, Gerard Terborch und Gabriel Metsu (1639–1667).

Es bietet sich an, im holländischen Porträt die Entstehung des modernen Bildnisses zu sehen, es drängte zur Darstellung des Individuellen und der Persönlichkeit. Dabei darf aber eine durchgehende barocke Eigentümlichkeit nicht übersehen werden, die sich allerdings in Holland anders als in anderen Ländern auswirkte. Ein Vergleich von drei Porträts des Frans Hals soll dieses sichtbar machen. Das *»Porträt eines die Laute spielenden Mannes« (ca. 1620/*

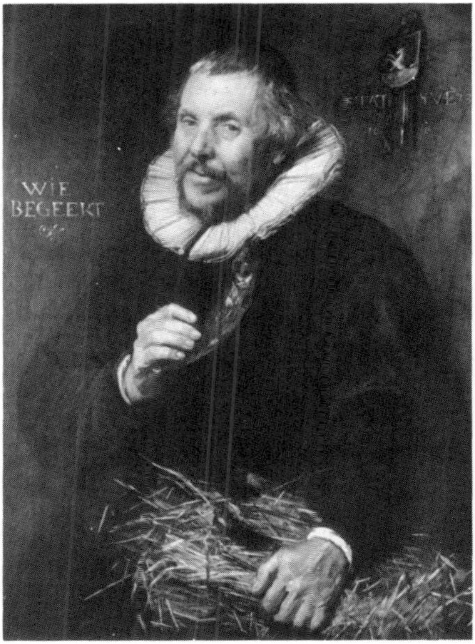

Frans Hals,
»Porträt des Pieter
Cornelisz.
van der Morsch«,
1616, 88 × 70 cm.
Pittsburgh,
Carnegie Institute

23, Paris, Slg. Rothschild), in der Tradition der Utrechter Genre- bzw. Fünf-Sinne-Bilder gemalt, ist zwar das Porträt einer bestimmten Person, diese ist aber allegorisiert. Bildanlaß und Symbol ist einer der fünf Sinne, »auditus«, »das Gehör«, er zeichnet das Porträt aus. – Im *»Porträt des Pieter Cornelisz. van der Morsch« (1616, Pittsburgh, Carnegie Inst.)* zeigt Hals diesen Leidener Gerichtsboten, wie er einen geräucherten Hering präsentiert, dem holländischen Sprichwort »wie begeert« folgend, was bedeutet, jemandem mit gepfeffertem Witz herausgebend. Bildinhalt ist also eine belehrende Sentenz, die sich in einer Person verkörpert. – *»Wilhelm von Heythuysen« (1625/6, München, Alte Pinakothek;* s. S. 143) steht in vornehmer Pose vor dem Requisit einer wohl geschlossenen Januspforte, womit er die Rolle des Repräsentanten des politisch wie wirtschaftlich erfolgreichen Bürgers trägt. In den verschiedensten Formen findet sich im holländischen Porträt die Darstellung des Einmalig-Individuellen, in der ein bestimmter Begriff durch eine Person vorgetragen wird. Dieses ist die spezifisch holländisch-barocke Aussageform: Der allegorische Begriff erfährt seine Darstellung durch die agierende Person, es ist ein realistisches Symbol geschaffen worden. Dabei ist es interessant, welche Personen den allegorischen Aussagen zugeordnet werden. Dem »niederen« Volk, den Bauern, Zigeuern, Exoten und Gauklern sind die Symbole der »Fünf Sinne« übertragen, es werden hier die Kategorien des Sittenbildes wirksam, während die Geistlichkeit und die Gelehrten der »Vanitas« verbunden werden. Je höher der »gesellschaftliche Rang« – das Wort muß für Holland in Anführungszeichen gesetzt werden – desto kongruenter werden Träger und Symbol, wird das reale Dasein in ernst genommener Pose zum Symbol seiner selbst. Der Vergleich mit dem barocken Herrscherbild liegt nahe. Während in diesem aber durch das Symbol das Gottesgnadentum, sei es himmlischer oder olympischer Qualität, der höchste Begriff ist, geht das holländische Porträt den umgekehrten Weg, vom Allgemeinen zum Besonderen der menschlichen Person. In Rembrandts Christusdarstellungen erschließt sich das Göttliche durch das Menschliche. – Nicht anders verhält es sich mit den Selbstbildnissen der Maler, vor allem denen Rembrandts. Er zeigt sich in immer neuen Posen und Ausstaffierungen, stets mit dem gleichen Ziel, die Kunst begrifflich zu machen, indem man ihre Attribute trägt, z. B. ein phantastisches Kostüm, ein anderes Mal den Blick des Genies oder die prahlerische Geste mit Weib und Weinglas. Hier kann alles, weil von der Kunst umschlossen, auf der holländischen Bühne des Welttheaters vorgeführt werden.

In der holländischen Malerei des 17. Jahrhunderts erstaunt die Menge der gemalten Porträts und es entsteht die Frage, wer sich zu welchem Zweck malen ließ oder selbst malte.

Bei wohl der größten Gruppe von Porträts kann man von einem Typus des säkularisierten Stifterbildes sprechen. Das Bildnis als Erinnerung an einen Anlaß und als Devotionalie hat in den Niederlanden eine lange Tradition, wie das Beispiel des von Jan van Eyck gemalten Bildes der *»Arnolfini-Hochzeit« (London, National Gall.)* oder die Ansammlung von zeitgenössischen Porträts in Form von Ereignisbildern oder Bildern sakralen Inhalts zeigt. Im 17. Jahrhundert wurde das Bildnis, vor allem das Gruppenporträt, zunehmend zu einer Stiftung, hinter der oft politische Absichten

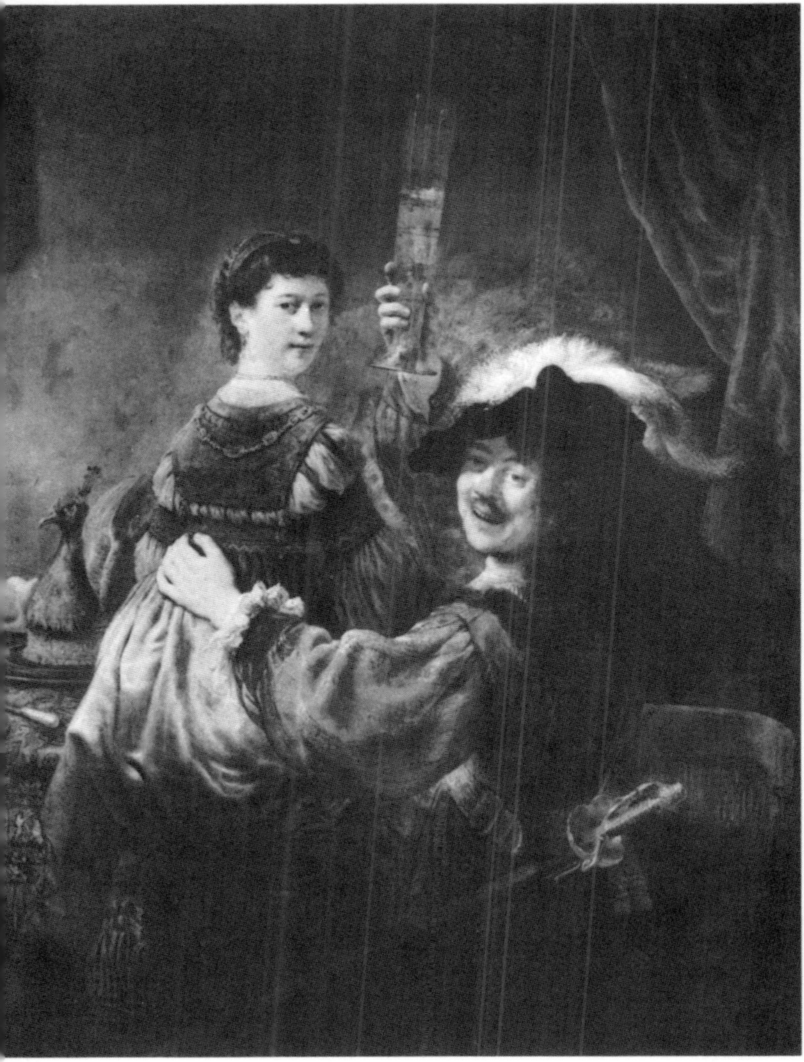

Rembrandt, Selbstbildnis mit Saskia und Weinglas, 1635, 161 × 131 cm.
Dresden, Gemäldegalerie

standen. Was einst, in größeren Bildzusammenhängen, im Porträt als Bitte um das Heil den Kirchen gestiftet wurde, das sollte jetzt in Rathäusern, Versammlungsräumen und in Schützenhäusern dem Andenken an bestimmte Persönlichkeiten dienen, die sich um das öffentliche Wohl verdient gemacht hatten. Das calvinistische Element des persönlichen Priestertums und der individuellen Verantwortung machte aus der Person des Bürgers ein »Exemplum«; sein Bild, meist von ihm selbst gestiftet, wurde zur Aufforderung und Erinnerung. Das Repertoire von Posen und Kostümen bestand dabei aus barocken Würdeformen und jener eigenartig uniform ernsten Tracht, in der das Bürgerliche einerseits Möglichkeiten der höfischen Selbstdarstellung übernahm und andererseits damit das Paradox einer Gleichgestaltung des Individuellen ins Bild brachte. Vielfach wurde diese imposante Galerie der holländischen Selbstdarstellung als der Versuch von Neureichen angesehen, mit der allgemeinen barocken Repräsentation gleichzuziehen. Das ist nur teilweise richtig. Das Porträt, von der Geschichte her Repräsentation und Stellvertretung, erfüllt jetzt die Funktion der darstellenden Repräsentation anderer und neuer Verantwortungsträger. So wie der barocke Herrscher sich der Allusion bedient, Ludwig XIV. von Frankreich etwa als quasi Sonnengott im Bild erscheint, so sucht auch das holländische bürgerliche Porträt die Allusion. Da aber der Porträtierte nach dem holländischen Denken in der richtigen Entscheidung und Tat gottgewollt ist, ist seine persönliche Wirklichkeit, sein individuelles Dasein die Instanz dessen, was das Bild zu sagen hat. Die Erscheinung, die Leistung, der Geist und seine Tat sollen im Bild zum Ausdruck kommen. Es gibt ein kritisches Gedicht über das *»Porträt des Lengelius«* vom alten Frans Hals:

»Eure Hand ist zu grob und zu kunstlos,
Um dem übermenschlichen, unvergleichbaren
Verstand dieses Mannes, der ein Lehrer ist, auszudrücken.
Prahlt Haarlem auch mit Eurer Kunst und frühen Meisterstücken,
Unser Amsterdam wird mir gern bezeugen, daß
Ihr das Wesen dieses Lichtes nicht halb gefaßt habt.«[10]

Hier wird deutlich, wie die Leistung des Menschen die Instanz ist, welche im Bild verdeutlicht werden soll. Dieser Aufgabe soll die Kunst dienen.

In den Selbstporträts suchten die Künstler ebenfalls nach den Möglichkeiten, Denken, Tun und Verantwortung darzustellen. Die über vier Jahrzehnte reichende Reihe der Selbstporträts Rembrandts zeigt die Entstehung eines neuen Typs des Künstlerporträts, in dem nicht mehr wie im 16. Jahrhundert der Maler sich als Repräsentant der nun als Kunst, als »ars« anerkannten Malerei malt. Jetzt zeigt sich der Maler als suchender Künstler: forschend, genial und geradezu gewalttätig (wie der junge Rembrandt) im Hervortreten, armselig oder aufgeputzt mit den Attributen der Malerei. Stets jedoch ist das Individuum gemeint. Hier geht es um einen Wettstreit mit der klassischen Kunst, um die Suche nach Anerkennung, um die Befreiung aus dem Handwerklichen, die allgemein in der holländischen Porträtkunst angestrebt wird. – In den Selbstbildnissen eines Rembrandt, Carel Fabritius (1622–1654) oder Gerard Dou entsteht eine Form des Künstlerbildes, in dem zum erstenmal nicht der Begriff der Kunst allegorischer Anlaß des Porträts ist, sondern die Frage nach der Kunst und dem Künstler.

Das Gruppenporträt

Das Gruppenporträt ist eine für Holland typische Gemäldeform, die sich im 17. Jahrhundert vor allem in Amsterdam und Haarlem entwickelte, in anderen Städten spielte es eine untergeordnete Rolle. Vorstufen des Gruppenporträts finden sich in Porträts von Stiftergruppen auf Bildern religiösen Inhalts schon am Ende des 15. Jahrhunderts, u. a. bei Geertgen tot Sint Jans (um 1465– um 1495). In dem Gemälde *»Verbrennung der Gebeine Johannes des Täufers« (Wien, Kunsthistor. Mus.)* porträtierte er als Zuschauer eine Gruppe von Johannitern. Ebenso sind Jan van Scorels (1495 bis 1562) »Reihenporträts« der *»Jerusalemfahrer«*, die er für einen Pilgerverein malte, schon eigenständige, fast weltliche Gruppendarstellungen.

Zur selbständigen Gattung wurde das Gruppenporträt im 16. Jahrhundert durch die sog. Schützenstücke, die in ihren Anfängen meist eine Gruppe aneinandergereihter Köpfe zeigten mit individuellen Gesichtszügen. Das erste uns bekannte Beispiel stammt von Dirk Jacobsz. (1529). – Die Schützengilden waren

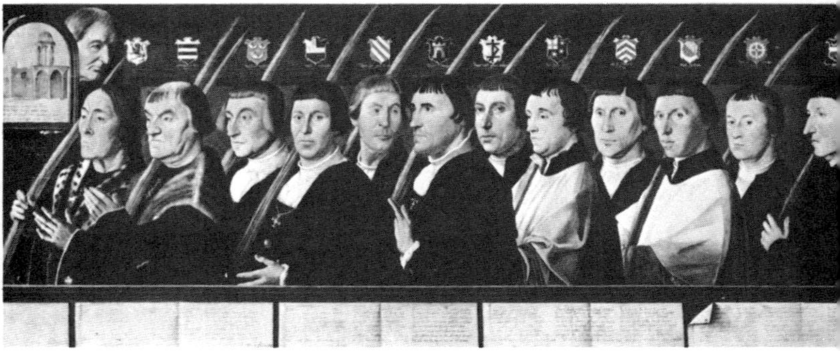

Jan van Scorel, »Die Haarlemer Jerusalemfahrer«, 1527/29, 114 × 276 cm. Haarlem, Frans-Hals-Museum

Vereinigungen zur Pflege des Waffensports, sie entstanden in den Städten des Mittelalters und entwickelten sich bald zu einer Art von Bürgrwehr gegen adelige Usurpationsbestrebungen. Die ältesten bekannten Gilden bestanden in Belgien, Holland und in Deutschland. In Holland behielten sie über das Mittelalter hinaus den Charakter und die Funktion einer städtischen Miliz. Der Stolz einer Bürgergruppe und ihrer Verantwortlichkeit hat sich hier ein Bild geschaffen. – Die Monotonie der einfachen Reihung von Köpfen wurde später im sog. Mahlzeitstück aufgelockert. Ein Bild dieses Typs malte Cornelis Teunissen im Jahre 1533 (gest. nach 1561). Sein Bildaufbau wurde von späteren Malern wie Cornelis Cornelisz. van Haarlem (1562–1638), Frans Hals und Bartholomeus van der Helst (1613–1670) übernommen. – Auch Rembrandts *»Nachtwache«* ist Schützenstück, das allerdings das bekannte Schema sprengt. – Später trat zum Schützenstück (holl. Doelen-) eine ähnlich gestaltete Bildform, es war das Anatomiebild und das Regentenstück.

In den Anatomiebildern gruppieren sich Mitglieder von Ärztegilden um die Demonstration einer Anatomie, die einmal im Jahr als spektakuläres Ereignis vor Zuschauern in dafür eigens erstellten »Anatomischen Theatern« stattfand. Die Verbindung von Sammelporträt mit Demonstration und Handlung bestimmte hier den

Typus, der nie jedoch Momentaufnahme war, sondern wohlberechnetes Gruppenporträt um einen Vorgang, der die Würde und Verantwortung der Naturwissenschaften sichtbar werden ließ, der Wissenschaft der Anatomie, die von Andreas Vesalius aus Brüssel (1514–1564) neu begründet worden war und in einem Buch von ihm im Jahre 1543 beschrieben wurde. Es trug den Titel »De humani corporis fabrica«, die Holzschnittillustrationen stammten von Stephan von Kalkar (1499–1546/50), sie wurden später von Rembrandt verwertet.

Das Regentenstück stellt eine Versammlung von Vorstehern der Zünfte dar oder von Leitern caritativer Einrichtungen, wie Stiften, Waisen- oder Krankenhäusern. Es ist ebenso ein Gruppenbild wie das Schützenstück, auch in ihm werden die Prinzipien des Porträts vervielfältigt und in einen Gruppenzusammenhang gestellt. Es entstand die für Holland spezifische Extremform, die eine Synthese aus der Repräsentation des Einzelnen und zugleich eine Summe von Individualitäten zusammenfaßt. Letzte Höhepunkte und zu-

Cornelis Teunissen, »Schützenmahlzeit«, 1533, Öl/Holz, 130 × 206 cm. Amsterdam, Rijksmuseum

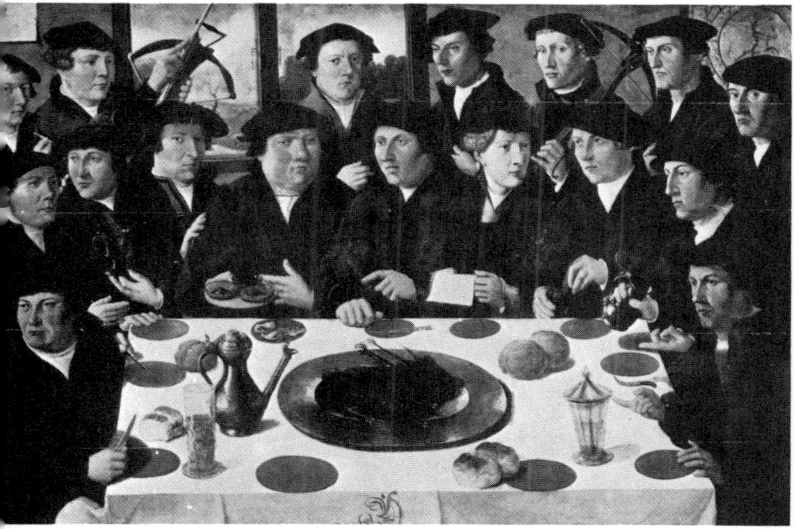

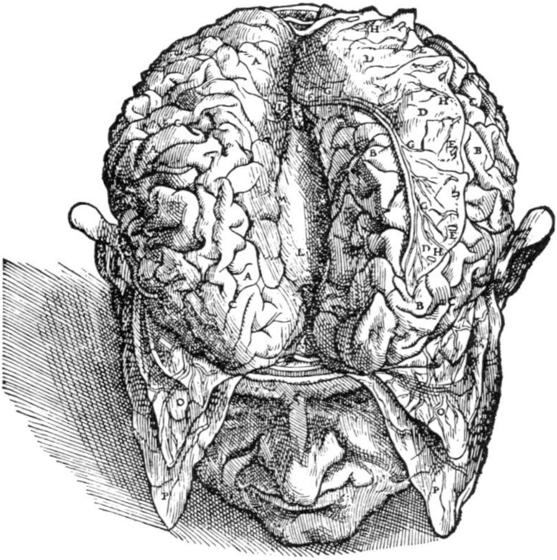

Stephan von Kalkar, »Geöffneter Schädel«, Holzschnitt aus: »De humani corporis fabrica«, 1543, Andreas Vesalius

gleich das Ende dieser Entwicklung zeigen die beiden Spätwerke des Frans Hals auf, *»Die Regentinnen und Regenten des Altmännerhauses in Haarlem« (1664,* s. S. 148 ff.*).* Hier ist die Verbindung der Individuen mit der Gruppe fragwürdig geworden, die Gemeinschaft ist in Einzelpersonen zerfallen; es ist aber auch ein letzter Höhepunkt in der Möglichkeit, zugleich eine Gemeinschaft und ihre Bestandteile, die Individuen, in der tiefen psychologischen Charakterisierung zu kombinieren.

Das »Portrait historié«[11]

Eine weitere Sonderform der holländischen Malerei ist das »Portrait historié«. Dabei handelt es sich um Bildnisse oder Gruppendarstellungen, in denen eine oder mehrere Personen zu Rollenträgern wurden. So malte Rembrandt seinen Sohn Titus als Mönch oder ein junges Mädchen als Flora; so konnte beispielsweise die Beendigung eines Bruderstreites dadurch bildhaften Ausdruck finden, daß man ein Gruppenporträt malen ließ, in dem die Akteure (die Familie) in der Rolle der Teilnehmer an der biblischen Versöhnung von Jacob und Esau auftraten, wie auf dem Wiener Bild des Jacob Willemsz. Delff d. Ä. (um 1550–1601; Wien, Kunsthistor. Mus.). Durch die Umsetzung des Ereignisses in eine Szene des Alten Testaments erhielt es eine besondere Bedeutung. Ähnliche Motive bewogen wohl die Vorsteherin eines Findelhauses, die sich als Tochter Pharaos bei der Auffindung Moses porträtieren ließ. – Die griechische und die römische Mythologie lieferten die Beispiele für die Porträts. – Ferdinand Bol beispielsweise malte sich und seine Familie als *»Paris, Venus und Amor« (1651, Dordrecht, Mus.)*. Fürstliche Damen ließen sich häufig als Diana malen, z. B. Amalia van Solms durch Gerard van Honthorst (1627, Potsdam); Caesar van Everdingen malte 1652 einen Diogenes, der auf dem Haarlemer Marktplatz einen Menschen sucht (London, National Gall.), wobei die Umstehenden wahrscheinlich die Mitglieder einer vornehmen Familie sind. Die Entstehung gerade dieser Porträtform erklärt sich durch den literarisch-historischen Geschmack, der die erste Hälfte des 17. Jahrhunderts beherrschte. Die Rederyckerskammern (Rhetorikervereine) wurden dabei wichtig, und

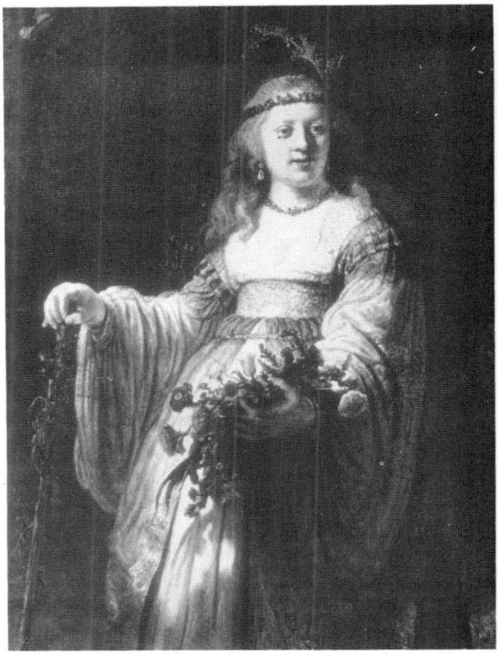

Rembrandt,
»Saskia als Flora«,
1635, 123 × 97 cm.
London,
National Gallery

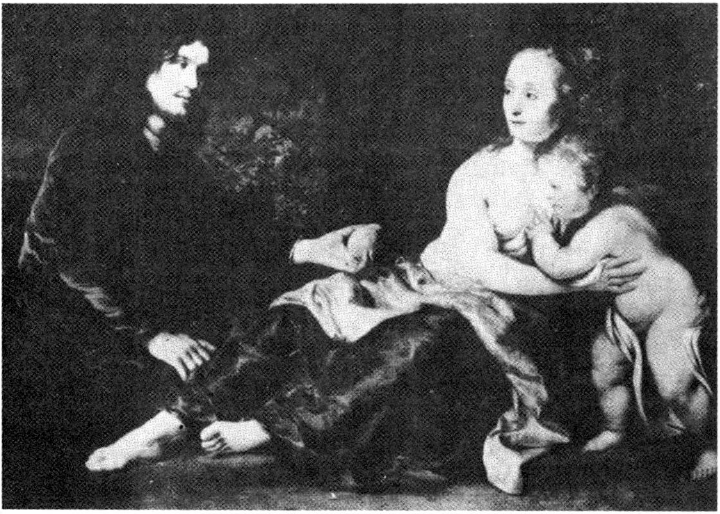

Ferdinand Bol, »Selbstporträt mit Familie als Paris, Venus und Amor«, 1656, 118 × 155 cm. Dordrecht, Museum

da die Historienmalerei in der Theorie als wichtigste Bildgattung galt, so sah man auch in der historischen Einkleidung der Bildthemen eine wesentliche Würdeform. Christliche Motive, als Teil der Historienmalerei, wurden in unterschiedlicher Form benutzt: man konnte sich als Heiliger porträtieren lassen, junge Mädchen wurden als Heilige Magdalena mit dem Salbgefäß dargestellt, wie das Bild der Frau des Jan van Scorel beweist. – Man sprach dabei von einem Porträt »in de gelijckenis«, d. h. »dargestellt als«, oder »op zijn antiex«, dargestellt in antiker Weise. Andere Ausdrucksmöglichkeiten bot das arkadisch-idyllische Genre. So malte Govaert Flinck seinen Lehrer Rembrandt als Hirten. Auch dieses Motiv fand seine Parallele in der Literatur, erinnert sei an Hoofts »Granida« (1605).

Das »Portrait historié« war selten von großer malerischer Qualität – die Ausnahme bildet Rembrandt – aber es zeigt die Auseinandersetzung der holländischen Malerei mit dem Komplex der Allegorie. Während in katholischen Ländern diese Allegorie im

Gleichnis zum Olymp oder Himmel, im Concetto von Ascensus, Descensus, Connubium, Aufnahme in den Himmel – also mit der Herabkunft des Himmlischen und der Vereinigung der Gegensätze – die Welt zu einem Teil des Höheren machte, bediente man sich in Holland des biblischen oder mythologischen Gleichnisses als einer Einkleidung des Porträts in eine Rolle. Während anderswo die Allegorie das Eingehen des Individuellen in das Allgemeine leistete, ist hier im Bereich des Gleichnisses das Individuelle so wichtig geworden, daß das Gleichnis das Menschenbild drapiert. Das »Portrait historié« war kein zentrales Thema in der holländischen Malerei, aber es gibt einen Hinweis auf ihren Realitätscharakter. Die Möglichkeiten der höfischen Allegorese wurden hier in das Bürgerliche übertragen. Die französische oder flämische Allegorie erhöhte die Bedeutung des Menschen im Gleichnis, sie zeichnete ihn aus. Das holländische Porträt übernahm auch die höfischen Elemente, benutzte aber die »Einkleidung« der Person in Mythos oder Biblisches als Gleichnis von Tugenden. So entsteht oft ein

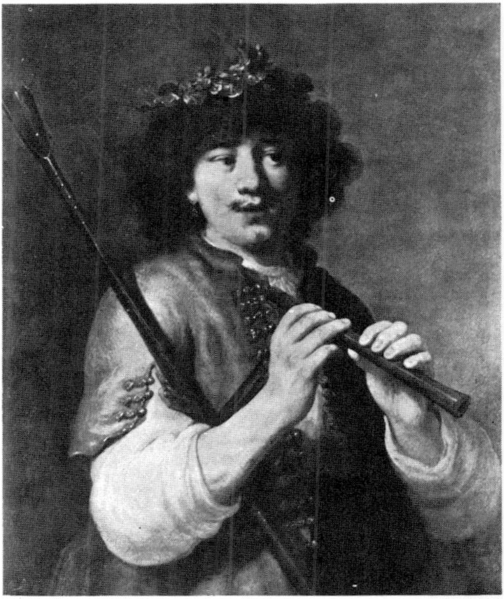

Govaert Flinck,
Rembrandt als Hirte,
74 × 64 cm.
Amsterdam,
Rijksmuseum

Spannungsverhältnis zwischen der historischen Vorlage, dem aus hoher Sphäre genommenen »fatto«, und dem peinlich genau wiedergegebenen Porträt, das in Holland zwar auch verschönert wurde, den Dargestellten aber nicht idealisierte. Der Mensch trägt wohl die Zeichen seiner Tugend, aber es gibt darüber hinaus keinen Aufstieg in die allgemeine, olympische Höhe im Gleichnis, nur den Vergleich zu einem Vorbild hin.

Das Historienbild

Das Historienbild steht in der Rangskala, der akademischen Meinung folgend, an vorderster Stelle, vor der Landschaft, dem Stilleben oder dem Genrebild. Karel van Mander (1540–1606) schreibt in seiner Vorrede zur »Grundlage der edlen freien Malerei« (1604),

Rembrandt, »Belsazars Gastmahl«, ca. 1635, 167 × 209 cm. London, National Gallery

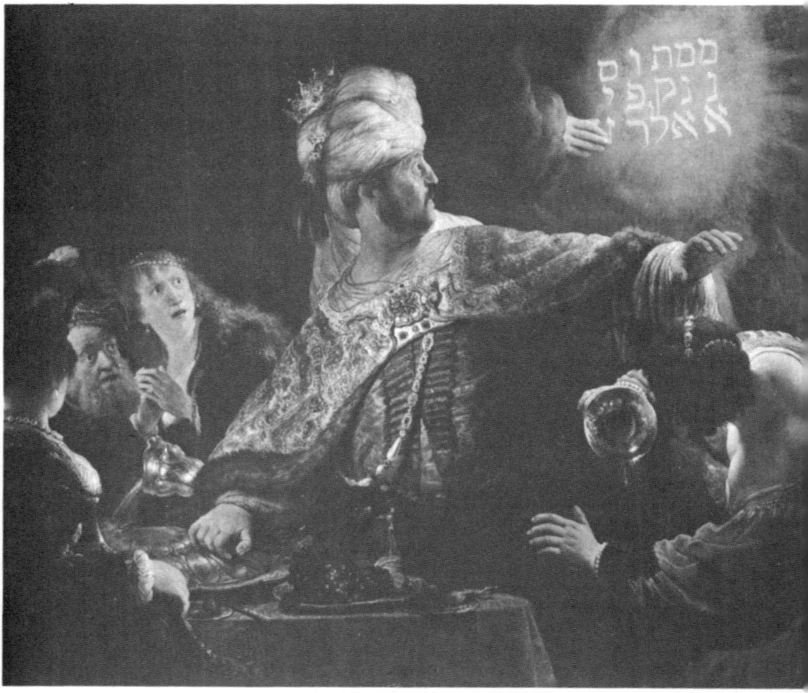

daß das Malen von menschlichen Figuren das Wesentliche für einen Künstler sei: Die Universalität eines Malers spricht aus seiner Fähigkeit, die von der Vernunft abhängig ist, Historien zu malen. Porträtmalerei, »Naar hat leven«, ist mechanisch, zwar nützlich als Übung, aber keine hohe Kunst. Unter Historienmalerei ist nicht nur die Schilderung der weltlichen, sondern auch die der biblischen und christlichen Geschichte zu verstehen. Die politische Konstellation, die Auftragssoziologie und das Bildverbot im Calvinischen Dekalog – von dem vornehmlich das verehrungswürdige Gottes- und Heiligenbild betroffen war – bestimmten das Verhältnis Hollands zum Historienbild. Wo der Auftrag für das Altarbild fehlte und der Ort für das religiöse Bild eher das Wohnhaus als die Kirche war, das Rathaus die Funktion des Schlosses übernahm und die wichtigsten Häuser neben der Börse und den kommunalen Bauten die Schützenhäuser waren, wo das Priesteramt geradezu in die Hände eines jeden Einzelnen gelegt war, ebenso wie die politische Verantwortung, da sind bestimmte Bildlösungen im Bereich der Historie und eine besondere thematische Wahl und Richtung zu erwarten. Unübersehbar ist allgemein der didaktische Charakter des holländischen Bildes, im besonderen läßt sich vom Historienbild sagen, daß es in jedem Thema eine parabolische Aktualisierung suchte. In der christlichen Tradition war das Alte Testament Vorbild des Neuen Testaments im Sinne der Typologie und bildwürdig wurde es nur durch die typologische Parallelisierung (z. B. Anheftung der ehernen Schlange durch Moses = Kreuzestod Christi = Überwindung des Todes). – Die holländische Malerei gab den biblischen Themen neue Aussageformen, sie stellte die Schilderung menschlicher Eigenschaften in den Vordergrund.

Bei Rembrandt ist zu beobachten, wie in den späten dreißiger Jahren nach den jähen, turbulenten Szenen mit der *»Blendung Simsons«* etwa *(1626, Frankfurt, Städel.)* oder *»Belsazars Gastmahl« (ca. 1635, London, National Gall.)* der Mensch mehr und mehr in den Mittelpunkt tritt. Das *»Opfer Manoahs« (1641, Dresden, Gemäldegal.)* führt das innige Gebet eines alten Mannes und einer jungen Frau vor und damit eine noch zu beschreibende Inversion von Historien-Geschehen in Verinnerlichung als sammelnder Qualität für das, was in diesen Bildern sein Gleichnis findet.

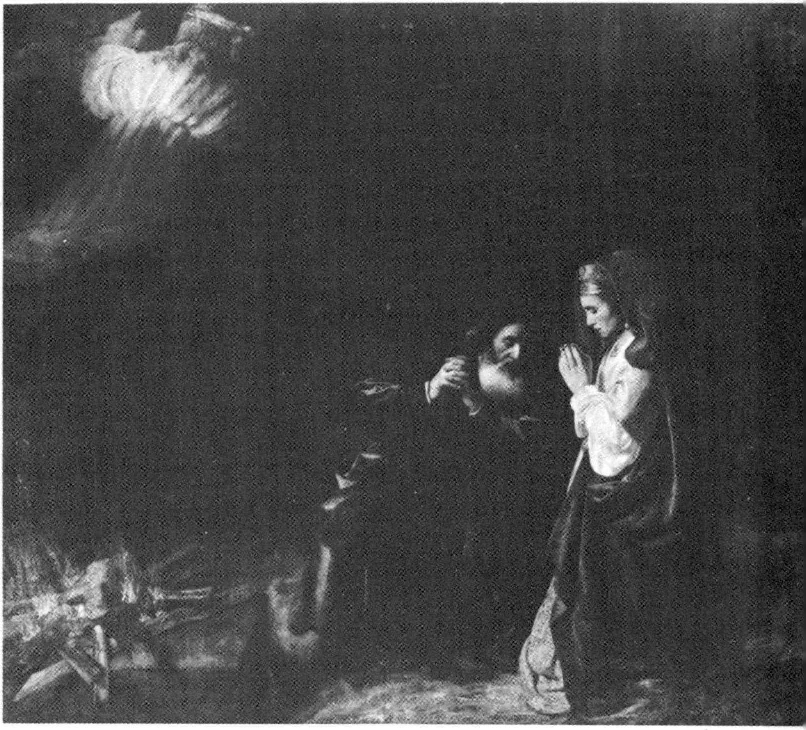

Rembrandt, »Das Opfer Manoahs«, 1641, 242 × 283 cm. Dresden, Gemäldegalerie

Damit ist die Typologie des Alten Testaments direkt auf den Menschen im Sinne der parabolischen Aktualisierung gerichtet.

»So wird auch die Geschichte der Juden Gegenwart, sie ist die Vorzeit der Menschheit, ja, die eigene Vorzeit. Das auserwählte Volk wird verglichen mit dem holländischen, das sich aus Unterdrückung in Not und Kampf mit Gottes Hilfe befreit hat. Amsterdam wird Neu-Jerusalem, die neue tolerante Heimstätte der vertriebenen Juden, in denen sich das Alte Testament der Heiligen Schrift in der holländischen Gegenwart verkörperte. Bis heute sind in calvinistischen Ländern alttestamentliche Vornamen gebräuchlich. Im damaligen Holland hießen die Holländer Abraham, David, Jacob, ja, Eglon, Ahasver. Salomon Konincks Frau hieß Abigail, der Haager Maler van Uyttenbroeck Moses, der Stecher van Hooven schon im 16. Jahrhundert Melchisidek und die beiden Malerinnen des 17. Jahrhunderts hießen Judith (Leyster) und Rachel (Ruysch).

Jeder dieser Namen kam von einer biblischen Persönlichkeit, deren Leben durchaus bekannt war. Der Bibeltext war ja in einem heute kaum vorstellbaren Maße jedem vertraut. Auch das hat gerade in den Niederlanden seine Wurzel schon im 16. Jahrhundert, doch seine eigentliche Ausbreitung erst nach dem Glaubenswandel, schon durch die täglichen Bibellesungen in den Familien, auch auf den Schiffen, vom Gottesdienst ganz abgesehen.

Als geoffenbartes Gotteswort hatte jetzt alles im Text absolute, direkte und aktuelle Gültigkeit, mehr als die kirchliche Auslegung und Lehre. Bibellehre war seit der Reformation die Grundlage aller Theologien geworden, die in Holland in ihren verschiedenen Richtungen bis in die Politik und Wirtschaft hinein gewirkt hat. Sie war die Grundlage überhaupt aller Gelehrtheit, wie sie an Rembrandts Lateinschule und Universität noch betrieben wurde als Bibelübersetzung, Bibelphilologie, Bibelforschung. Vor allem war die Bibel das Wort des Volkes geworden, seiner Sprache und seiner Bildung, seines Fühlens und seines Denkens. Zu den mancherlei Bibelübersetzungen trat schließlich 1637 die amtliche »Staatenbijbel«, von einem Ausschuß von Theologen und Philologen in staatlichem Auftrag in vorbildlichem Holländisch abgefaßt, ein Sprachdenkmal von größter Bedeutung. Die Umgangssprache war voll von biblischen Vergleichen und Bildern. Jede ihrer Personen und Ereignisse war lebendig, gegenwärtig. So füllten sich die alten »Typen« und »Figuren« mit einem neuen Leben, ohne Beziehung zu der alten Liturgie. Nur daß sie überhaupt als Bild bekannt geblieben waren, verdankten sie noch ihren alten typologischen Bedeutungen. Bis in die anspruchslose Volkskunst der bemalten Wandkacheln kommen noch im 18. Jahrhundert der »Auszug Loths«, »Israel und der Engel«, die »Opferung Isaaks« vor, aber niemand denkt dabei mehr an »Christus im Limbus«, den »Ungläubigen Thomas« oder an die »Kreuzigung«. Die indirekten Bedeutungen des Mittelalters sind vergessen und die alten Themen haben Selbstverständlichkeit gewonnen. Göttlicher Ratschluß und menschliche Weisheit, Frömmigkeit und Sünde, Lohn und Strafe werden aus dem Alten Testament der Offenbarung so unmittelbar ersichtlich wie aus dem Neuen«.[12]

Der wichtigste Lehrer Rembrandts war Pieter Lastman (1583 bis 1633), er war Spezialist im biblischen und mythologischen Historienbild. Sein Bildtypus ist von »internationaler« Anlage, was den Aufwand, das Erzählpathos und die Bedeutungssteigerung betrifft. Von holländische Eigenart ist allerdings die Durchsetzung der Historie mit Genrezügen und Derbdrastischem, wie es ähnlich im Rubenskreis, etwa bei Jacob Jordaens zu finden ist. In Lastmans Gemälden geraten Italianisierendes, Würdelandschaft und -archi-

Pieter Lastmann, »Susanna und die beiden Alten«, 1614, Öl/Holz, 42 × 58 cm. Berlin-West, Gemäldegalerie

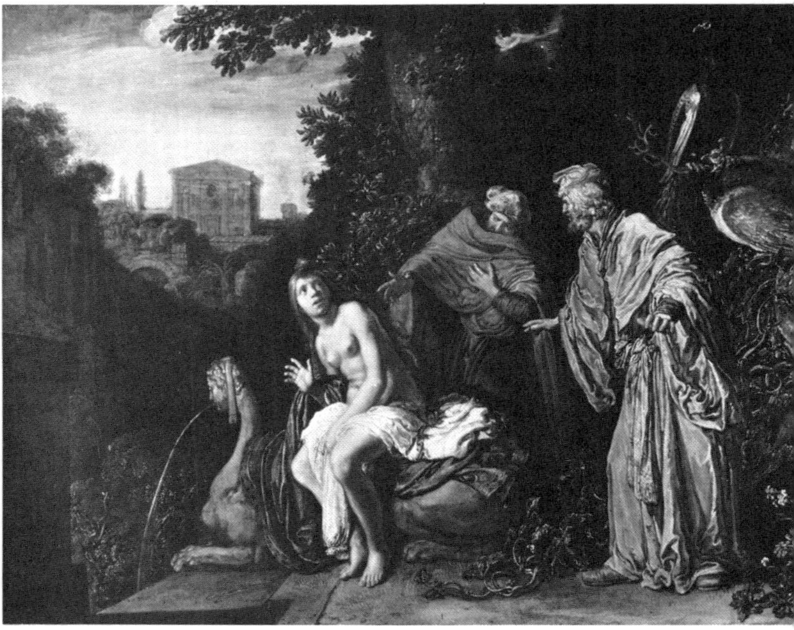

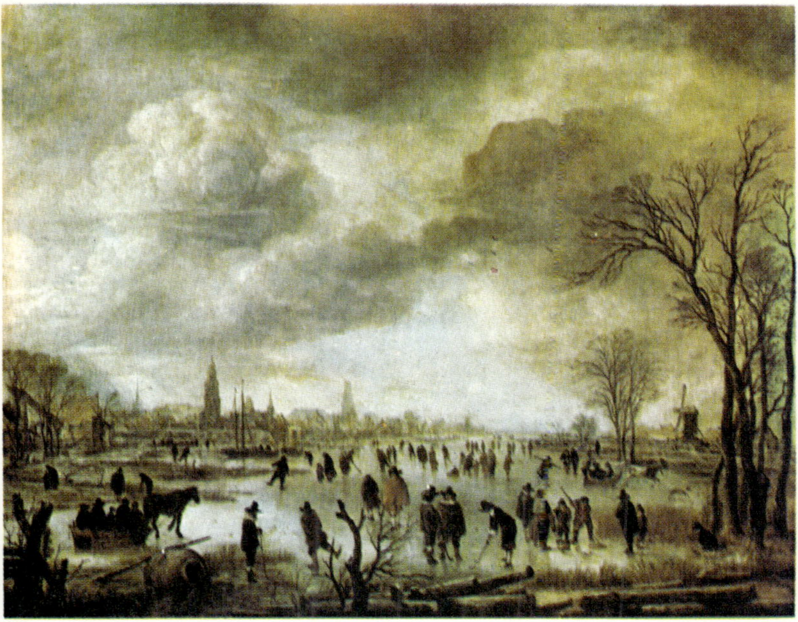

Aert van der Neer, »Schlittschuhläufer«, ca. 1650, 64 × 79 cm. Amsterdam, Rijksmuseum

tektur, Pathosformeln und »klassisches Form« in Konflikt mit der naturalistischen Grundlage des Bildes, wie das Gemälde *»Susanna mit den beiden Alten« (1614, Berlin-West, Gemäldegal.)* beweist. – Diese Malerei war der Ausgangspunkt des frühen Rembrandt. – Mit den dreißiger Jahren allerdings wird dieses Historien-Genre selten, es verliert seinen zentralen Wert und lebt nur noch in Rudimenten und in der italianisierenden Richtung der holländischen Malerei weiter. Die Ablösung dieses Typs des Historienbildes erfolgte auf verschiedene Weise, der aber immer eine Aktualisierung und Parabolisierung zugrundelag. Das historische Ereignisbild wechselte beispielsweise in die Kategorie des Porträts über. Die Schützenstücke, Gruppenporträts und die Bilder von Festmählern übernahmen weitgehend die Funktion etwa des Kriegsbildes.

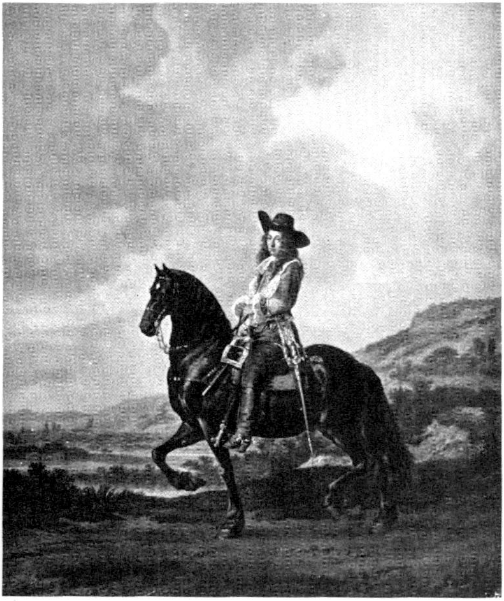

Thomas de Keyser, »Bildnis des Pieter Schout, Landrichter von Hagestein«, 1660, Öl/Kupfer, 86 × 69 cm. Amsterdam, Rijksmuseum

Im Gruppenporträt wurde die historische Tat aktualisiert in der persönlichen Repräsentanz. Interessant ist, wie auch das reine Landschaftsbild von der »Zerlegung« des Historienbildes profitierte. Seeschlachten, ein beliebtes Thema der Frühzeit, wurden jetzt abgelöst von Meeresbildern, in denen die Gewalt der Elemente anschauliche Metaphern des Stürmischen leistete. Die Landschaft ist nicht mehr Schlachtfeld, sondern das befriedete holländische Land. Erstmals in der Bildkunst wird der Begriff »Heimat« im heutigen Sinne veranschaulicht. Jan van Goyen verbindet in seinen Ansichten von Dordrecht etwa oder Nymwegen (Amsterdam und Berlin) den Begriff der Landschaft mit dem des Bekannten, Bergenden und mit dem des Besitztums. Bei Aert van der Neers (1603/4–1677) *»Schlittschuhläufern«* auf den gefrorenen Flußarmen zwischen den Dörfern ist es, als feierten sie fröhlich die Begehbarkeit des gefrorenen Wassers, das andererseits Invasoren stets unheimlich war und oft genug verhängnisvoll wurde.

Erstaunlicherweise ist das Reiterbildnis in Holland nicht selten.

Beispiele gibt es bei Rembrandt oder bei Thomas de Keyser, dem Vertreter des höfisch-preziösen Porträts *(»Pieter Schout«, 1660, Amsterdam, Rijksmus.)*. Gerade hier und im Vergleich mit den Prototypen, Tizians *»Karl V. bei Mühlfeld«*, mit Velasquez und Rubens wird deutlich, wie im holländischen Bild aus dem »Archetypus« ein Herr geworden ist, der noch im Galopp porträtsitzt und durch die schönen Lande reitet. Im Bild des Thomas de Keyser ist der Reiter Teil der Landschaft, durch Bewegung zu Pferde ihr verbunden.

Die von Rembrandt im Jahre 1642 gemalte *»Nachtwache« (Amsterdam, Rijksmus.)* entstand im Zeichen der Ablösung des historischen Ereignisbildes durch das Gruppenporträt. Das Bild stellt eine Schützenkompanie mit ihren Führer dar. In ihm wird der Begriff des Krieges und der kriegerischen Leistung nicht mehr durch die Darstellung des Kampfes, sondern durch das Gruppenporträt verdeutlicht. In diesem Gruppenbild, in einem simulierten Getümmel werden nun das Martialische, die Tapferkeit und die Auszeichnung vorgeführt. Das Porträt tritt vor das Historienbild und aktualisiert es. – Einer der letzten großen Aufträge Rembrandts war es, ein Bild für das neue Rathaus in Amsterdam zu malen. Es entstand *»Die Verschwörung des Bataver« (1662, Stockholm, Nationalmus.;* s. S. 193*)*; das Gemälde wurde von Rembrandt später zerschnitten. Er gestaltete es in der Form eines Schützenstückes mit einem Festbankett (siehe z. B. Frans Hals *»Die Offiziere der Adriansgilde«, 1633, Haarlem, Frans-Hals-Mus.;* s. S. 144*)*. In diesem Bild erfährt die holländische Auffassung, wonach die Vergegenwärtigung dadurch stattfinden soll, daß die historische Dimension als Einkleidung, also »historié« ins Bild kommt, geradezu eine Umkehrung: hier wird das Gruppenporträt in die Geschichte zurückversetzt. Im Rathaus von Hasselt befindet sich ein Bild des Nicolaas van Galen (ca. 1620–1683) mit dem Titel *»Gerichtsbarkeit unter Wilhelm dem Guten« (1657)*. Auf ihm läßt der holländische Graf einen Amtmann hinrichten, der sich am Eigentum eines Bauern vergriffen hatte. Das Bild schließt an eine im 15. Jahrhundert zu findende Tradition von »Gerechtigkeitsbildern« für Rathäuser mit Beispielen aus der antiken Geschichte oder Bibel an. Im Amsterdamer Rathaus ist ein ähnliches Beispiel aus dem 17. Jahrhundert schon oben erwähnt. Wandbilder Rogiers van der Weyden (1397/1400–1464) für Brüssel mit der Gerechtigkeit Trajans und Herkinbalds sowie Kaiser Ottos, ähnliche Themen des Dirk Bouts (1410/20–1475) für Löwen und vor allem die Tafel des Gerard David (ca. 1460–1523) in Brügge gehören dazu, auf ihr läßt König Kambyses den Richter Sisamnes wegen Korruption schinden. Das barocke Gerechtigkeitsbild van Galens bedient sich eines Schemas des frühen Rembrandt, der Szene mit *»Judas vor den Hohepriestern« (1629, England, Whitby;* s. S. 155), wo ebenfalls der knieende Schuldige von Betrachtern umringt ist und von der Seite Licht auf das aufgeschlagene Buch mit dem Gesetz fällt. Auffallend ist, daß der Maler sich der Bildmittel des Utrechter Caravaggismus bedient und dadurch in seine Szene die drastischen Züge des Sittenbildes bringt – was ebenfalls eine Aktualisierung bedeutet.

Das Genrebild

Die Bedeutung einzelner Bildthemen in der holländischen Malerei wird weitgehend durch das verdeutlicht, was nicht oder kaum gemalt wurde: Es war der Krieg als Kampf oder Schlacht, die direkte Arbeitstätigkeit des Handwerkers, Bauern oder Bürgers, weiter das, was Holland reich machte, vom Handel bis zur Börse. Motive dieser Art wurden selten zum Bildgegenstand. Stattdessen stehen wir einer schier unübersehbaren Fülle von Bildern gegenüber, auf denen eine oder mehrere Personen in stiller Besinnung oder im Innehalten einer Tätigkeit oder als fröhliche Gesellschaft bei Wein, Musik und Konversation gezeigt werden, Bauern bei ihren primitiven Vergnügungen, vom Rauchen und Trinken bis zur Wirtshausrauferei. Die Schützen lassen sich porträtieren, aber nicht im Kampf zeigen, und die Wachen sind eingeschlafen, wie beispielsweise auf dem Bild von Carel Fabritius. Schon ein erster Blick auf die Themen und deren Durchführung genügt, um festzustellen, daß pauschale Urteile, in denen vom Genre als lebensfroher Schilderung vom Leben und Treiben in Holland die Rede ist, fragwürdig sind. Es ist auch nicht so, daß die schlimmen Seiten des Lebens zugunsten der schönen ausgespart wären. Jeweils dort, wo die höchste künstlerische Durchdringung des Themas vorliegt, bei Rembrandt, Vermeer oder Fabritius, sind im Bild das Dasein, die Tätigkeit und auch die Gegenstände aus dem Transitorischen der Zeitlichkeit herausgenommen; in dieser Pause der Zeit herrscht sublimste Ruhe, Vergnügen und Freude scheinen in der Zeit stille zu stehen. Mensch und Ding zeigen sich zum Bildgegenstand verwandelt. So gewinnt das Genrebild eine neue Bildwürdigkeit. Durch das Bild selbst wird die Zeit angehalten, und Mensch und Ding gehen in die Überzeitlichkeit des »festhaltenden« Bildes ein. Man kann einwenden, daß von Honthorst bis Steen auch das Laute, Outrierte und Bizarre Gegenstand des Genres war. Hier handelt es sich jedoch immer um ikonographische Typen der Begriffe Freude, Lust, Schönheit, um die Sinne schlechthin.

Frans Hals, »Porträt von Isaac Massa und Beatrix van der Laen«, ca. 1622, 140 × 166 cm. Amsterdam, Rijksmuseum

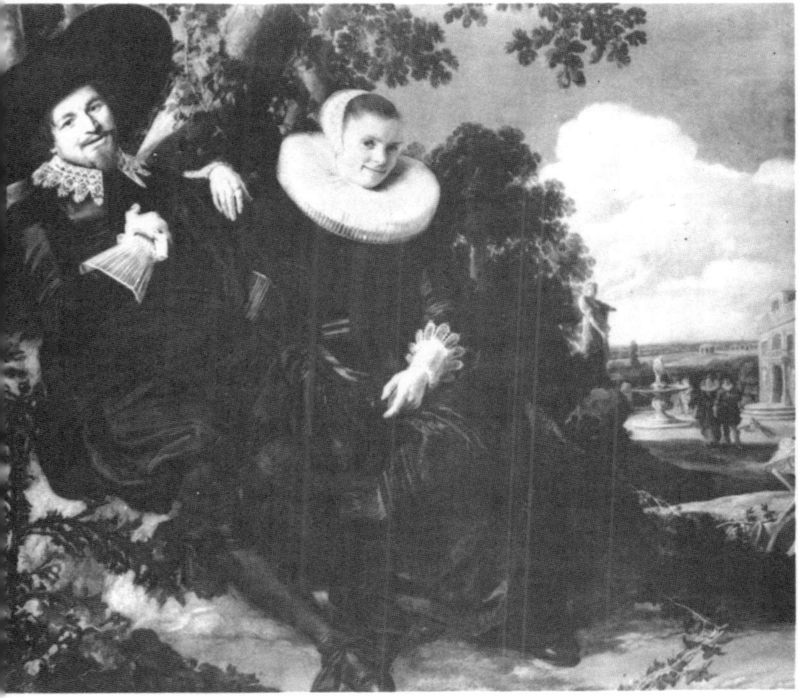

Vor einer naiven Interpretation der holländischen Genremalerei warnt auch deren Entstehung aus älteren Traditionen. Die »Gesellschaftsbilder« mit Gruppen von Trinkenden, Liebespaaren usw. haben ihre Vorläufer bei Michelangelo Merisi da Caravaggio (1573–1610) und den italienischen Caravaggisten wie Bartolomeo Manfredi (ca. 1580–ca. 1620) oder Orazio Lomi, gen. Gentileschi (1565–1647). Sie wurden in Holland zunächst durch die Utrechter Schule aufgenommen so bei Honthorst und Hendrick Terbruggen (1588–1629). Es war also ein festes Bildschema vorhanden, das in Holland Grundlage des Gesellschaftsbildes wurde. Bei dem in die freie Landschaft verlegten Gesellschaftsbild bleibt das ältere Thema des Liebesgarten noch voll wirksam, ebenso bei den Eheporträts in einem Garten oder Park. Ein Beispiel bietet das *»Porträt von Isaac Massa und Beatrix van der Laen«* von Frans Hals *(um 1622, Amsterdam, Rijksmus.)*. Ein anderer Bildtypus, der des »Verlorenen Sohnes in schlechter Gesellschaft«, übte ebenfalls einen Einfluß auf die Entwicklung des Gesellschaftsbildes aus, wobei dann sein Bildinhalt oft die moralisierende Bedeutung übernehmen sollte.

Mit den Darstellungen aus dem Volksleben und dem Bauerngenre verhält es sich ähnlich. Hier sind die Vorläufer schon im Mittelalter sichtbar und seit dem 16. Jahrhundert, so bei Pieter Brueghel, als selbständiges Thema vorhanden. Die Leistung der holländischen Maler liegt in der Hervorhebung des Individuellen, das durch eine konzentrierte Darstellung und mit Hilfe einer neuen »Brennweite« des Sehens aus den übervollen manieristischen Bildern des 16. Jahrhunderts herausgehoben und – im wörtlichen Sinn – nahegebracht wird. Im ausgehenden 16. Jahrhundert waren historische oder biblische Szenen oft in eine tiefe, gewollt übertriebene Perspektive im Genrebild eingebunden worden. Die holländischen Maler greifen nun einen Teil der Darstellung heraus und stellen ihn konzentriert und ausschließlich ins Bild. Ein Vergleich von Marten van Cleves *»Flämischer Haushaltung« (um 1570, Wien, Kunsthistor. Mus.)* und Rembrandts *»geschlachtetem Ochsen«* mag dieses demonstrieren. Einmal ist dieser Ochse Teil einer mit vielen Gegenständen fluchtenden Innenraumansicht, das andere Mal ist das Thema des Schlachthoffleisches ausschließlich

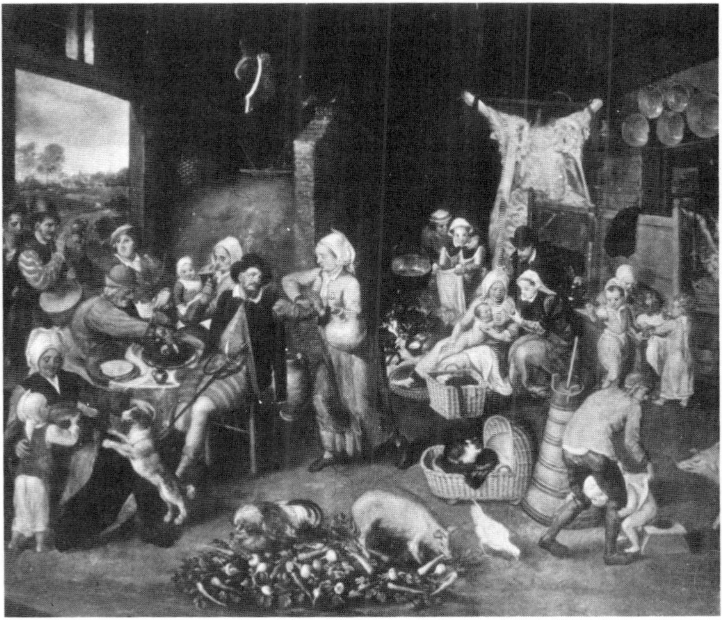

Marten van Cleve, »Flämischer Haushalt«, ca. 1570, Öl/Holz, 123 × 144 cm. Wien, Kunsthistorisches Museum

geworden. Pieter Aertsen (1503–1575) rückt in einem Bild die Szene mit *»Christus bei Maria und Martha« (1553, Rotterdam, Mus. Boymans)* tief in den Grund eines Raumes, während – in Spannung dazu – im Vordergrund ein riesiges Stilleben aufgebaut ist. Das neue holländische Bild hingegen hat die im Manierismus in Spannung zueinander stehenden Bildteile »aufgespalten« und sich stets und eindeutig auf eines konzentriert. Im Genre bedeutet das die Möglichkeit, das Lesen eines Briefes, das Ausgießen von Milch, das Flohen eines Hundes, das Musizieren und das Geschäft einer Kupplerin in einem neuen Sinn bildwürdig zu machen. »Leben und Treiben« wird stillebenhaft in dem Sinne, daß es im Stillhalten seinen Glanz entfaltet und nicht durch die Spannungen in der Handlung und im Raumgefüge.

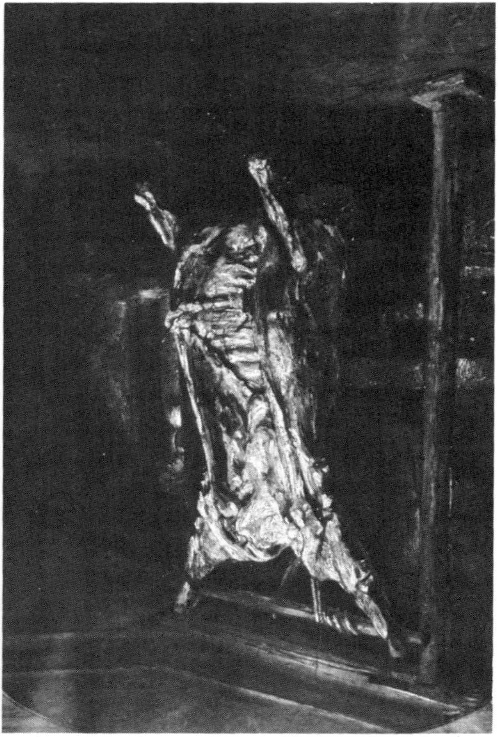

Rembrandt,
»Geschlachteter Ochse«,
1655, Öl/Holz,
94 × 67 cm.
Paris, Louvre

Noch etwas warnt davor, in diesen Genrebildern realistisch geschilderte Momentsituationen zu sehen. Es ist die allegorische Begründung dieser Bilder, deren Motive sich häufig auf Themen aus dem Zyklus der »Fünf Sinne« beziehen oder versteckte Allegorien auf Tugenden und Laster beinhalten. In allem steckt eine Neigung zum Moralisieren, der Aufruf zur Tugend und der Hinweis auf Vergänglichkeit und Tod. Das Vermitteln moralischer Hinweise in anscheinend realistischen Darstellungen ist kennzeichnend für die Malerei des 17. Jahrhunderts; aber neu war diese Auffassung nicht. Den Nachweis, wie verbreitet das Motiv der »Fünf Sinne« schon vorher war, hat bereits H. Kaufmann erbracht.[13] Das früheste Beispiel ist eine Reihe von mittelalterlichen Teppichen (Musée Cluny, Paris), auf denen durch allegorische Frauenfiguren, die weitab der alltäglichen Wirklichkeit stehen, die Sinne personifiziert werden. Die Graphik popularisierte dieses Thema zuerst in den südlichen Niederlanden, im Norden des Landes trug die von Jan Saenredam (1565–1607) nach Hendrick Goltzius (1558–1617) gestochenen Serie (entstanden in Antwerpen) zur Verbreitung wesentlich bei. Die Unterschriften der Blätter warnen vor der Hingabe an die »Sinne«. Das *»Gefühl«*, bei Goltzius als zarte Umarmung der bereits zeitgenössisch gekleideten Geliebten dargestellt, ist bei Adriaen Brouwer so abgewandelt, daß es in seiner *»Fußoperation«* kaum noch wiederzuerkennen ist, aber doch sind hier dieselben »Sinne« gemeint. Die oben genannten »Gesellschaftsbilder« zeigen dabei oft eine Anhäufung der »Fünf Sinne« in einem einzigen Bild. Ein sehr frühes Beispiel ist die von Ludovicus Finson (vor 1580–1617) gemalte *»Gesellschaft« (Braunschweig, Herz.-Anton-Ulrich-Mus.)*. Wie im Falle der Stichserie nach Goltzius ging die Entwicklung des holländischen Genrebildes oft von der Graphik aus. Gerade in der Frühzeit des Genre- und des Fünf-

Pieter Aertsen, »Christus bei Maria und Martha«, 1553, Öl/Holz. Rotterdam, Museum Boymans – van Beuningen

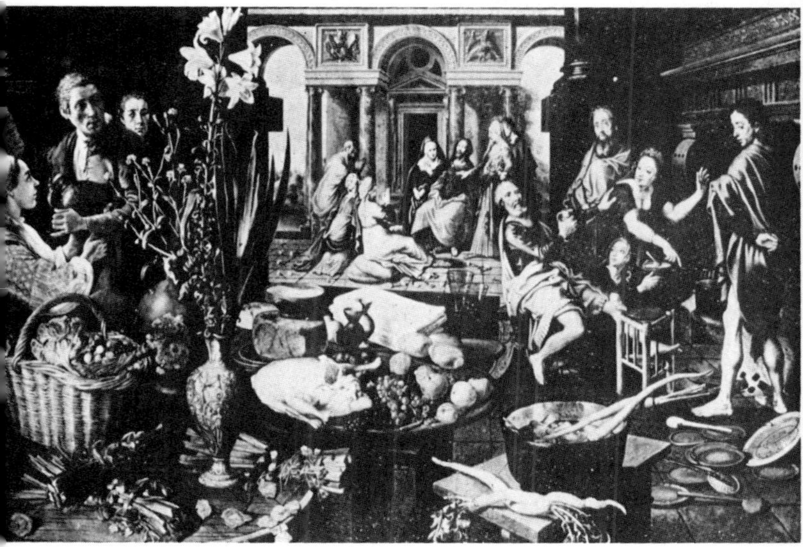

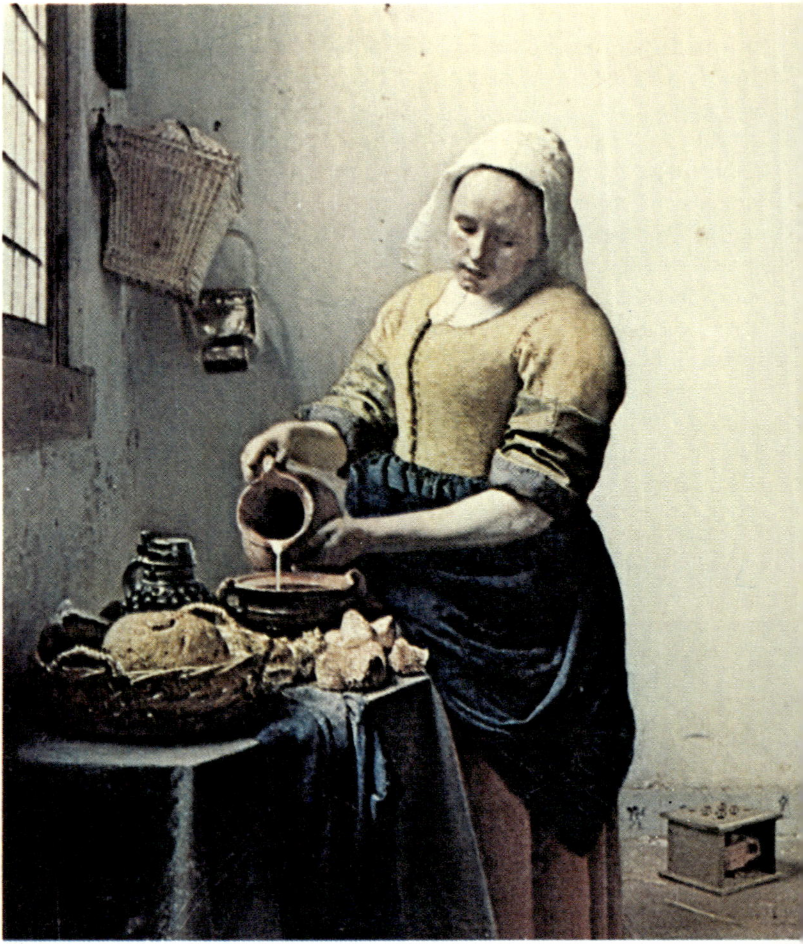

Jan Vermeer, »Die Küchenmagd«, um 1658, 45 × 41 cm. Amsterdam, Rijksmuseum

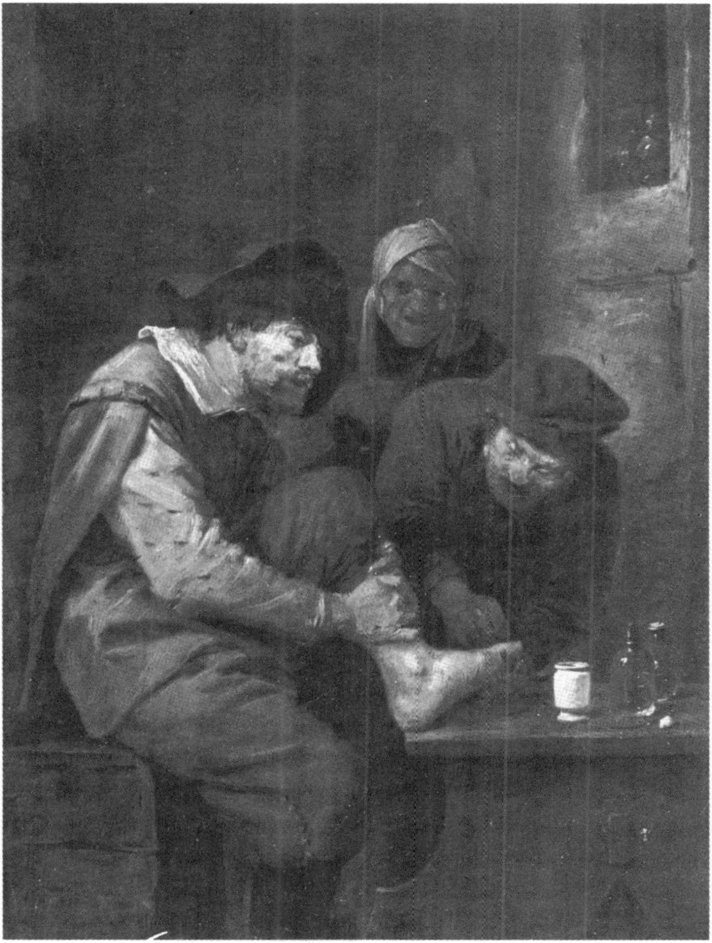

Adriaen Brouwer, »Fußoperation«, um 1635, 35 × 26 cm. Frankfurt, Städelsches Kunstinstitut

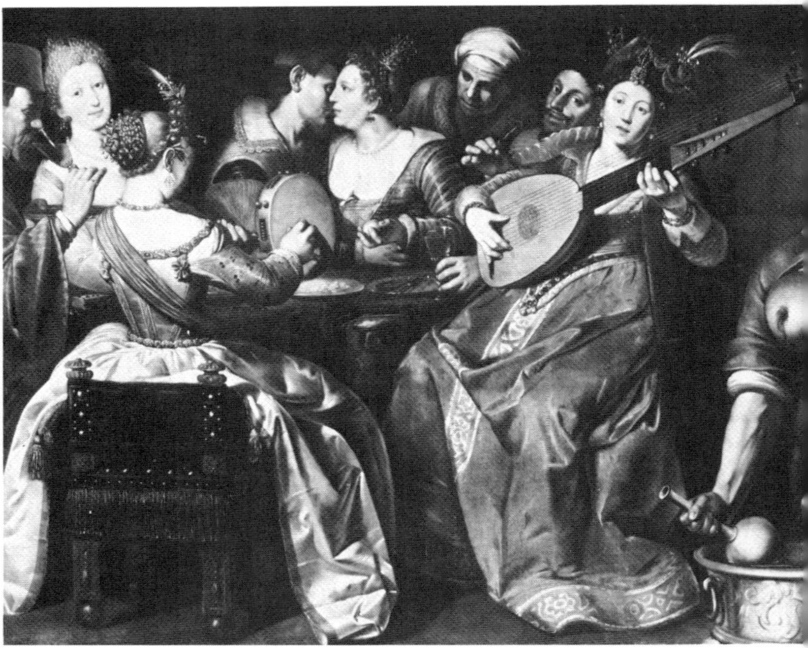

Ludovicus Finson, »Lustige Gesellschaft mit Fünf-Sinne-Allegorie«, ca. 1600, 141 × 189 cm. Braunschweig, Herzog-Anton-Ulrich-Museum

Sinne-Bildes gab es sehr viele Maler, die auch Graphiken schufen, wie Adriaen van de Venne (1589–1662), Goltzius und Willem Buytewech (ca. 1585–1625/27). Wichtig wurde dabei die Emblemliteratur, die bei der Entschlüsselung vieler Bilder Hinweise gibt. Die Emblembücher erschienen in großen Auflagen und vermittelten Volkssprüche, Redensarten und naturwissenschaftliche Erkenntnisse mit einfachen, aber oft auch enigmatischen Illustrationen. Allgemein waren die niederländischen Embleme von bildhaft-anschaulichem Realismus.

Die Hauptmeister der Gesellschaftsmalerei waren Willem Buytewech, Dirk Hals (1591–1656), Pieter Codde (1599/1600 bis 1678) und Hendrick Pot (1585–1657). Führend in der Bauern-Genremalerei waren Adriaen van Ostade, Jan Steen und Adriaen

Brouwer. Das bürgerliche Sittenbild findet seine Interpreten in Steen, Pieter de Hoch (1632–1693), Gerard Terborch, Gabriel Metsu, Nicolaes Maes, Jan Vermeer und Gerard Dou, dem bedeutendsten Vertreter der Feinmalerei mit seiner unübertroffenen Behandlung stofflicher Oberflächen. Ähnlich wie in anderen Bereichen bei Rembrandt sind Genre und Gesellschaftsbild beim Delfter Vermeer im Gegenständlichen wie im Malerischen so sehr sublimiert, daß eine eigene Ästhetik des Genre entstand.

Innerhalb dieses wichtigen Komplexes der holländischen Malerei bildet sich eine Richtung aus, die man als das didaktische Genrebild bezeichnen kann. Jan Steen ist auf diesem Sektor der bedeutendste Maler. Weil er die Moral und die didaktische Absicht in das Gewand fröhlichen Treibens einkleidete, waren seine Bilder manchen Mißverständnissen ausgesetzt. In älteren Interpretationen, aber auch in der neueren Forschung wird vorwiegend und einseitig das Weltliche, das Genre, die Anekdote usw. als das Ziel seiner Malerei gesehen. So schreibt Friedländer ein-

Jan Steen, »Verrückte Wirtschaft«, 1663, 105 × 145 cm. Wien, Kunsthistorisches Museum

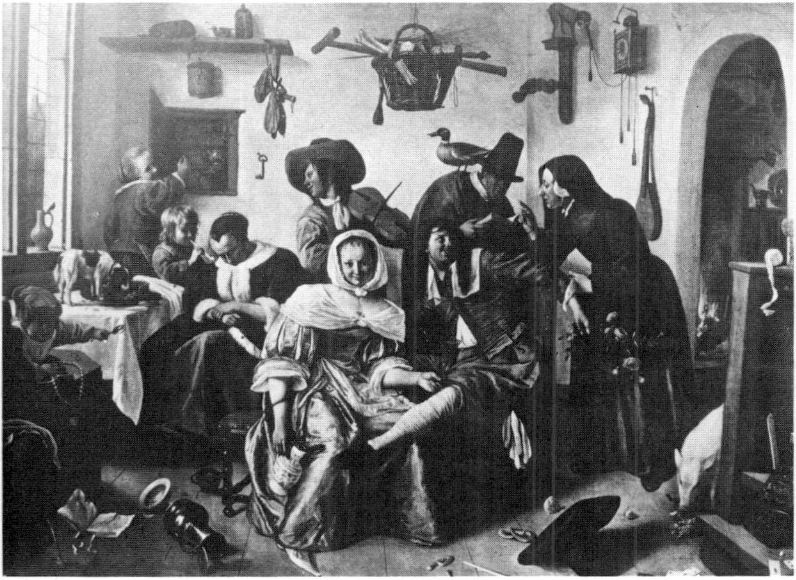

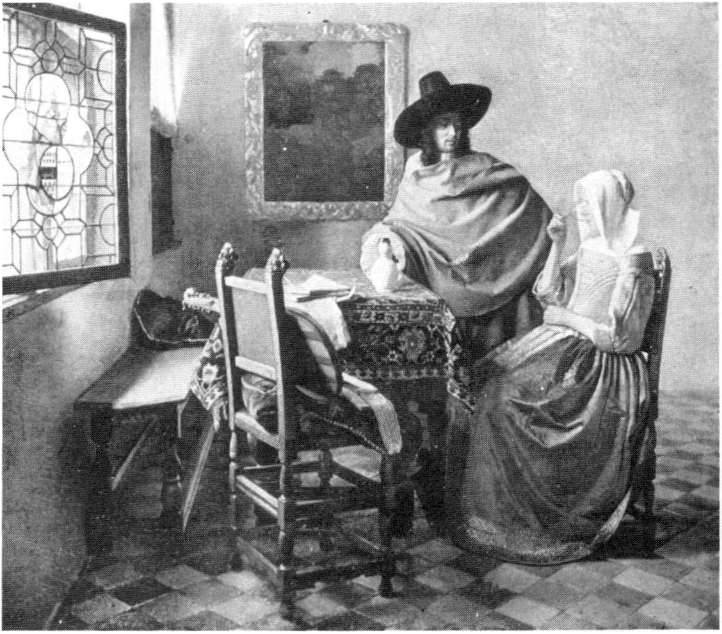

Jan Vermeer, »Herr und Dame beim Wein«, ca. 1658–60, 66 × 76 cm. Berlin-West, Gemäldegalerie

mal: »Steens Menschenkenntnis stößt nicht in die Tiefe, reicht aber weit. Sie umfaßt Äußerungen der Laune von Munterkeit zu Ausgelassenheit in vielen Stufen, mit allen Schwächen bleiben die Menschen sympathisch, mit der offenen und gesunden Aktivität. Wir wären bereit, mit ihnen zu verkehren ...« Hier formuliert sich ein Mißverständnis aus oberflächlicher Sicht heraus. Steens Bild *»Verrückte Wirtschaft« (1663, Wien, Kunsthistor. Mus.)* trägt so einen falschen Titel, während der richtige leicht zu finden ist. Eine Schrift auf einer Tafel im Bild sagt: »In Weelde siet toe«, »Im Wohlstand sehet zu«. Es ist also etwas Belehrendes gemeint, das sich des Werkzeuges der Genredarstellung bedient. Seit spätestens Brueghel spielen die moralisierenden Sprichwörter eine erhebliche Rolle. »Rosen vor die Säue«, »Einer scheert das Schaf, ein anderer

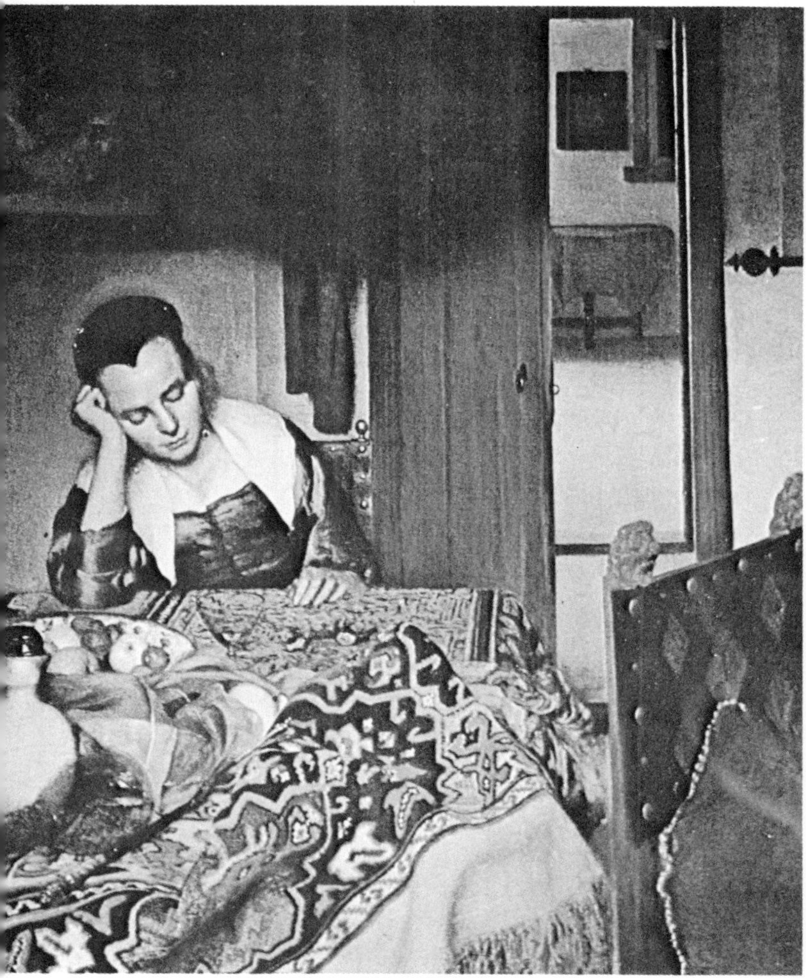

Jan Vermeer, »Schlafende Frau«, um 1656, 85 × 74 cm. New York, Metropolitan Museum

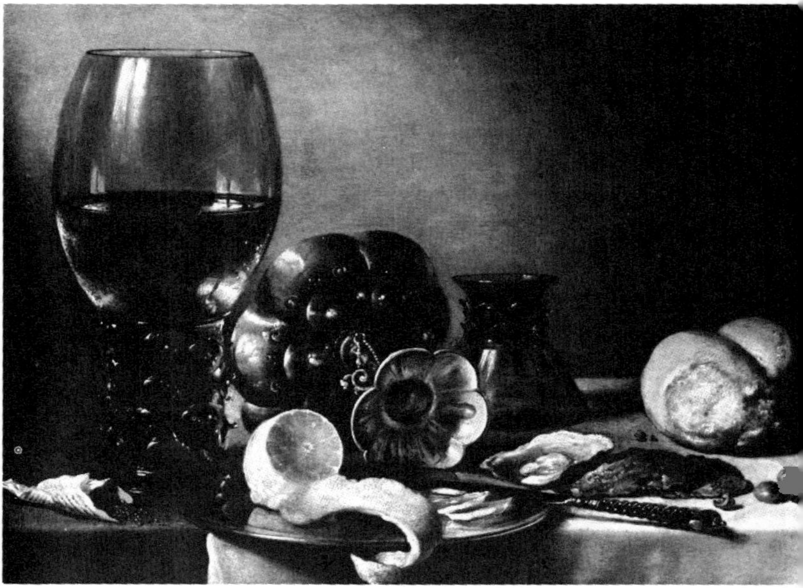

Pieter Claesz., »Stilleben«, 1638, Öl/Holz, 38 × 53 cm. Kassel, Gemäldegalerie

das Schwein«, »Vor dem Winde ist gut segeln«, das sind direkte »Lebensweisheiten«, in denen Symbole zu einer immanenten Lebensanweisung geworden sind oder zu einer Warnung. Nicht zuletzt das verleitet dazu, in solchen Bildern nur den reinen Unterhaltungswert des Genre zu sehen. In dem Bild »Im Wohlstand sehet zu« sind viele Bildtypen und Bedeutungsträger zusammengefügt, wobei in der zunächst wirr erscheinenden Zusammensetzung der Eindruck einer »verrückten Wirtschaft« erweckt wird. Vergleiche mit Motivtypen bei anderen Malern sind aufschlußreich. Bei Terborch finden wir als eigenständiges Thema das Galante und seine Requisiten, genauso etwa bei Vermeer in dem Bild *»Dame und Herr beim Wein« (um 1660, Berlin-West, Gemäldegal.)*. Ebenfalls bei Vermeer gibt es *»Die Schlafende« (um 1656, New York, Metropolitan Mus.)*. Ein Stilleben etwa von Willem

Heda (1594–1680/2) oder Pieter Claesz. (1597/8–1660) *»Stilleben« (1638, Kassel, Gemäldegal.)* zeigt andere Bestandteile des Steenschen Bildes. Das Affengenre gibt es schon lange, ein Beispiel bieten die *»Zwei Affen«* von Pieter Brueghel d. Ä. *(1562, Berlin-West, Gemäldegal.)*. Sie symbolisieren wahrscheinlich den von seinen Lüsten gefesselten Menschen, der seine Freiheit verloren hat. Auch in Albrecht Dürers *»Maria mit dem Affen« (Kupferstich, 1498)* ist der Affe angekettet, er deutet auf den Menschen, der durch das Christkind von Sünden befreit wird. In einem Stilleben von Dou ist die Uhr das Symbol der Eitelkeit (Vanitas), bei Steen spielt der Affe damit. Enten »kwaken«, so wird der Mann als »Kwaker« oder »Quacksalber« bezeichnet. In seiner *»Fröhlichen Gesellschaft« (Den Haag, Mauritshuis)* hat Steen einen Teilbereich der *»Verrückten Wirtschaft«* gemalt. Über der Gruppe hängen Degen, Krücke und Rute als emblematische Requisiten einer lesbaren Moral, sie gehören nicht einfach zum Genre, es sind vielmehr verschiedenste Bild-Motiv-Typen zusammengefügt zu einem didaktischen Bild. Die Interpretation wird nicht dem Betrachter überlassen, sondern sie wird mit in die Szene übernommen. R. Keyszelitz nennt dies die »Clavis interpretandi«, den Schlüssel, der die Inhalte des »Sensus allegoricus«, der vorwiegend moralisch-didaktisch ist, dem Betrachter aufschlüsselt.[14] Die Inhalte sind »Wahrheiten«.

Es gibt verschiedene Möglichkeiten auf die »Wahrheiten« im Bild hinzuweisen. So malt Steen nicht einen nackten Amor mit Pfeilen, sondern einen kleinen Jungen im Zeitkostüm, der mit Pfeilen in einem Zimmer spielt, wo ein Arzt die Patientin untersucht. Hinter der Szene hängt ein Gemälde mit Venus und Adonis. Natürlich ist durch diese Hinweise klar, daß es sich hier um eine *»Liebeskranke«* handelt *(London, Apsley House)*. Wie Steen gibt auch Vermeer durch Hinweise zu verstehen, wie man eine bestimmte Szene interpretieren kann. Sein *»Liebesbrief« (Amsterdam, Rijksmus.)* zeigt eine Dame, die einen Brief empfängt. Hinter ihr hängen zwei Gemälde, eines davon stellt das Meer mit einem Segelschiff dar. Die Kombination Brief–Schiff deutet wahrscheinlich auf das Thema Liebe: ist ihr Geliebter auch weit weg, er bleibt in ihrem Herzen. Illustrationen in Emblembüchern legen oft der-

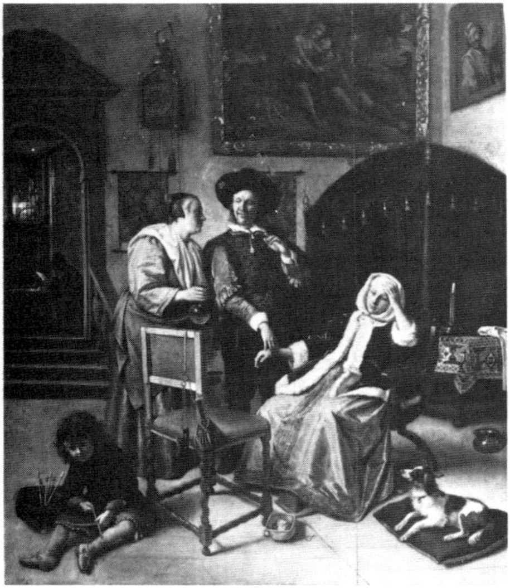

Jan Steen,
»Die Liebeskranke«,
Öl/Holz, 47 × 40 cm.
London, Apsley House

artige Interpretationen nahe. Auch Vermeer hat häufig durch bekannte Symbole einer Alltagsszene tiefere Bedeutung gegeben. Selbst für den heutigen Betrachter ist ein Bild wie die *»Perlenwägerin« (um 1664, Washington, Nat. Gallery)*, in dem eine Frau vor dem Gemälde »Das jüngste Gericht« steht und Perlen wägt, leicht als symbolbeladen zu verstehen. Bei Steen ist oft der Titel im Bild mitgegeben. So hält *»Die kranke Frau« (zw. 1660 u. 1665, München, Alte Pinakothek)* einen Brief in der Hand, auf dem zu lesen ist: »Daer helpt geen medesyn, want het is minepyn« (»Da hilft keine Medizin, wenn es Liebespein ist«).

Die theoretische, alte Fachsprache nennt das, was Steen und Vermeer vorführen, die »Wahrheiten«. Dabei wird etwas deutlich, was allgemeiner im holländischen Bild dessen Absichten und Erwartungen ausmacht. Die letztlich ethische Aufforderung basiert weniger auf dem gottgegebenen Begriff als auf dem Sprichwort also einer in der menschlichen Praxis bewährten und pragmatischen Formulierung, sie ist verständlich. Das Bild bringt die »Wahrheiten« ebenso in verständlicher Form mit Hilfe des »reali-

Jan Vermeer,
»Die Perlenwägerin«,
um 1660, 41 × 35 cm.
Washington,
National Gallery

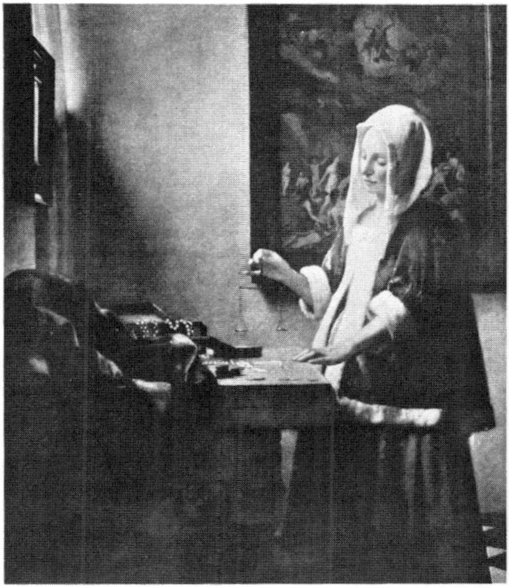

stischen Symboles« dar. Bei Jan Steen, aber auch in den Bauernszenen von Adriaen Brouwer oder Ostade ist das Bild zunächst ein Appell an die sinnliche Erfahrung. Dabei wird ein Paradox aufgebaut: Das eigentliche Negative des mahnenden Exempels ist in aller Sinnenfreude und dem Reiz des Malerischen vorgeführt. Und gerade dadurch, an dem Punkt, da durch Subjekt und Reizwerte des Malerischen ein Verstehensmodus aufgebaut wird, kann das Bild »moralisch« werden. So erklärt sich auch das Phänomen einer calvinistischen Skepsis gegenüber dem Bild und dessen gleichzeitiger Beliebtheit: Der Schönheitsbegriff ist nicht mehr ein absoluter und theologischer. Schönheit macht nicht die absolute Wahrheit sichtbar, sie setzt vielmehr die begreifbare Wirklichkeit frei und wird so zu einem Instrument der Moral und damit sogar zu einem calvinistischen Instrument: Malerei diente über das Vergnügen hinweg zur Bekehrung »tot lering en vermaak«, eine freie Interpretation des Spruches von Horaz aus der »Ars Poetica«: »Wer Nützliches mit dem Angenehmen vereint, erwirbt allgemeinen Beifall«. Das, was man moralisierend mitteilen oder lehren will, verpackt man in einer mitreißenden, oft doppelsinnigen Szene, aber so, daß durch bestimmte Hinweise, durch die »Clavis interpretandi«, dem Betrachter klargemacht wird, welche Wahrheit gemeint ist. Der Maler will lehrreich sein, dazu muß er, um überhaupt zu fesseln, erst einmal vergnüglich sein.

Das Stilleben

Ebenso wie das Genrebild löste sich im Anfang des 17. Jahrhunderts auch das Stilleben aus älteren Zusammenhängen heraus und wurde zu einem selbständigen und wesentlichen Bildthema der holländischen Malerei. Unmittelbare Vorstufen waren Küchenstücke, Vorratskammerbilder und Marktdarstellungen, wie sie im späten 16. und frühen 17. Jahrhundert vor allem in den südlichen Niederlanden beliebt waren. Bei Pieter Aertsen und Joachim Beuckelaer (ca. 1533–ca. 1573) sind Stilleben in biblische oder größere profane Zusammenhänge eingebaut, wobei nachweisbar ist, daß in ihnen oft allegorische Hinweise enthalten sind, die sich auf die »Fünf Sinne«, die »Vier Elemente« oder die »Vier menschlichen Komplexionen« beziehen. Andere Vorläufer sind die Bilder der flämischen Meister wie Jan van Eyck, Hugo van der Goes, Robert Campin u. a. In ihnen weist die Symbolik einzelner Bildgegenstände, z. B. eine Vase oder Blumen, auf die Jungfrau Maria hin. Ferner sind die burgundischen Buchillustrationen als Vorstufen zu betrachten, die Blumen und Insekten sehr genau wiedergeben und auf das geringste Detail achten. Im Holland des 17. Jahrhunderts wurde das Stilleben isoliert, behielt aber die alte Basis symbolischer Werte bei. Das Wort »stilleven« findet sich allerdings erst um die Mitte des Jahrhunderts in Künstlerinventaren,[16] während 1675 in Deutschland Joachim von Sandrart in seiner »Teutschen Academie ...« von »stillstehende Sachen« spricht.[17] Damit ist, wie in den romanischen Ländern durch den Begriff »nature morte« oder »natura morta« die Abtrennung vom Genrebild gekennzeichnet.

In Italien hatte sich vor und um 1600, vor allem bei Caravaggio, das Stilleben als Teil eines größeren Bildzusammenhanges zu verselbständigen begonnen. Im *»Bacchusbild« (um 1593, Florenz, Uf-*

fizien) von Caravaggio und in seinem *»Emmausbild« (um 1598, London, National Gall.;* s. S. 119*)* sind Früchte, Wein, Brot etc. sowohl in ihrer realistischen Konkretisierung wie auch in ihrer Wertigkeit eingesetzt. Wird dieses »Angebot« der absoluten Isolierung des Stillebens genutzt, wie es bei Caravaggio geschehen ist und wie es in Holland dann weiter erfolgt, behält es eine Aura der Ikonologie des Göttermahles und der Eucharistie, des Abendmahles. Auch die Säkularisierung konnte also diesen symbolischen Grund nicht beseitigen, der dann in der holländischen Stillebenmalerei so bedeutend wurde. Direkt oder indirekt zielt das holländische Stilleben immer auf ein Symbol hin: das der Eitelkeit alles Irdischen, der Vanitas. Seine Darstellungen beziehen sich ikonographisch mit Vorrang auf die Vergänglichkeit der Schönheit und des Reichtums. Die Universitätsstadt Leiden wurde zum Zentrum der Ausbildung des Vanitas-Stillebens, und man kann auch bei diesen Stilleben von einem Schlüssel sprechen, mit dessen Hilfe sich der Inhalt vieler Symbole eröffnet, auch hier kann der Begriff »clavis interpretandi« angewandt werden. – Die Darstellungen von Heiligen, besonders des meditierenden Hl. Hieronymus in seiner Zelle, wo Schädel, Sanduhr und andere symbolhafte Objekte auf die Sterblichkeit hinweisen, sind als Vorstufe dieser Gattung zu betrachten. Auch die Druckgraphik hat den Vanitasgedanken weit verbreitet, z.B. Dürer in seinem Stich des *»Hl. Hieronymus«* aus dem Jahre 1514. Viele Motive sind bei diesem Bildtypus direkt der Sprache der Bibel entliehen.

Die Motive des Humanismus werden in diesen Malereien ebenfalls veranschaulicht. Schon Horaz nannte verwelkende Rosen »brevis rosa« (»Kurz (lebige) Rosen«), Ronsard benutzt in seiner Ode XVII »Mignonne, allous voir si la rose ...« dasselbe Bild, um auf die Vergänglichkeit der Schönheit und des Lebens hinzuweisen. Auf Porträts sieht man oft Rosen, so bei Frans Hals' *»Willem Heythuysen«*. – Ein deutsches Gedicht aus dem 16. Jahrhundert lautet:

»So ist des Menschen Leben
wie Blümlein auff dem Feldt
Des Morgens in den Tawe
sein sie geferbet schon,
baldt werdens abgehauen,
verderben von Stundt an.«

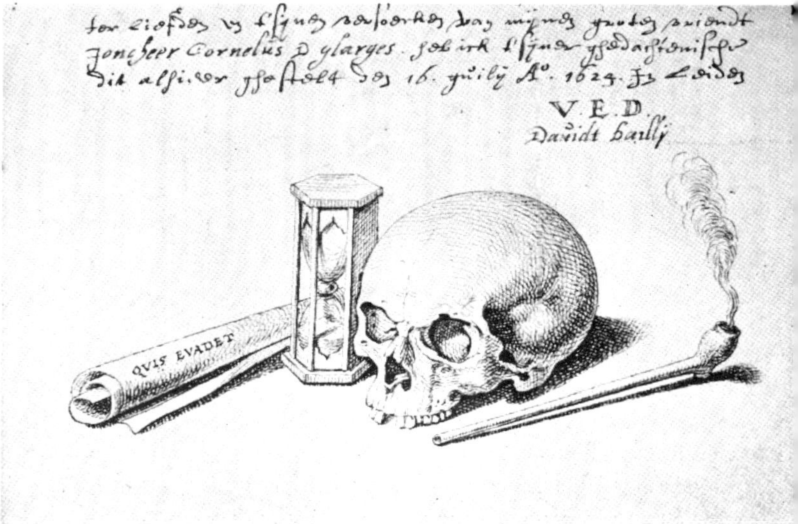

David Bailly, »Vanitas«, 1624, Federzeichnung aus: »Album Amicorum Cornelis de Montigny de Clarges«. Den Haag, Koniklijke Bibliotheek

Im Mittelalter wurde der Gedanke an die Sterblichkeit durch Totentänze oder durch von Würmern zerfressene Leichen dargestellt. Die Renaissance begnügt sich mit einem einzigen Schädel in der Hand eines Porträtierten oder nur auf der Bildrückseite, auch ein seifenblasendes Kind stand stellvertretend für den Tod: so schnell, wie eine Seifenblase platzt, kann das Leben enden. – Für die Entwicklung des selbständigen Vanitasbildes, ebenso wie für andere Bildgattungen, war Hendrick Goltzius bedeutsam. Sein Stich von 1594, auf dem ein Junge auf einem Schädel Seifenblasen bläst, ist die erste selbständige Darstellung des Themas »Homo bulla« (der Mensch ist eine Seifenblase). Den Schädel finden wir dann auch bald als eigenständiges Bildmotiv. Eine Zeichnung von David Bailly (1624, Den Haag, Koninklijke Bibliothek) ist in ihrer Beschränkung als Prototyp des Vanitasbildes zu betrachten. Ein aufgerollter Zettel zeigt noch den Text »Quis evadet?« (»Wer entkommt«), dazu eine Sanduhr, ein Schädel und eine rauchende Pfeife. Das ist alles, aber es ist das Wesentliche, um das »Memento mori« auszudrücken. Alles wird von der Zeit angefressen und zerstört, die Reichtümer, Bücher, der Ruhm (Fama), der durch Waffen errungen wurde, alles ist nichtig. So zeigt es Willem de Poorter (1608–1648) in einem Bild (Braunschweig, Herz.-Anton-Ulrich-Mus.). Die Königsinsignien nützen nichts mehr, alles vergeht: »Sic transit gloria mundi«, auch Gold, Perlen, Bücher, Musikinstrumente (auch Töne verklingen wie das Leben), zerbrochene Krüge, leere Gläser – alles verspricht nur kurzen Genuß. Manchmal je-

Maria van Oosterwijck, »Vanitas«, 1668, 73 × 88 cm. Wien, Kunsthistorisches Museum

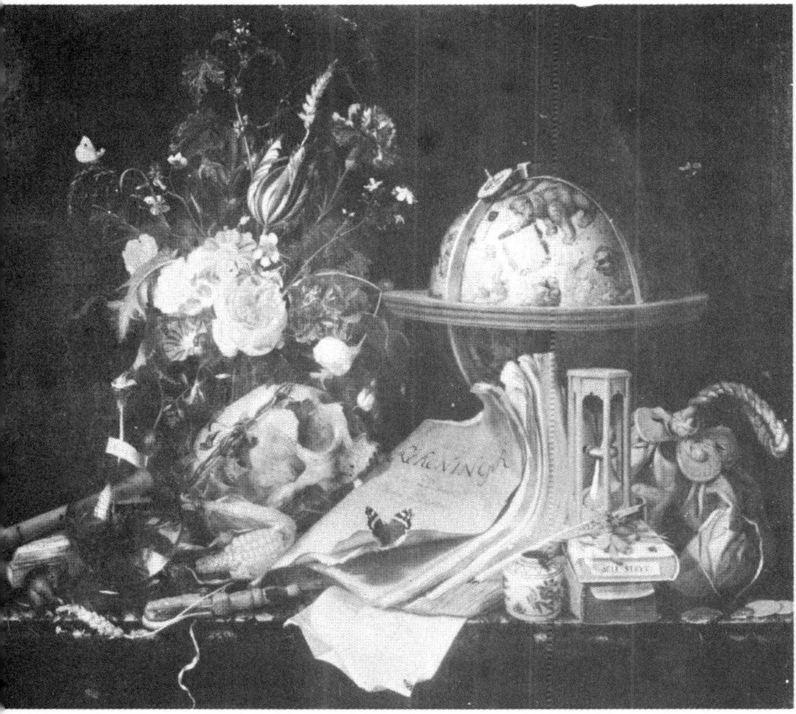

doch wird das Hinweisen auf alle irdische Vergänglichkeit mit dem Gedanken an die Auferstehung verbunden: ein Schmetterling symbolisiert die erlöste Seele, so wie in Maria van Oosterwycks (1630–1693) *»Vanitas« (1668, Wien, Kunsthistor. Mus.).*

In frühen Stilleben sind Insekten an Blumen und Obst Zerstörer der Schönheit, sie sind das Symbol des Todes im Bereich dieser Schönheit. Fast alle Symbole haben eine weit zurückreichende Tradition. In der holländischen Malerei des 17. Jahrhunderts werden sie jedoch in neuer Form eingesetzt. In der mittelalterlichen Tradition waren die abgebildeten Dinge nur der Hinweis auf ein Anderes, einen höheren Begriff und somit Symbol, jetzt entsteht in der holländischen Malerei etwas, das man als »realistisches Symbol« bezeichnen kann, man könnte von symbolischer Immanenz sprechen, d. h. der Gegenstand ist sich selbst Symbol. Das Ding, eine Blume, ein Brot, ein Apfel, ein Glas sind bereits in ihren irdischen Qualitäten und ihrer Schönheit das Symbol ihrer selbst. Indem der Gegenstand in eine »natürliche Aktion« gebracht wird, sei es als alternd, ruinös, vergehend oder erblühend, manifestiert er einen symbolischen Begriff: Vanitas oder Memento mori oder auch Abundantia (Überfluß).

Die Thematik des Stillebens weist in den einzelnen holländischen Städten Unterschiede auf, wozu die weitgehende Spezialisierung auf bestimmte Themen beitrug. So ist Haarlem berühmt für seine Prunkstilleben mit reich gedeckten Tischen, kostbarem Tafelgeschirr aus den Goldschmiedewerkstätten der Stadt. Die Leidener Künstler malten vor allem Stilleben mit Büchern, Schreibzeug, Musikinstrumenten, Krügen und Tabakspfeifen, während im Haag Fische, Muscheln und Hummer das Bild beherrschen. In Utrecht wa-

Rechte Seite oben:
Pieter Claesz., »Stilleben«, 1621, Öl/Holz, 45 × 62 cm. England, Privatsammlung

Unten:
Willem Claesz. Heda, »Stilleben«, 1633, 59 × 79 cm. Haarlem, Frans-Hals-Museum

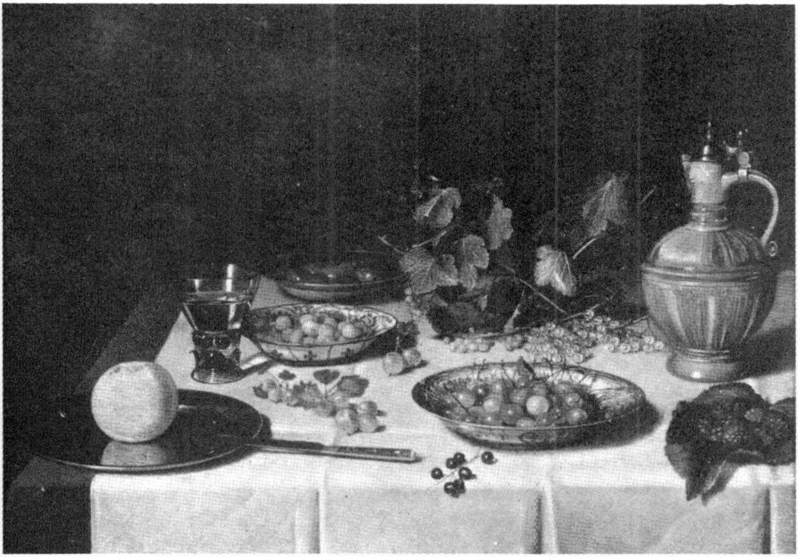

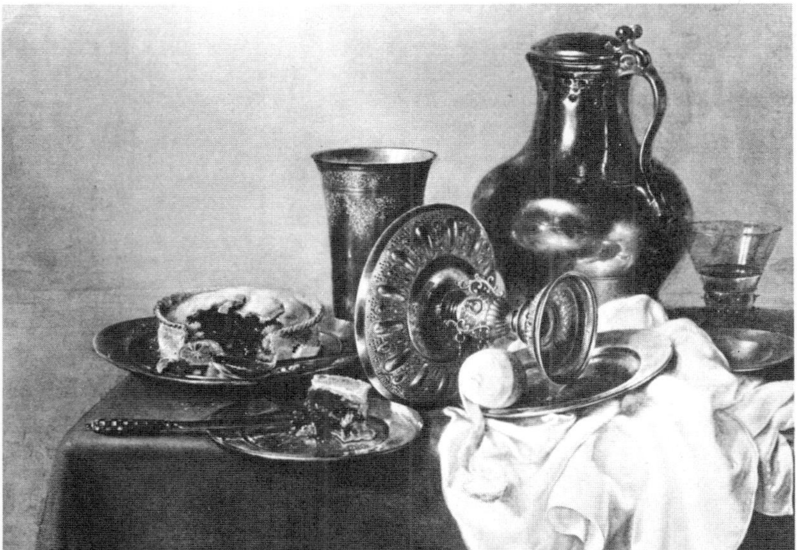

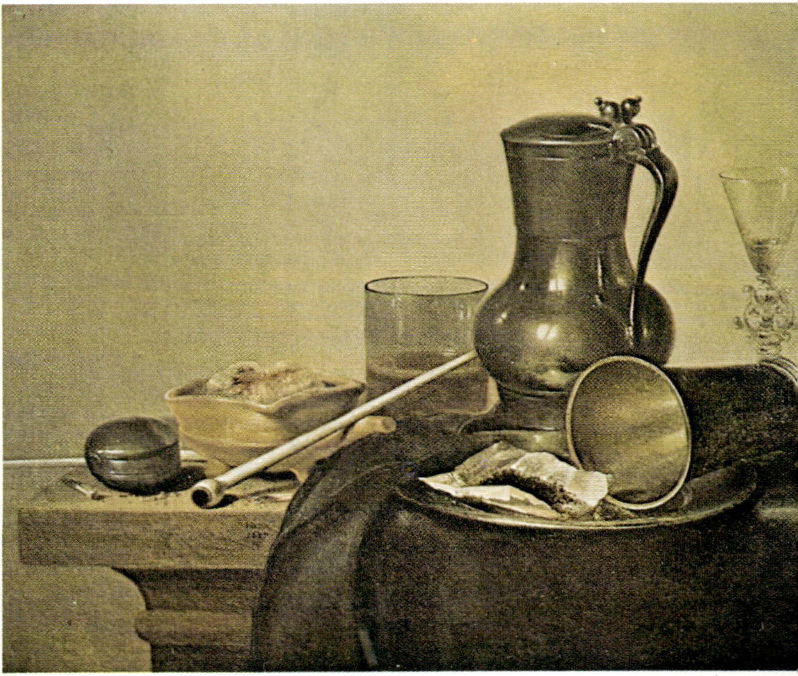

Willem Claesz. Heda, »Stilleben mit Tabak«, 1637, 42 × 53 cm. Dordrecht, Sammlung Redelé

ren es Früchte und Blumen, die die Hauptmotive bildeten. Utrecht war bereits bedeutend in der Frühzeit der Entwicklung der holländischen Malerei, seine Blumenstücke bildeten dann auch die Basis für die Entstehung dieses festen Bildtypus, besonders geschätzt wurden die Arbeiten in der Art des Ambrosius Bosschaert (ab 1588 in Antwerpen, gest. 1645) wegen ihrer prächtigen Zusammenstellung botanisch genau gezeichneter Blumensorten. An Stilleben des 16. Jahrhunderts erinnert in diesen Bildern noch der symmetrische Bildaufbau und die wissenschaftlich-demonstrierende Gegenstandsabbildung. Später gewann das Arrangement durch den Reiz scheinbarer Zufälligkeit an Wert. Man kann diese Stilleben mit den frühen Gruppenbildern vergleichen, wo ebenfalls die Ordnung der Reihe und die Präsentation wichtig waren. In Haarlem sind es Pieter Claesz. und Willem Claesz. Heda, die einen Typus berühmt machen, der die Bezeichnung »Bankett« trägt: Tische mit herrlichen Gläsern und erlesenem Tafelgerät. Die Entwicklung dieser Kunstform zeigt sich im Vergleich eines Gemälde von Pieter Claesz. (1621, England, Priv.slg.) und einem mehrere Jahre später entstandenen des Willem Claesz. Heda (Haarlem, Frans-Hals-Mus.). Sie hat ihren Ursprung in den flämischen Prunkstilleben,

Abraham Hendricksz. van Beyeren, »Stilleben mit Hummer«, 105 × 130 cm. Zürich, Kunsthaus

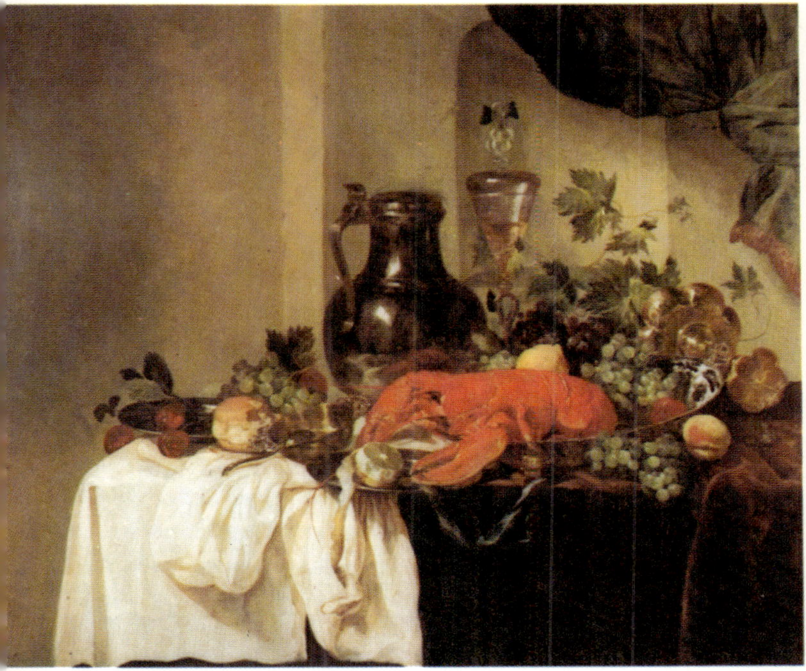

z. B. eines Frans Synders (1579–1657), in denen viel und viel Verschiedenartiges in der Mannigfaltigkeit des Materials und der Farben ausgebreitet ist. Der Reiz des Bildes von Claesz. entsteht dabei aus den Kontrasten im Material und der Vielfalt, manieristische Spannungen in der Raumflucht, von großen Vordergrundsdingen bis zum Kleinen des Hintergrundes leben noch nach. Bei Heda dagegen werden Dinge und Farben reduziert: Das Geschirr auf dem Tisch ist kompositionell nicht ausgewogen, alles erscheint wie durch einen Zufall arrangiert und ist doch überlegt geordnet, eine Brombeerpastete ist halb gegessen, eine Zitrone halb geschält, ein Pokal umgefallen. Auch hier begegnen wir den Vanitas-Motiven: »Het glas is leegh. De tyd is om.« (»Das Glas ist leer, die Zeit ist um«). Ähnliches gab es schon früher, auch bei Pieter Claesz., aber jetzt ist dieses Ausgesetztsein der Dinge an die Zeit nicht mehr allein ein malerisches Moment, ihre übersteigerte Schönheit schließt zugleich ihre Morbidität ein. – Der frühen systematischen Ausbreitung von Gegenständen entsprach eine starke Buntheit, diese Spannung der Buntwerte wird nun auf eine Tonigkeit reduziert. Hierbei handelt es sich um ein Phänomen in der Entwicklung, das sich in der gesamten Malerei, auch in der Landschaftsdarstellung, beobachten läßt: »Die Farbe wird mit dem Ernste eines Experimentators auf ihre gesetzmäßige Erscheinung im Raume beobachtet, die Stufung und der Platz der Dinge im Raum wird jedoch durch Helligkeitsstufen in einer alles ergreifenden Tonigkeit geleistet.«[18]

Nach der Jahrhundertmitte ist eine Verfeinerung der Darstellungsmittel und eine gewisse »Oberflächlichkeit« im Darstellen der Gegenstände zu beobachten. In seiner letzten Entwicklungsphase zeigt das holländische Prunkstilleben wieder eine Vielzahl von Bildgegenständen und entwickelt sich von der vereinfachenden Darstellung wieder zum aufwendigen Malerisch-Bizarren. Abraham Hendricksz. van Beyeren (1620/21–1690) bedient sich noch der gleichen Bildgegenstände und des ähnlichen Bildaufbaus wie Heda, doch sind Dinge und Raum in ihrer Oberflächenwirkung und räumlichen Situation so verdeutlicht in klärender Helligkeit und Buntheit, daß man in diesen Bildern fast einen Vorgriff auf das 18. Jahrhundert sehen kann, in dem das Blumenbild noch einmal aktuell werden sollte.

Das Trompe-l'oeil[19]

Das Augentäuscherbild, holländisch »bedriegertje«, »Betrügerchen«, genannt, kann teilweise dem Genre, wesentlich aber dem Stilleben zugerechnet werden. Künstleranekdoten und literarische Topoi über die absolute Naturnachahmung sprechen schon seit der Antike von der Täuschung des Betrachters durch das Bild, auf dem das Gemalte nicht mehr von der Naturwirklichkeit zu unterscheiden ist. Plinius berichtet in seiner »Naturalis Historia«, daß Zeuxis einen Jungen gemalt habe, der Trauben in seiner Hand hielt, nach denen die lebenden Vögel pickten. In der abendländischen Malerei tauchte das Augentäuscherbild da auf, wo die Gegenständlichkeit der Welt eigenwertiger Bildgegenstand wurde, also seit dem 15. Jahrhundert. Das von Jacopo de' Barbari (1440/50–1511/15) gemalte *»Stilleben« (1504, München, Alte Pinakothek)* – es wird oft als erstes reines Stilleben bezeichnet – zeigt bereits wesentliche Merkmale der Trompe-l'oeil-Malerei. Es verzichtet auf Tiefenräumlichkeit, die zugunsten eines Bildgrundes ausgeschaltet wird, der mit der vordersten Bildebene identisch ist. Das bedeutet, daß die Rückwand die Ebene der Wirklichkeitsgrenze darstellt, die Gegenstände – gemalt, aber Realität vortäuschend – sind als v o r dem Bild liegend imitiert. Bevorzugte Bildgegenstände des Trompe-l'oeil sind die Jagdbeute, Schreibutensilien, Briefe und Bücher, der Bildgrund ist meist eine Wand oder die Tür eines Schrankes. Es gibt eine bis in die Renaissance zurückreichende Tradition, nach der aus Intarsien gefertigte Täuschungsbilder in die Schränke von Studierzimmern oder Sakristeien eingefügt wurden, wobei das Holz des Schrankes in der Imitation eines Bildes wieder Holz darstellt (Fra Giovanni da Verona in Verona, Santa Maria in Organo, 1499). Auch der *»Distelfink«* des Carel Fabritius war ursprünglich auf die Tür eines Wandschrankes gemalt.

Eine der interessantesten Erscheinungen in der Trompe-l'oeil-Malerei des 17. Jahrhunderts war Cornelis Norbertus Gysbrechts (nachweisbar: 1659–75), wohl Flame und Hofmaler in Kopenhagen. Er schöpfte die Möglichkeiten bis ins letzte Extrem aus: Es wird ein Leinwandbild, täuschend ähnlich, von seiner Rückseite gezeigt *(ca. 1670, Kopenhagen, Statens Mus.)* oder eine Leinwand

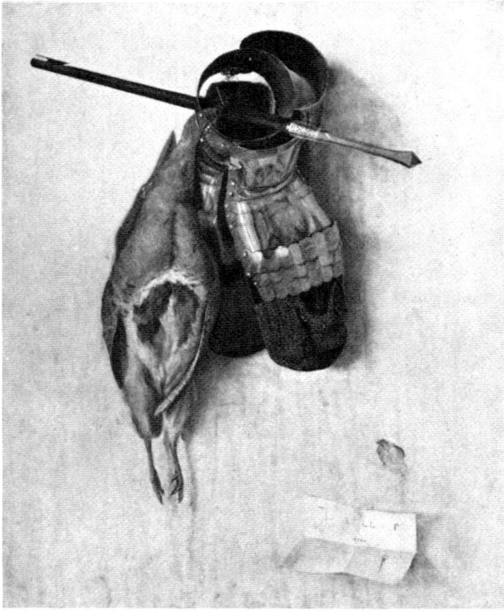

Jacopo de' Barbari,
»Stilleben mit Rebhuhn«,
1504, Öl/Holz,
52 × 42 cm.
München,
Alte Pinakothek

auf der Staffelei mit Malutensilien ist im Holz ausgesägt und täuscht eine wirkliche Staffelei vor. Gysbrechts scheint der Erfinder des »chantourné«, des ausgeschnittenen Bildes, gewesen zu sein.

Auch im Umkreis und bei den Schülern Rembrandts ist das Trompe-l'oeil, oder Elemente desselben, häufig zu finden. Gerard Dou und Samuel van Hoogstraten (1627–1678) gehörten zu den Vertretern dieser Richtung. Dou bewahrte seine Bilder in kleinen Kästchen auf, wobei die Frage bleibt, ob er sie vor Staub schützen wollte oder ob hiermit Guckkästchen gemeint sind, worin das Gemälde durch ein Loch betrachtet werden konnte. Bei Trompe-l'oeil-Stilleben wird die Realität der Darstellung durch diese Betrachtungsweise intensiviert. Ebenso wie Trompe-l'oeil-Malereien sind auch die Perspektivkästen eine Äußerung des Interesses an der Erlangung optischer Wirklichkeit, die man auf diesem Wege nachzuahmen versucht. Der Perspektivkasten des Samuel van Hoogstraten, entstanden um 1655–1660, blieb erhalten und wird in der Londoner National Gallery aufbewahrt. In diesem Kasten wird die Suggestion von Räumlichkeit aufs äußerste gesteigert: in einem dreidimensionalen Raum sind alle Seiten so bemalt, daß, schaut man durch das Guckloch in den Kasten, es scheint, als hätte man einen echten Raum, sei es ein Zimmer oder ein Kircheninterieur, vor Augen. Die perspektivische Konstruktion ist aber nur von einem auf der Horizontebene befindlichen Guckloch aus als »echt« zu erkennen, tatsächlich ist z. B. ein Stuhl nur aus drei Flächen zusammengesetzt. Zwei Perspektivkästen in Kopenhagen, die Kircheninterieurs darstellen, kombinieren die Gattung der Architekturmalerei mit diesen in der holländischen Malerei einzigartigen perspektivischen Konstruktionen. An den Außenseiten dieser Kästchen befinden sich Trompe-l'oeil-Bemalungen.

Rembrandt selbst nutzte die Möglichkeit in der Imitation der Vorhänge vor Bildern, Dou bringt Fensterdurchblicke, wobei der Fensterrahmen identisch mit der Wirklichkeitsebene ist und der gemalte Mensch sich aus dem Bild herauszubeugen scheint, ebenso verfuhr Samuel van Hoogstraten. Oft wird ein Vorhang vor einem Bild »imitiert«, das Bild wird dabei auf eigene Weise hintergründig und vordergründig zugleich. Ein Innenraumbild des Gabriel Metsu, *»Brieflesende Dame mit Magd« (um 1665/70, Irland, Slg. Beit),*

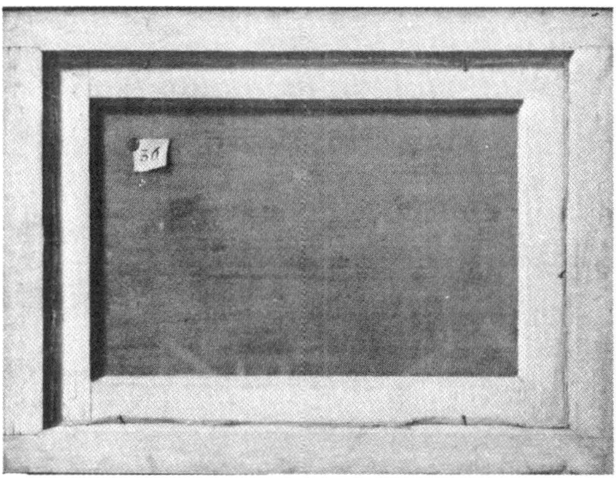

Cornelis N. Gysbrechts »Rückseite eines Gemäldes«, um 1670, 66 × 86 cm. Kopenhagen, Statens Museum for Kunst

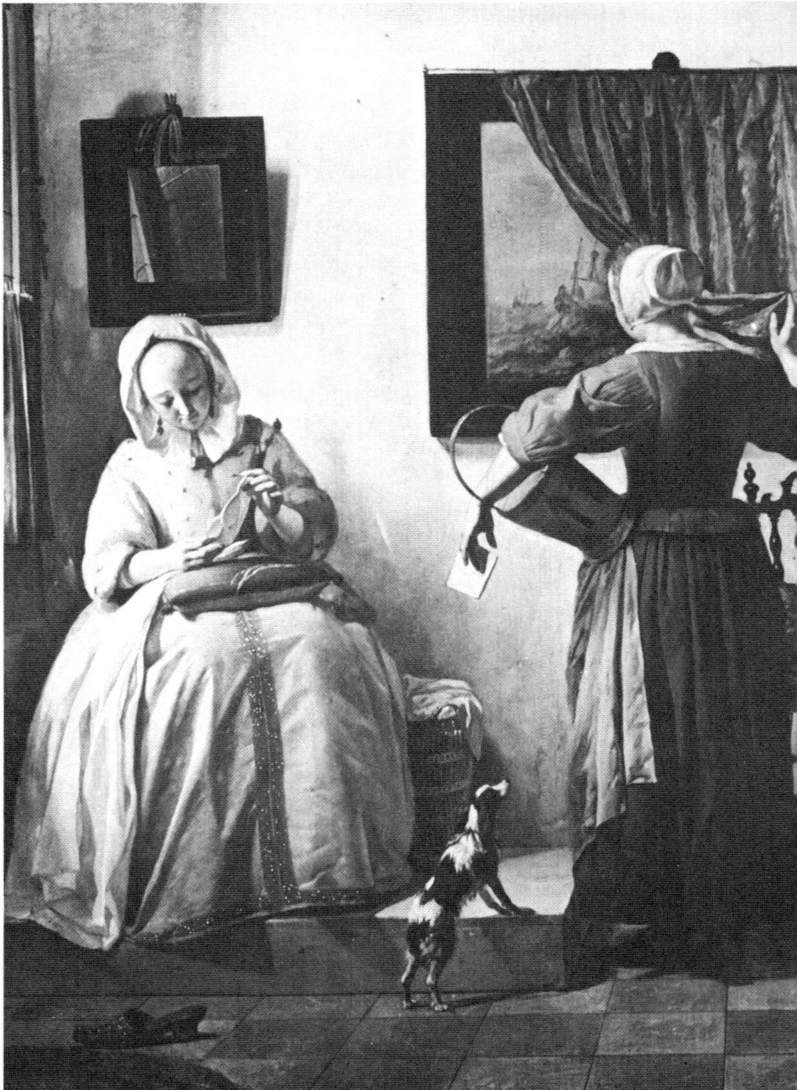

Gabriel Metsu, »Brieflesende Dame mit Magd«, um 1665/70, Öl/Holz, 52 × 40 cm. Irland, Blessington, Sammlung Sir Alfred Beit zeigt, wie die Magd den Seidenvorhang lüftet, der ein Bild verhängt, um damit einen Blick auf die dahinter gemalte Marine frei zu geben. – Vielleicht in Anlehnung an die Vorhangbilder entwickelte sich in Holland der Stil, das an der Wand hängende Bild durch einen Vorhang zu verhüllen, womit zunächst der Wert und das nicht Alltägliche des Bildes betont wurden. Bereits das Mittelalter kannte zusammenklappbare oder in Kästchen verwahrbare Bilder, erwähnt sei nur der spätgotische Wandaltar. Im säkularisierten Holland nahm man nun diese alte Form des »Velum«, des sog. Fasten- oder Hungertuches, wieder auf, das ursprünglich im Abendland zur Verhüllung des Altars in der Fastenzeit diente, um die Unwürdigkeit des Menschen, Gott zu schauen, bildhaft zu machen. Mit der Öffnung des Vorhanges vor dem Altarbild wurde dann das Zerreißen des Tempelvorhangs bei Christi Tod symbolisiert. Dieser Brauch der Bildverhängung wurde nun in Holland, sicher nicht bewußt und mit einem Bedeutungswandel, wieder aufgenommen. Welche Bedeutung diesem Vorhang als Gegenstand der Steigerung der Wertigkeit des Bildes zugemessen wurde, beweist sich dadurch, daß er sehr häufig in das Bild als Trompe-l'oeil hineingemalt wurde, wie etwa in Rembrandts Bild der *»Heiligen Familie« (1645, Kassel, Gemäldegal.;* s. S. 179*).* Wie im Trompe-l'oeil eine Bildleinwand von hinten »abgebildet« werden kann, so kann man sich hier das Bild (der Hl. Familie) geradezu als Abbildung eines Bildes vorstellen, nachdem es durch dem Trompe-l'oeil-Vorhang eingeleitet wurde.

»Die Darstellung gegenständlicher Realität ist bei Anwendung einer Augendistanz, welche der Entfernung des Betrachters gegenüber wirklichen Gegenständen auf der Wand eines Innenraumes entspricht, auf eine mit der Bildebene kongruenten Raumebene zusammengezogen, wodurch die Vorstellung eines Raumes hinter der Bildebene ausgeschaltet wird. Der Nahraum hat sich aus Bildzusammenhängen herausgelöst und emanzipiert und ist in den wirklichen Raum, den physischen Umraum und Tastbereich des Betrachters, vorgedrungen. Es ist eine Darstellungsform entstanden, in welcher, da die ästhetische Grenze gegen den Betrachter hin nicht nur teilweise aufgehoben, sondern vollständig negiert ist, die gesamte Darstellung sich in eine absolute Abhängigkeitsbeziehung zum Bereich subjektiver sinnlicher Erfahrungen gebracht hat.

Mit der Emanzipation des Nahraumes verbindet sich eine totale Vereinzelung jedes Gegenstandes sowohl der Form wie der Bedeutung nach. Das Einzelne tritt als Einzelnes in Erscheinung gerade so, wie der Betrachter gegenständliche Realität in der Wirklichkeit eines entsprechenden physischen Umraumes wahrnimmt. Demgemäß paßt sich auch das reproduzierte dem optischen Erscheinungsbild an in Gestalt des überpointiert sozusagen Punkt für Punkt mechanistisch reproduzierten optischen Eindrucks gegenständlicher Materialität.«[20]

»Die Reproduktion von Wirklichkeit der Außenwelt hat in der holländischen Trompe-l'oeil-Malerei des 17. Jahrhunderts einen vorläufigen Endpunkt hinsichtlich einer objektiven, von jeder persönlichen und ideologischen Einflußnahme freien, porträthaften Darstellung erreicht.

Die Trompe-l'oeil-Darstellung hat die in der gesamten Kunstproduktion dieser Zeit in Holland sich manifestierenden Entdeckung der realitätschaffenden optischen Wahrnehmung zum Prinzip erhoben, indem sie deren Reproduzierbarkeit im Bilde selber zum Gegenstand der Darstellung gemacht hat. In äußerster Verwirklichung der Absichten mußte diese Konsequenz folgerichtig zur Reproduktion von Reproduktionen führen, denn in Form der Reproduktion hat die Reproduzierbarkeit der optischen Wahrnehmung bereits dokumentarischen Beweis angetreten.«[21]

Das Architekturbild

Die holländische Malerei des 17. Jahrhunderts verselbständigte bestimmte Gattungen, die vorher Teil eines Ganzen waren oder noch kaum zur Entwicklung gelangt waren. Zu diesen Gattungen gehört auch das Architekturbild und die Stadtansicht. Bis ungefähr 1650 kann man die Stadtansichten der Landschaftsmalerei zurechnen, oft bildeten sie den Hintergrund auf Historiengemälden. Später wurde diese Gattung selbständig, als Beispiel sei Vermeers *»Ansicht von Delft« (um 1660, Den Haag, Mauritshuis;* s. S. 121*)* genannt.

Die topographischen Stadtansichten, oder besser Stadtprofile, meistens gestochen, wurden in Stadtbeschreibungen veröffentlicht, sie sind wie die Pläne von Kartographen angefertigt und können als Vorstufen für die gemalten Stadtansichten betrachtet werden. Panoramastadtpläne, von einem hohen, manieristischen Blickpunkt gesehen, deuten auf frühes Interesse an einer genauen Wiedergabe der Umgebung. – Für die Darstellung von Innen- und Außenräumen wurden die Musterbücher des Hans Vredeman de Vries (1527–1604) bedeutsam. Der Leser fand hier Perspektivstudien, Architekturphantasien und Gartenkunst. Vredeman kombinierte eine prunkvolle Phantasie-Renaissance-Architektur mit der aus Italien stammenden Wissenschaft der Linearperspektive. Maler von Architekturbildern, von Kirchen- oder Palastinterieurs und Gärten, wie Hendrick Steenwijck der Jüngere (vor 1604–1649), Dirck van Delen (1604/5–1671) oder Bartholomeus van Bassen (ab 1615 in Delft, gest. 1652), verdanken ihm vieles. Vor allem in der zweiten Hälfte des 17. Jahrhunderts gab es viele Architekturmaler. Es wurden nicht nur Kircheninterieurs bildwürdig, sondern auch Marktplätze, Straßen und wichtige öffentliche Gebäude. Einige Genremaler, wie Pieter de Hooch oder Vermeer, lokalisierten ihre Szenen in raffiniert konstruierten Innenräumen. Die Brüder Gerrit (1638–1698) und Jacob Berckheyde (1630–1693) schufen in Haarlem viele topographisch genaue Ansichten ihrer Heimatstadt und von Amsterdam in einer sonnenüberstrahlten Helligkeit, die alle Details hervorhob.

In Delft, wo Gerard Houkgeest (um 1600–1661) und Emanuel de Witte (um 1617–1691/2) ihre Kircheninterieurs malten, war das Interesse an Perspektiv- und Optica-Problemen wohl besonders groß. Ein Beispiel ist die *»Ansicht von Delft« (1652, London, National Gall.)* von Carel Fabritius, ein kleines Gemälde, das wahrscheinlich an eine gebogene Hinterwand in einem »perspectiefkast«, einem Guckkasten, geheftet war. – Jan van Heyden malte neben den Bildern existierender Städte- oder Straßenansichten auch Architekturphantasien.

Breiten Raum nehmen in dieser Zeit auch die Darstellungen von Kircheninnenräumen ein als Ansichten von Architektur und ebenso wohl als Surrogat für den liturgisch verlorenen Kirchenraum als Ort des Meßopfers. Auch hier füllte das Bild jene Lücke, die

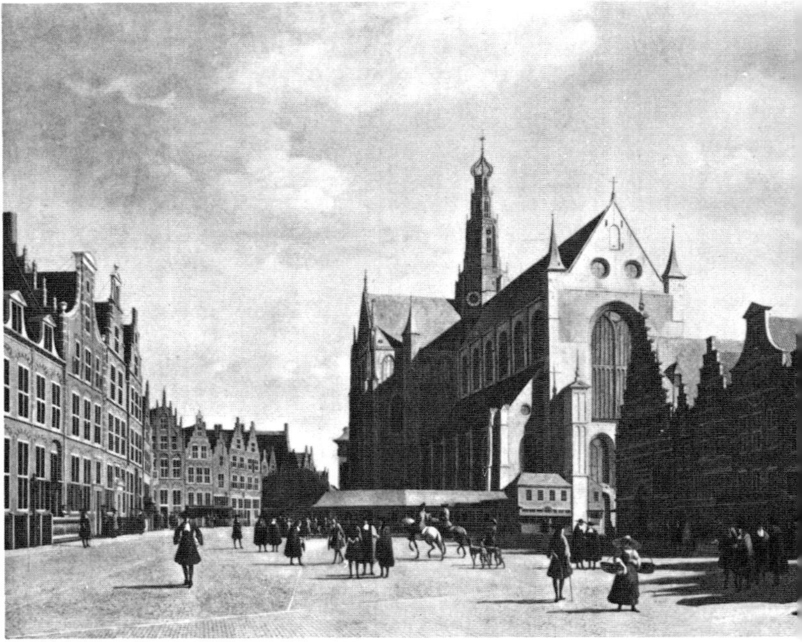

Gerrit Berckheyde, »Der Marktplatz in Haarlem mit der St. Bavo Kirche«, 1696, 69 × 90 cm. Haarlem, Frans-Hals-Museum

durch das Mißtrauen gegenüber dem vollziehbaren Sakrament entstanden war. Das Indirekte, das in vielen Themen der holländischen Malerei anklingt, hat auch hier Gütigkeit: Nicht die Kirche mit ihren Bildwerken ist der Ort des Heiles, im Bild des Kirchenraumes mit Genrefiguren wird das Wesentliche zum Bildgegenstand, womit eine Distanz gewonnen wird, die identisch mit Entscheidungsfreiheit ist.

H. Jantzen stellte in der Entwicklung der Darstellung von Kircheninnenräumen vier Stufen fest, die von Bildern mit Phantasieräumen (vor allem bei den Flamen) über den sog. »Wirklichkeitsraum« bis zum Stimmungsraum reichen. Eine Entwicklung, die wir ähnlich auch bei anderen Themen beobachten können.

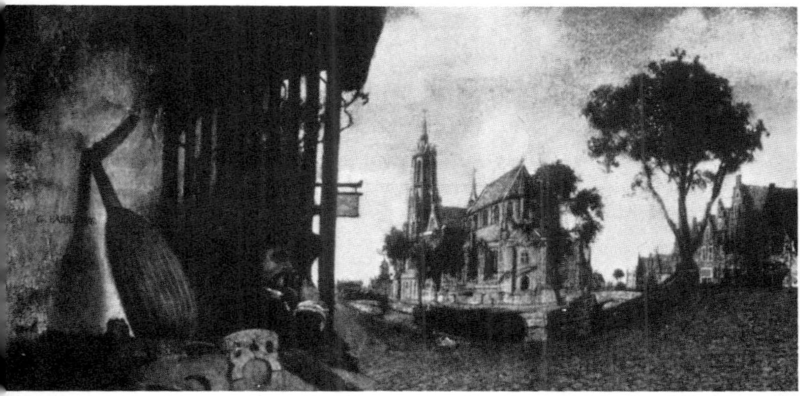

Carel Fabritius, »Ansicht von Delft mit Instrumentenverkäufer«, 1652, 15 × 32 cm. London, National Gallery

Pieter Saenredam, »Das Alte Rathaus in Amsterdam«, 1657, Öl/Holz, 64 × 83 cm. Amsterdam, Rijksmuseum

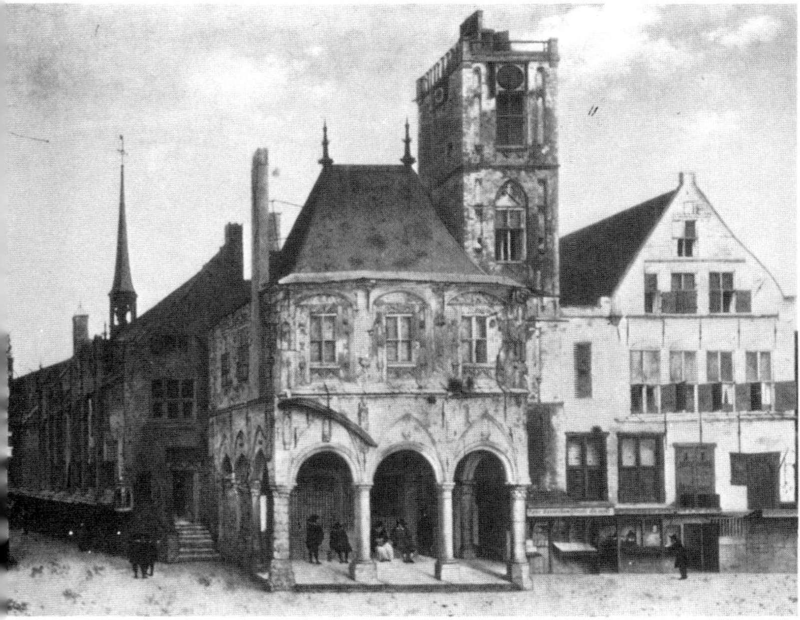

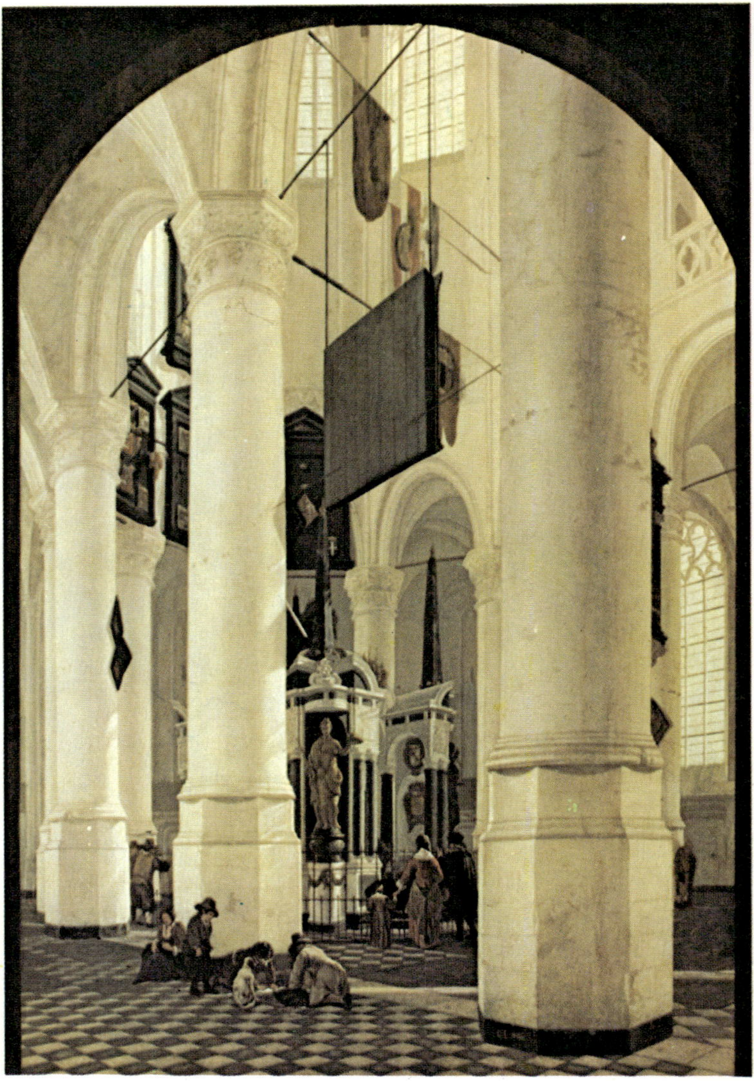

Gerard Houkgeest, »Innenansicht der Nieuwe Kerk in Delft«, Öl/Holz, 126 × 89 cm. Hamburg, Kunsthalle

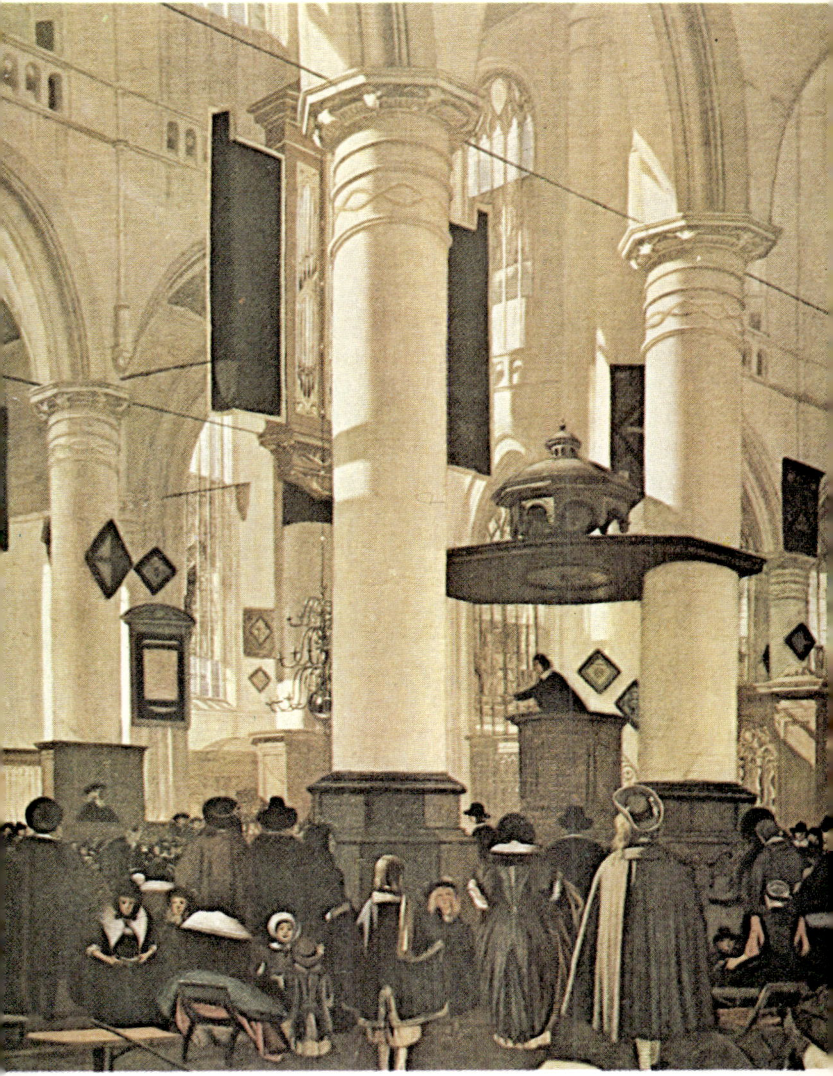

Emanuel de Witte, »Kircheninneres«, um 1660, 80 × 66 cm. Leningrad, Ermitage

Bartholomeus van Bassen kann als holländischer Vertreter der ersten Stufe genannt werden, dann setzt in den vierziger Jahren in Holland eine sehr sachliche Auffassung ein. Der Haarlemer Pieter Saenredam porträtierte jetzt Kircheninterieurs. »Saenredam ist der erste Porträtmaler des holländischen Kirchenraumes. Seine Kunst bewegt sich in Gefühlswerten von größter Sachlichkeit. Genauigkeit der Aufnahme war ihm vor allem Grundlage der künstlerischen Gestaltung. Was er suchte, war die ungetrübte Klarheit der architektonischen Physiognomie.«[23] Saenredam setzte in anderer Form die Tradition der früheren »Kirchenporträts« fort. Gemeint sind hiermit die großen, eingefärbten Bauentwürfe (»gemalte Maquetten«), die seit dem 15. Jahrhundert angefertigt wurden, um geplante Änderungen aufzuzeigen oder den vorherigen Zustand festzuhalten. Es handelte sich dann, wie sein Bild des *»Alten Rathaus in Amsterdam« (1657, Amsterdam, Rijksmus.)*, um ein Erinnerungsbild. Als dieses Rathaus abbrannte, konnte er nach Zeichnungen, die er früher gemacht hatte, das Bild malen. Saenredams Skizzen und Vorstudien sind besonders genau, und seine endgültigen Gemälde sehen fast aus wie farbige Architekturentwürfe.

Im Unterschied zu Saenredam wird auf einer weiteren Stufe, vertreten durch Gerard Houckgeests *»Innenansicht der Nieuwe Kerk in Delft« (Hamburg, Kunsthalle)*, die Schrägansicht in der Perspektive eingeführt. Einzelne Pfeiler rücken weit vor ins Blickfeld, und Teile bestimmen das Bild von einem Ganzen. Gegenüber den Darstellungen Saenredams kann man jetzt von einer Individualisierung des Raumes in Ort und Zeit sprechen. – Nachdem bereits das »Zufällige« der Ansicht wesentlich geworden ist, ist die Grundlage für eine letzte Entwicklungsstufe gelegt.

Emanuel de Witte (ca. 1617–1692), der mit Houckgeest in Delft arbeitete, verkürzt weiter die Distanz zum Gegenstand, macht seine Bestandteile zu einem Stimmungsträger, wobei durch Pfeiler etc. mit ihrer Stellung im Blickpunkt die architektonische Struktur zugunsten des Malerischen aufgehoben wird. Das eindringende Licht soll eine große, handelnde Rolle spielen, ähnlich wie in den Interieurs des Delfter Vermeer. Viele einzelne Gegenstände, Wappen, Fahnen u. a. werden zum Stimmungsträger im Bild. Sie

»durcharbeiten die Bildfläche und steigern das beunruhigende flakkernde Licht des Raumes.«[24]

Wie das Stilleben, so konnte auch das Kircheninterieur versteckte Allegorien enthalten: So hebt ein Hund, der hinter legeren Besuchern mit in die Kirche lief, seinen Hinterlauf an einem Pfeiler – der mittelalterliche Bau ist Symbol steinernen Hochmutes, der vor den Fall (der Säkularisation) gekommen ist.

Die Landschaft

Die Entwicklung der holländischen Landschaftsmalerei im 17. Jahrhundert verlief in ähnlichen Formen wie die des Stillebens. Aus älteren Voraussetzungen heraus kristallisierten sich einzelne Typen von Naturdarstellungen zum eigenständigen Bild. Auch in diesen »reinen« Landschaftsdarstellungen entfaltete die für Holland so bezeichnende Allegorie von der Fragwürdigkeit des Irdischen ihre Wirkungen.

Seit dem 15. Jahrhundert war die Landschaft in der niederländisch-burgundischen Malerei das bedeutungsvolle Attribut des heiligen Geschehens. Im 16. Jahrhundert, vor allem bei Brueghel, gewann das Bild der Naturerscheinungen bereits einen gewissen Stimmungsgehalt, basierend auf der Vorstellung vom symbolischen Wechsel der Jahreszeiten. Im 17. Jahrhundert wurde die Landschaft nicht mehr als »pars pro toto«, als ein Teil des Kosmos oder ein Stück der Weltlandschaft empfunden, sondern sie wurde als ein Ausschnitt aus der Unendlichkeit der Erscheinungen der Natur abgebildet. Bald entwickelte sich auch in dieser Richtung der Malerei ein Spezialistentum.

Die Ausschließlichkeit, in der die möglichen Erscheinungsformen Hollands dargestellt wurden, ist neu: Dünen, die Polder (das Marschland), Flußläufe mit Weiden, die Flachlandschaft, der hohe Himmel über dem Horizont, das sind jetzt die Themen, in denen das Gegenüber der Natur nicht auf seinen Gleichniswert geprüft wird, sondern auf die Möglichkeit einer gesteigerten Erlebbarkeit im Bild. Die Atmosphäre als neuer Bildgegenstand, das Sonnenlicht als optisches Phänomen, die Tatsächlichkeit von ärmlichem Sandboden wie fetter Weide, die Unheimlichkeit sowie die Friedlichkeit des Meeres sind sichtbar gemacht im Bild, und durch die

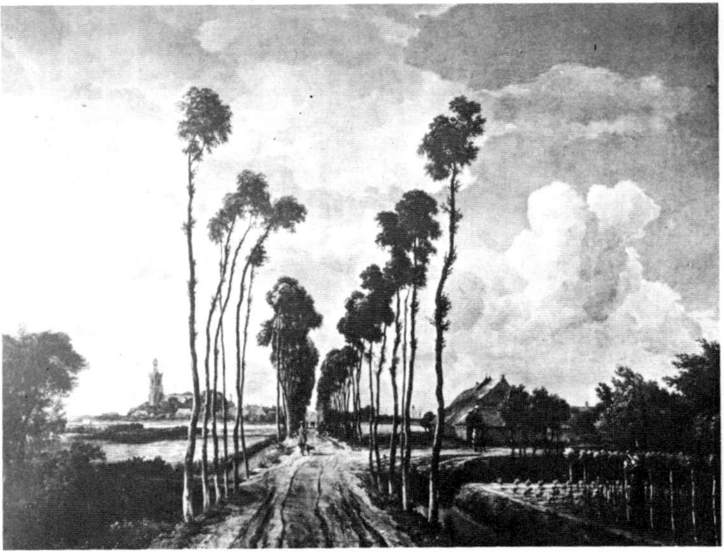

Meindert Hobbema, »Die Allee von Middelharnis«, 1689, 103 × 141 cm. London, National Gallery

Darstellung von Stimmung und Erlebbarkeit des Augenblicklichen und des Zeitlosen werden zum Betrachter dieses Bildes Brücken geschlagen. »Daß es draußen wirklich so sein kann«, wie im Bild gezeigt, ist zwar eine Trivialisierung, aber es sind gerade im Bereich der holländischen Landschaftsmalerei Bilder entstanden, die man »Inbegriffsbilder« nennen kann, weil in sie ein Begriff von besonderer Bedeutung gelegt ist. Natur ist nicht mehr das Gleichnis für überirdische Qualitäten, sondern in ihrer Bilderscheinung Zeugnis für das Einfühlungsvermögen des Menschen und für seine Erlebnisfähigkeit. Das bedeutet, daß sich die Wertigkeit der Bildgegenstände verändert hat, Bereiche aus der Natur, die vorher ohne Aussagekraft waren und als belanglos eingestuft wurden, sind jetzt bildwürdig geworden.

Paul Claudel schrieb: »Ich glaube in der Tat, daß wir die holländischen Landschaften – Gedichte der Beschaulichkeit, Quellen des Schweigens –, welche ihren Ursprung weniger einer nach außen gerichteten Neugierde als einer nach innen gewandten Versunkenheit verdanken, besser verstehen würden, wenn wir lernen wollten, ihnen in der gleichen Zeit unser Ohr zuzuneigen, in der wir kraft unserer Augen unseren Verstand mit ihnen erfüllen. Im Vergleich zu den überladenen, mit Gegenständen vollgepfropften Bildern der englischen und der französischen Malerei fällt an ihnen zuerst die ungeheure Wertigkeit der Leere im Vergleich zur Gefülltheit auf. Man ist betroffen von der Langsamkeit, mit welcher der unaufhörlich durch alle Spiele der Tönung wieder und wieder zurückgehaltene Farbton sich endlich in einer Linie oder in einer Form zur Eindeutigkeit entschließt. Die Ferne vermählt sich der Leere, das Wasser auf der weit geöffneten Erde trägt die Wolke. Hobbemas Allee oder die Bilder Van der Neers sehen wir von

Jan van Goyen, »Flache Landschaft mit zwei Eichen«, 88 × 110 cm. Amsterdam, Rijksmuseum

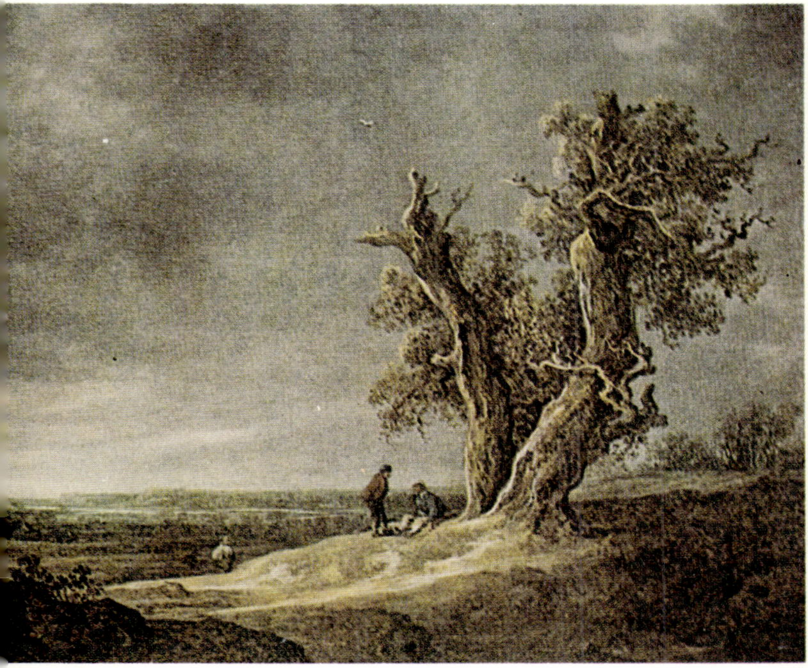

vorne. Sie zeigen einen Weg, einen Kanal, einen mehr oder weniger sich schlängelnden Wasserlauf, welche alle in der Mitte des Bildes für unser Auge eine scheinbare Ausdehnung in die Tiefe öffnen und uns verlocken, uns in diese Ferne hinein zu verlieren. Oder hinter einem dunklen, gegliederten Vordergrund, der wie ein schattiger Riß aufragt, halb Traum, halb Wirklichkeit, eine leuchtende Fläche, dahinter, fern auftauchend, eine Stadt. Wir werden ins Innere der Bildkomposition hineingeführt oder, besser gesagt, in sie hineingezogen, und unser Schauen verwandelt sich in Verzauberung ... Van der Neer und Hobbema haben uns in die Natur hineingeführt, andere werden uns ins Innere der menschlichen Behausung bringen, und einer, der größer ist als sie alle, wird uns in das Innere der Seele selbst geleiten ...«[25]

Claudel spricht von einem wesentlichen Element dieser holländischen Bilder, das man als »Verinnerlichung« bezeichnen kann. Zuletzt apostrophiert er Rembrandt, bei dem die Verinnerlichung zum zentralen Thema wurde. Die Frage bleibt, in welchem Bezug dieser Begriff zur Landschaft steht. In Meindert Hobbemas *»Allee von Middelharnis« (1689, London, National Gall.)* führt ein Weg in tiefer Perspektive auf einen Ort zu, der eigentlich einen Unendlichkeitspunkt bildet. Die Perspektive als »symbolische Form« (Panofsky), Errungenschaft der Renaissance, schuf die Möglichkeit die Welt als Abbild zu erfassen. Diese Perspektive wird jetzt genau das Gegenteil der Meßbarkeit: sie ist die zum Bildgegenstand gewordene Ferne. Durch die ins Bild gebrachte Unendlichkeit als ein Endliches kehren sich die Werte um. Auf der Allee spaziert ein Mann auf einen in die Tiefe liegenden Ort zu. Durch die Person ist die Unendlichkeit nicht nur erlebbar, sie ist gleichzeitig im Menschlichen aufgehoben und auf diese Weise verinnerlicht, weil sie als Bild im Menschen liegt.

Jan van Goyen, Jacob van Ruisdael und Rembrandt, Willem van de Velde und viele andere haben diesen neuen Bildtyp geprägt. Der Mittelpunkt der Landschaftsmalerei war Haarlem. Jan van Goyen arbeitete hier bis 1618, Jan Porcellis bis 1629. Willem Buytewech aus Rotterdam, Esaias van de Velde, Hercules Seghers, Claes Jansz. Visscher aus Amsterdam, Cornelis Vroom und der einheimische Salomon Ruysdael trafen sich hier und schufen Landschaftsbilder mit den typischen Kennzeichen des tiefen Horizontes, dem wie zufällig erscheinenden Gegenstand und der Betonung des Landschaftlichen zugunsten der topologischen Aufnahme.

Van Goyen kann als der Exponent jener Landschaftsmalerei gelten, in der die Atmosphäre als Bildgegenstand wesentlich wurde, während der durch diese Atmosphäre vermittelte eigentliche Gegenstand zunehmend karger wurde und so die Bedeutung des vermittelnden Lichts eine Steigerung erfuhr. Der Wolkenhimmel nimmt oft einen Großteil der Bildfläche ein, während der Horizont tief gesenkt ist, und dieser »Himmel bestreitet als feuchter Dunst, als atmosphärisch beseelter Wolkenzug die Hauptrolle im Bild.«[26] So geht die Entwicklung bei van Goyen auch von den Dünenlandschaften der dreißiger Jahre, die in Dreiecksform aufgebaut sind, zu Bildern der flachen Polderniederung hin, wo der Himmel hauptsächlicher Bildgegenstand wird.

Die Themen Jacob van Ruysdaels sind Ruinen, Friedhöfe, erstorbenes Leben in der Vegetation, der Kontrast zwischen lebendigem Wasser und unbeweglichem Land. Der Sumpf, Moderiges, Natur als Ruine bilden ein Vanitasbild, aber nicht in der Form des direkten Memento-mori, insofern den Stilleben ähnlich, sondern in der Stimmung, wobei die Atmosphäre wiederum der Vermittlungsträger ist. In den Beschreibungen solcher Landschaften bedient sich die Literatur gerne eines Vokabulars, das besser vor gewissen sentimentalen Landschaftsdarstellungen des 19. Jahrhunderts angebracht wäre. Die Stimmung in einem holländischen Bild verlangt andere Bezeichnungen. Sie basiert auf Weite, Stille, Helligkeit, Eintrübung, Geschlossenheit – man könnte im Sinne der Psychologie von Gestaltentypen sprechen. Die Stimmung entsteht in der Verinnerlichung und wird in all ihren Dimensionen der Erlebbarkeit im Menschen zur Erscheinung gebracht. Das unterscheidet holländische Landschaftsbilder von denen der Romantik. Bei C. D. Friedrich beispielsweise wird die Landschaft zum Symbol des individuellen Erlebnisses, sie zeigt den Menschen in seiner Einsamkeit oder auch in seiner Gottesschau, um nur zwei Motive zu nennen.

Jacob van Ruisdaels *»Ansicht von Haarlem« (Zürich, Kunsthalle)* ist von einm Hügel aus gesehen. Das Bild übernimmt noch die alte Möglichkeit der Überschau aus der Vogelperspektive, gleichzeitig ist aber der Horizont tief gelegt, so daß der Wolkenhimmel über der Stadt eine wesentliche Rolle im Bild spielt, und in diesem Schnitt zwischen Himmel und Erde flimmern fern die Dächer der Stadt in Licht und Dunst auf. Auf den Wiesen, zwischen den Büschen im Mittelgrund, liegt Wäsche auf der Bleiche, beleuchtet von zwischen den Wolken wanderndem Licht. Die Vorläufer eines solchen Bildes waren u. a. topographische Ansichten. Hier aber ist das Topographische gerade so weit wichtig, als es die Erkennbarkeit der Gegenstände und den weiten Übersichtsblick liefert. Man identifiziert nicht topographisch, sondern im Erlebnis dessen, was in der Ansicht atmosphärisch und im Licht geschieht: Haarlem wird in der Entfernung, im Dunst und wandernden Licht sichtbar, so wie weiter vorne dieses Licht die menschliche Tätigkeit des Bleichens sichtbar macht. Hier tritt etwas für die holländische Landschaftsmalerei sehr Wesentliches ins Bild: das Menschliche wird mit der Natur verknüpft, das Licht trifft den banalen Vorgang des Bleichens ebenso wie die zauberhafte Erscheinung der Stadt im Hintergrund, und vor allem wird geradezu didaktisch das Unendliche mit dem Endlichen erklärt.

Eine Sonderstellung in der holländischen Landschaftsmalerei nimmt die italianisierende Richtung ein, man kann sie fast als eine

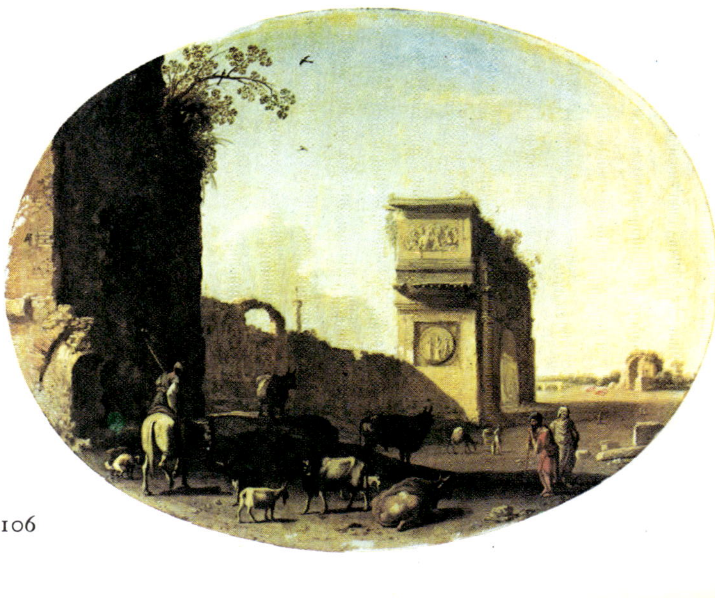

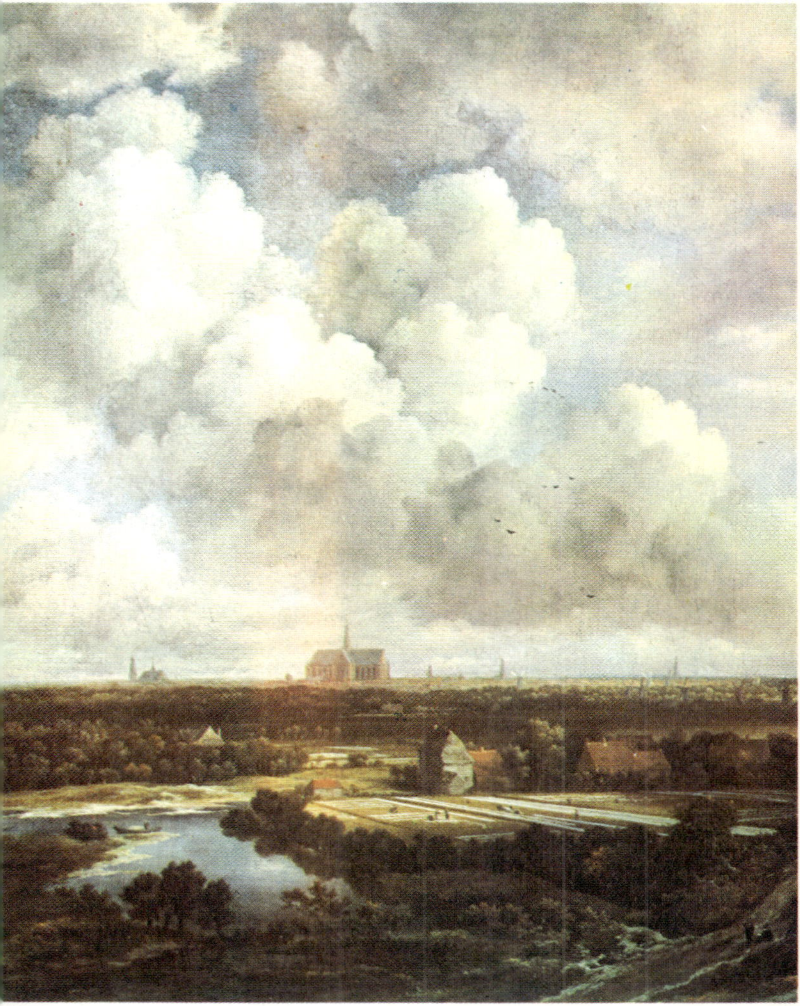

Jacob van Ruisdael, »Ansicht von Haarlem«, Zürich, Kunsthaus

◀ Cornelis van Poelenburgh, »Landschaft mit römischen Ruinen«, Öl/Kupfer, oval, 16 × 22 cm. Florenz, Palazzo Pitti

eigene Gattung ansehen. Schon Giorgio Vasari und Karel van Mander erwähnen in ihren Kunstgeschichten niederländische Maler, die in Italien zu Ruhm gelangten. Zu ihnen gehörten Paulus Franck und Lodewijk Toeput, gen. Pozzoserrato (um 1550 bis 1603/05), vor allem aber Paul Bril (1554–1626) aus Antwerpen, der einen Typ der südlichen Landschaft mit Ruinen und pastoralen Motiven schuf. Der deutsche Maler Adam Elsheimer, mit Bril gut bekannt, wurde von ihm beeinflußt und wirkte wiederum auf die nächste Generation der Utrechter Schule ein. Zu ihr ist Cornelis van Poelenburgh (1586–1667) zu zählen, der vor seiner Reise nach Rom, wie manche der sog. Caravaggisten, bei Abraham Bloemaert in Utrecht in der Lehre war. Als er um 1625 dorthin zurückkehrte, brachte er einen neuen Bildtypus mit, der – im Gegensatz zu dem Brils – verwandte Motive nicht mehr in einem »Überblick« zusammenfügte, sondern als malerische Elemente bei tief gelegtem Horizont als Staffage einsetzte, wobei diese Art des Bildaufbaus der des Jan van Goyen nicht unähnlich war. Bartolomeus Breenbergh (1599/1600–1655/59) kehrte 1630 nach Holland aus Italien zurück, wobei nach dieser Zeit letztlich keine neuen Erfindungen mehr auf dem Gebiet der italianisierenden Landschaft gemacht wurden. Das läßt vermuten, daß es sich um ein Phänomen ähnlich dem der Utrechter Caravaggisten handelt. Es ist die Zeit vor einer Beeinflussung durch Claude Lorrain. – Einige holländische Landschaftsmaler gingen im Gegensatz zu den meisten Kollegen der »holländischen Landschaft« nach holländischen Lehrjahren nach Italien. Zu ihnen gehörten Herman van Swanevelt (ca. 1600–1655), Jan Both (ca. 1618–1652), Nicolaes Berchem und Jan Asselijn (1610 bis 1652, Schüler von Esaias van de Velde).

Häufig wird das Lorrain'sche Sonnen-Gegenlicht als stilistisches Unterscheidungsmerkmal zu den »holländischen« Landschaften aufgeführt. Bei genauerem Hinsehen handelt es sich jedoch um ein Bildmotiv ähnlich der Ruinenstaffage oder dem südlichen Genre. Die Bildstruktur ist holländisch, und das macht auch die Bedeutung dieser Malereien aus. Salvator Rosa oder Claude Lorrain (1600–1682) sind in ihrem Stil als ein Motiv in eine genuin holländische Bildstruktur eingesetzt. Das Ergebnis sind Bilder vom Dasein der Dinge des Südens, der dortigen alten Baukunst oder ihrer Reste, von der Vanitas der Kunst, wobei alles in die für Holland bezeichnende Gegenständlichkeit überführt ist.

Die Marine

Während die Entwicklung der Landschaftsmalerei auf eine lange Tradition zurückblicken kann, wurde das Seestück in der holländischen Form erst möglich nach der Emanzipation des Landschaftsbildes. Darstellungen des Meeres als Phänomen im Sinn des Elementaren finden sich bereits in den Buchmalereien des 15. Jahrhunderts, jedoch handelt es sich um Teile eines größeren ikonographischen Zusammenhangs oder um ein Illustriertes. Die Entwicklung des Seestücks, der Marine, steht im Zusammenhang mit der Entwicklung Hollands zur bedeutenden Seemacht. Doch erklärt sich damit die Entstehung dieses Bildtyps nicht vollends. In seiner Ikonographie sind kaum mehr die Schlachten oder die Tätigkeit der Flotte die beherrschenden Themen; es sind der Sturm oder die Stille der See, die schwankenden oder stilliegenden Schiffe. Ebensowenig wie das holländische Landschaftsbild von der Landwirtschaft her erklärbar ist, läßt sich die Marinemalerei mit der erstarkenden Seemacht in Bezug setzen. An der Wende zum 17. Jahrhundert schildert das Historienbild noch Seekämpfe, vor allem gegen die Spanier. Der Kampf und die Heimkehr der siegreichen Flotte werden von Hendrick Cornelisz. Vroom (um 1566 bis 1640) in Haarlem und Aert Antum (um 1580–1620) in Amsterdam gemalt.

Bald wird aus der Darstellung des Geschehens durch eine veränderte »Optik« und eine neue Ikonographie die Darstellung des Meeres »an sich«, seiner Stimmung, seiner Veränderungen und seiner Weite. Das Bild *»Stürmische See« (1629, München, Alte Pinakothek)* des in der Frühzeit der Marinemalerei bedeutenden Jan Porcellis eröffnet durch einen Trompe-l'oeil-Rahmen den Blick auf die See mit vom Wind gepeitschten Wellen. Die Atmosphäre, eine Eintrübung, in der Himmel und See miteinander verschmelzen, ist der einzige Bildgegenstand, die kleinen Fischkutter am niederen Horizont sind nicht in ihrem Kampf mit den Elementen, sondern als Teil des Sturmes gezeigt. Ähnlich wie in den Dünenbildern des Jan van Goyen ist die Farbigkeit des Bildes auf einen durchgehenden, unbunten Ton reduziert, so daß gerade da, wo die atmosphärischen Stimmungswerte zum Gegenstand werden, das Bild durch seine Farbgebung eigenständig gemacht wird – ein Grundparadox der holländischen Malerei.

»Das Experimentieren mit solchen feineren und feinsten Abstufungen der Farbe bezeichnet im Prinzip den Weg, den die holländische Malerei nach der tonigen Stimmung mit der Neueinführung der Farbe in die räumliche Bildwirkung begeht.« – »Mit der Neueinstellung der Raumwerte der Farbe oder allgemein gesagt, der naturalistischen Farbenwerte ergaben sich neue Probleme, da naturgemäß die Farbe als solche ihre eigenen Bedingungen stellte. Die Farbe strebt nach voller Entfaltung ihrer eigenen Schönheitswerte, und diese Entfaltung sinnlicher Schönheitswerte der Farbe unterliegt eigenen bestimmten Gesetzen, vor allem denen des Kontrastes. Damit entsteht also ein Widerstreit der Bedingungen, der nach Ausgleich sucht, denn die der Farbe immanenten Gesetze können nicht ohne Weiteres in Einklang gebracht werden mit den Bedingungen, denen die Farbe in ihrer gesetzmäßigen Stellung innerhalb eines räumlichen Naturausschnittes unterliegt.« – Es gibt eine Lösung des Paradox': »Bei geeigneter Motivwahl und Beleuchtung konnte ein Teil des Raumausschnittes mit vielerlei neutralen Tönen verhüllt werden ... und durch die Lichtführung eine bestimmte Farbenkombination hervorgeholt werden. Die verschiedenartigsten Lösungen der Aufgabe: mit Hilfe des Helldunkels die Bedingungen der Raumdarstellung und der Farbenkomposition in Einklang zu bringen, führen zu einem komponierenden Farbenstil, dessen Blütezeit nach der Jahrhundertmitte einsetzt.«[28]

Die Lösung eines scheinbaren Paradoxons scheint eine der großen Leistungen der holländischen Malerei zu sein, so wie das Widersprüchliche von Zufälligkeit und Bildordnung gelöst wurde; dafür bieten die Seestücke ein gutes Beispiel. In ihnen bewirkt die Reduzierung der Bildmittel den Effekt des Natürlichen, die Farben werden reduziert, die Gegenstände verringert, der Horizont der Seelandschaft wird so tief gelegt, daß den Großteil des Bildes der Himmel ausmacht. Erzählendes wird weitgehend ausgeschieden zugunsten der Schilderung des Daseins der Dinge. Doch diese

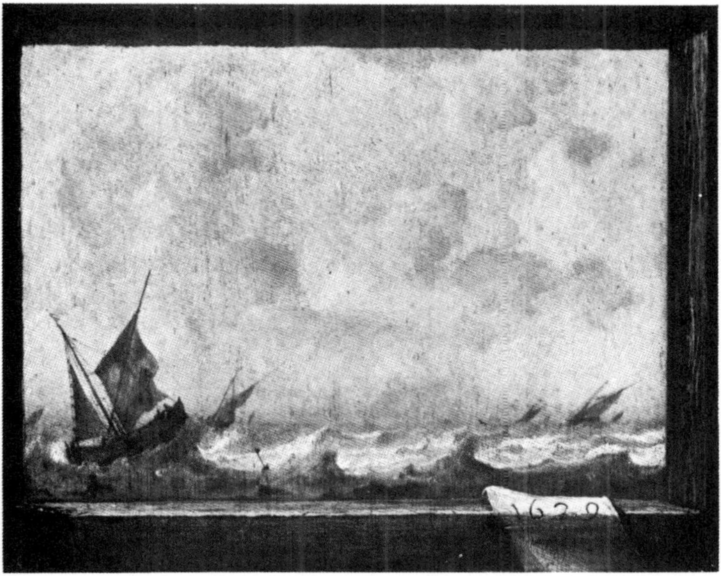

Jan Porcellis, »Stürmische See«, 1629, Öl/Holz, 18 × 24 cm. München, Alte Pinakothek

Reduktion und die Vorrangigkeit des »Bildhaften« macht diese Bilder so leicht verstehbar und naturgleich.

Der *»Seesturm« (1568, Wien, Kunsthistor. Mus.)* von Pieter Brueghel wird gern als erstes autonomes Seestück bezeichnet, und auch hier erweist sich Brueghel wohl, ebenso wie in seinen Landschaften, als ein Prophet des folgenden Jahrhunderts. Das Eingreifen der Natur in das menschliche Geschehen ist nicht nur eine ikonographische Aktion, sondern veranschaulicht Stimmung und schafft Atmosphäre. Man sieht in diesem Spätwerk Brueghels aber auch ein vor einem Walfisch fliehendes Schiff, das zur Ablenkung des Ungeheuers eine Tonne ins Wasser geworfen hat. Dabei handelt es sich wieder um eine Allegorie: Das Lebensschiff bringt sich in Sicherheit, indem es das Törichte, Nutzlose (die leere Tonne) aufgibt. Es gibt sogar ein Sprichwort, das lautet: »Eine Tonne dem Walfisch vorwerfen«. Wenngleich es eine zukunftsweisende Besonderheit ist, eine Allegorie so anschaulich in eine bildbestimmende Landschaft einzubauen, so ist doch ein Unterschied zu holländischen Seestücken vorhanden, der Unterschied einer Entwicklungsstufe.

Bei Porcellis, Jan van Goyen, Simon de Vlieger (1600–1653), Jan van de Capelle und Willem van de Velde d. J. (1633–1707) stellt die See mit ihren Gewalten auch ein Gleichnis dar, aber auf andere Weise. Sie verkörpert einen Teil der Welt an sich. Das Gemälde *»Die Bö« (um 1670, Amsterdam, Rijksmus.)* von Willem van de Velde, am letzten Höhepunkt der Marinemalerei entstanden, bietet dafür ein Beispiel. Bis etwa zum Jahrhundertende wird diese Bildform dann angefüllt mit Effekten, Kontrasten und Farb-

Pieter Brueghel, »Seesturm«, 1568, Öl/Holz, 70 × 93 cm. Wien, Kunsthistorisches Museum

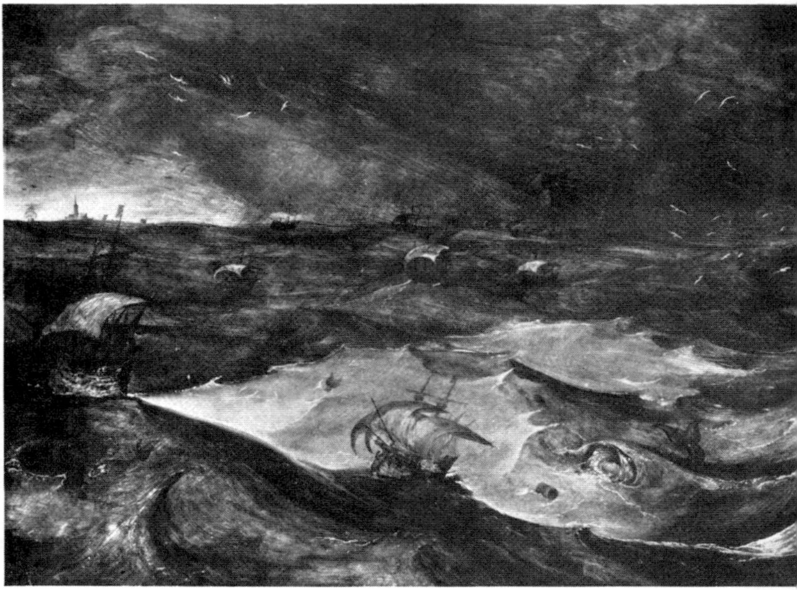

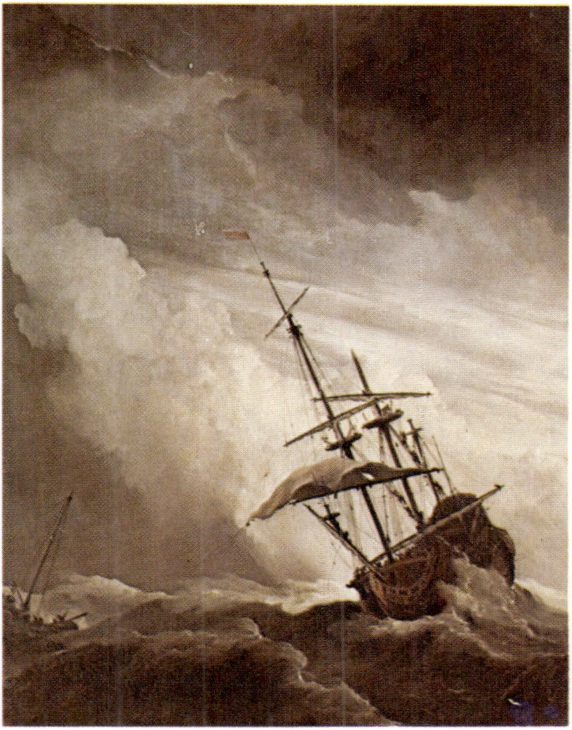

Willem van de Velde d. J., »Die Bö«, um 1670, 77 × 63 cm. Amsterdam Rijksmuseum

spannungen, mit denen man die Ungeheuerlichkeit der Elemente veranschaulichen wollte. Ein Sturm hat in den Wolkenhimmel ein Loch gerissen und eine Fregatte erfaßt, die sich mit losen Segeln aufbäumt, es ist ein faszinierendes Schauspiel. Das Bild vermittelt zugleich Unsicherheit in schwankendem Schiff und Sicherheit in der ästhetischen Erfassung des Naturereignisses Sturm. Das »Ins-Bild-kommen« des Naturgeschehens beruhigt in seiner Anschaulichkeit, denn es liegt im Bereich des Erfahr- und Meßbaren.

DIE FRÜHZEIT DER HOLLÄNDISCHEN BAROCKMALEREI UND DIE »CARAVAGGISTEN«

Rembrandt war nie in Italien. Dies wird ihm auch von der sonst wohlgesinnten zeitgenössischen Kritik vorgeworfen. Constantijn Huygens schrieb in seiner Selbstbiographie von 1631: »Ich kann es nicht lassen solche berühmten Jünglinge (gemeint sind Rembrandt und Jan Lievens) in einer Hinsicht zu schelten, nämlich, daß sie so völlig mit sich selbst zufrieden sind, daß sie Italien bis jetzt nicht der Mühe wert fanden, obgleich sie doch nur wenige Monate brauchen würden, um es zu besuchen. Das ist natürlich bei solchen großen Geistern eine närrische Bemerkung. Wenn sie einmal bekannt sind mit den Raffaels und Michelangelos und die vielen Denkmäler, die von diesen großen Geistern geschaffen sind, bewältigt haben, in was für einer kurzen Zeit würden diese großen Männer, die geboren sind, um die Kunst zu einem Höhepunkt zu führen, mit mehr Selbstkenntnis in der Lage sein, das alles zu übertreffen. Sie würden die italienischen Bewunderer nach Holland kommen lassen.« Huygens sagt dies, weil, wie ebenfalls in seiner Biographie zu lesen ist, Rembrandt und sein Freund Lievens behauptet hatten: »(man könnte) hervorragende italienische Gemälde auch außerhalb von Italien (sehen).«

Rembrandts frühe Bilder sind allerdings ohne den Einfluß Italiens undenkbar. Zwei Wege brachten ihn zur Berührung mit der italienischen Kunst. Es war einerseits die Auseinandersetzung der niederländischen Kunst in der zweiten Hälfte des 16. Jahrhunderts mit der Kunst des Südens, so daß man von »niederländischen Romanisten« spricht, deren Zentrum Antwerpen war. Die Gobelin-Vorlagen, die Raffael 1517 nach Brüssel schickte, wirkten hier epochemachend und wurden zum Ausgangspunkt einer neuen Kunstrichtung, deren Vorbild Raffael und Michelangelo waren und in der ins Bild gebracht werden sollte: »Die synthetische Bedeutung der Linien, den Ausgleich der Massen, die pathetische

Konzentration und gleichmäßige Einstellung der ganzen bildlichen Erfindung unter dem Gesichtswinkel der überindividuellen formalen Schönheit, Vollendung und Harmonie.«[29] Die niederländischen Maler wanderten von nun an »ad fontes« (»zu den Quellen«). Raffaels Stanzen und Michelangelos Sixtinische Decke lieferten den Inbegriff in der Synthese des großen Themas im Historienbild und der kanonisch-absoluten Form. Es ist wesentlich, daß es gerade der an der Schwelle des Manierismus stehende Raffael oder der am Wendepunkt der Klassik von tragischer Spannung erfüllte Michelangelo und der zuletzt nur noch kühl rechnende Leonardo waren, die dort, wo die Abgründe des Klassischen sich auftaten, zum Vorbild der niederländischen romanisierenden Malerei der zweiten Hälfte des 16. Jahrhunderts wurden. Wenn bei Maerten van Heemskerck (1498–1573), Cornelis van Haarlem, Pieter Aertsen, Hendrik Goltzius und vor allem bei Pieter Brueghel, um nur einige Beispiele zu nennen, vielfach die hohe Form des Historienbildes mit den Realismen der Weltschilderung ausgestattet wurde, so geschah es in einer Zuspitzung des Artistischen und in manieristischen Spannungen, in denen jedes Ding seine Schönheit und auch das Gefährdetsein derselben zur Erscheinung brachte: sichtbar in den Raumverspannungen, extremen Perspektiven, Spannungen zwischen klassischer Körperform und ihrer Aufhebung im realistischen Genre, sichtbar auch an den Farben in der Spannung zwischen ästhetischer Eigenwertigkeit und Dingbezeichnung. Hier findet sich ein Ausgangspunkt für die holländische Malerei um 1600: ein Bildsystem, in dem die niederländischen Konstanten eines besonderen Realismus, wie er seit van Eyck, den Brüdern Limburg, Hugo van der Goes bis hin zu Pieter Brueghel bestand, weiterlebten und in dem bei einer immer wieder zu findenden Vorliebe für die Landschaft und das Genre die inzwischen manieristisch gewordene italienische Renaissance auf verschiedenste Weise Vorschübe leistete.

Eine epochale Wende, die in Italien in zwei Jahrzehnten am Beginn des 17. Jahrhunderts eintrat und mit den Namen der beiden Carraci (Lodovico, 1555–1619, und Annibale, 1560–1609) und des Michelangelo Merisi da Caravaggio verbunden ist, gab der niederländischen Kunst neue Impulse.

Caravaggio und die Carracci schufen die Grundlagen der Barockkunst. Das Bild hat jetzt in seinem Aufbau und seinen Darstellungen neue Überzeugungskraft gewonnen durch die Pathetisierung des Realistischen und eine Realisierung des Pathos'. Die Bildgegenstände werden mit allen Mitteln des pathetischen Überzeugens geschildert, und zugleich wird Freude, Leid, Liebe, der Schmerz und die Erlösung dadurch anschaulich gemacht, daß nicht nur die klassische Haltung gesteigert wird (als manieristisches Erbe), sondern auch mit realistischen Mitteln anschaulich gemacht wird. »Caravaggio und Carracci sind die beiden Eckpfeiler, auf denen die Entfaltung der Barockmalerei beruht, sehr verschiedene Piloten, beide aber unter dem Eindruck Roms zu etwas aufgewachsen, das, von den bloßen Anfängen her beurteilt, wohl möglich, aber kaum zu erwarten war. Beider Erbe, Peter Paul Rubens, hat in seinen Werken seit 1609 gleichsam rückwirkend und von einem ganz unitalienischen, dem flämischen Standpunkt aus, die stilbildende Rolle der beiden Maler bestätigt ...«[30] Ähnliches gilt für Rembrandt. Sein frühes *»Emmausbild« (ca. 1630, Paris, Mus. Jacquemart-André)* zeigt ein Geschehen, das – wie vom Blitz kurz erhellt – Pathos aus dem Momentanen gewinnt, wobei die Menschen und Dinge, zusammengedrängt, und der geringe Raum im Licht scharf in ihrer irdischen Erscheinung gezeichnet sind. Ein Vergleich mit dem Bild gleichen Themas von Caravaggio (in zwei Fassungen vorhanden, *ca. 1598 (London, National Gall.)* und *ca. 1606 (Mailand, Brera))* bringt Gemeinsamkeiten zum Vorschein.

Bei Caravaggio wird aus dunklem, kaum definierbarem Bildgrund durch das Licht, in Form einer ganz bestimmten, in neuer Weise sichtbaren Beleuchtung, eine Szene heraus- und hervorgehoben. Ein Lichtstrahl wird zum Gegenstand, traditionell fällt er von links oben in das Bild ein, wobei seine Quelle unsichtbar bleibt. Er bewirkt Reflexe und tiefe Dunkelheit in den Schattenpartien des Bildes. Wichtig ist, daß dieses Licht in seiner Auswirkung am Körper sichtbar wird, worin Caravaggio sich in seiner Darstellung nicht nur vom Mittelalter unterscheidet, wo der Lichtstrahl als solcher als Lichtsubstanz aufgefaßt wurde, sondern auch von der späten italienischen Renaissance, etwa von Tizian, wo in Nachtstücken (späte *»Dornenkrönung«, 1560/76, München, Alte*

Pinakothek) Lichteinfall und Helligkeit am Körper und in seinen Farben identisch sind. In der Kunstgeschichtsschreibung haben Ungenauigkeiten in der Definition zu Begriffsverwirrungen geführt. Es ist die Rede von Kellerlicht, Scheinwerferlicht, kanalisiertem Licht usw. Diese Bezeichnungen aus dem Reich der Technik liefern schlechte Vergleiche. »Der extrem profantechnische Charakter dieser Benennungen fällt auf. Er steht offenbar in Zusammenhang mit der in der gleichen Literatur immer wieder vertretenen Auffassung Caravaggios als eines mit hemmungslosen Instinkten einer Landsknechts- oder Bravonatur ausgestatteten Künstlers (Bodmer), dessen religiöse Gemälde, die ja zweifellos nach Umfang und Gewicht Hauptwerke sind, ›gänzlich unfromm‹ und ›allen Glaubensgehaltes bar‹ seien (Pevsner).«[31] Solchen Fehlinterpretationen liegt eine allgemeine Verkennung der caravaggesken Neuerung zugrunde. Der vom Licht in mystischen Metaphern zu sprechen gewohnte Kunsthistoriker sieht die Tatsache, daß bei Caravaggio erstmals Licht rein gegenständlich dargestellt ist, als eine Profanierung an. Daß dieses Licht gerade deshalb um so schwieriger zu definieren ist, wird übersehen. Indem Caravaggio zwar das Licht gegenständlich macht, nicht aber seine Herkunft bestimmt bzw. vorzeigt, gewinnt er eine neue Möglichkeit der Veranschaulichung des Überirdischen. Das Paradox des Geheimnisvollen gerade in der neuen Realistik entsteht durch eine weitere Neuerung, nämlich indem er seine Gegenstände »verweltlicht« durch die Verringerung der Distanz zwischen Betrachter und Bildgegenständen. Die Akteure und die Gegenstände sind oft an die vordere Bildgrenze gestellt, oft wie über diese in den Realraum hereingreifend, und im Licht nahe gebracht; sie scheinen der Alltäglichkeit entlehnt zu sein. Der Hilfsbegriff des Realismus kann hier kaum umgangen werden, ist jedoch mit Vorsicht anzuwenden. Es handelt sich um etwas, was immer wieder zu beschreiben versucht wurde und was schon Caravaggio in Konflikte mit seinen Auftraggebern und dem Publikum brachte, um den Verdacht der Trivialisierung. Diese Wirkung basiert letztlich auf der Darstellung des Lichtes, die sich nach W. Schöne, wie folgt, erklären läßt:

»1. Indem es schräg von oben als ein energisch gebündeltes Licht einfällt, stellte es die Gestalten und Dinge, die es trifft, fest auf den

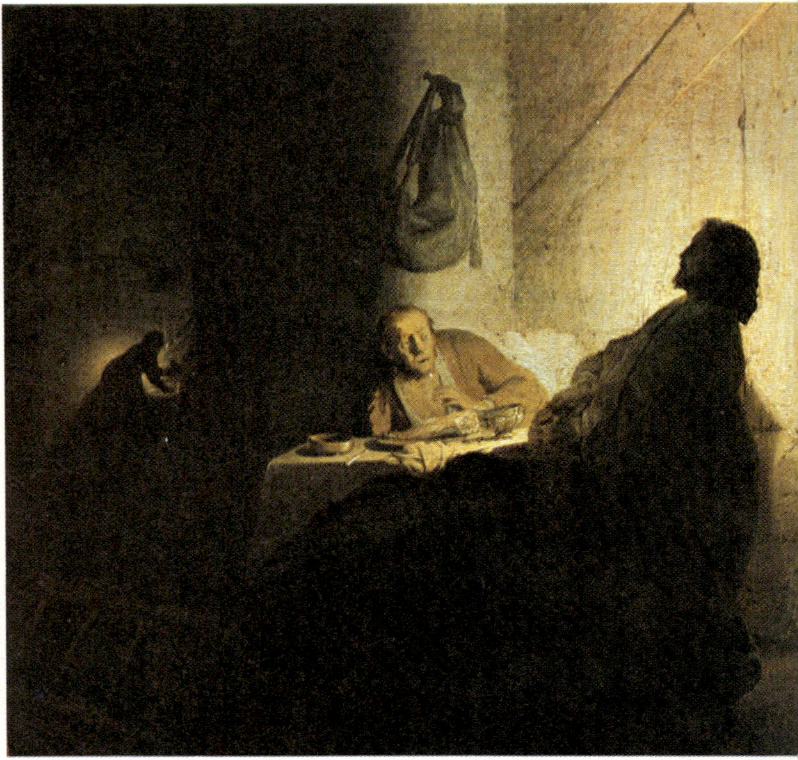

Rembrandt, »Christus in Emmaus«, ca. 1626/30, Papier, auf Holz aufgezogen, 39 × 42 cm. Paris, Musée Jacquemart-André

Boden, ja es scheint ihnen dieses Auf-dem-Boden-stehen geradezu als eine Bestimmung zuzuweisen.

2. Es beleuchtet nicht eigentlich die Bildwelt, sondern in ihr außer einigen Dingen nur die menschlichen Gestalten ...

3. Es beleuchtet den Vorgang, die Bildhandlung, aber wieder auf besondere Weise, nämlich nicht so sehr für die dargestellten Gestalten, als vor allem für uns Betrachter.«[32]

Auf dem Bilde des *»Evangelisten Matthäus« (1602, früher Ber-*

lin, Bode-Mus., im Zweiten Weltkrieg zerstört) dient das Licht weniger dem schreibenden Heiligen als dem Beschauer, dem es den Engel mit den ausgebreiteten Flügeln sichtbar macht. Das Licht ist kein Handlungselement, es wird von den Akteuren nicht gesehen. Es ist ein gebündeltes, handelndes Licht, das weder als künstlich noch natürlich angesprochen werden kann.

W. Messerer hat auf eine weitere Widersprüchlichkeit im Schaffen Caravaggios hingewiesen, dessen Auffassung von Zeit im Bild. Dargestellte Handlung zeigt sich in einer erregenden Momentanität, einem realistischen Punktuellen, in dem ein Geschehen als begreifbarer Augenblick fixiert ist; andererseits jedoch ist das Bildgefüge, der Aufbau in der Komposition und den Körpern der Ak-

Caravaggio, »Christus in Emmaus«, 1598, 139 × 195 cm. London, National Gallery

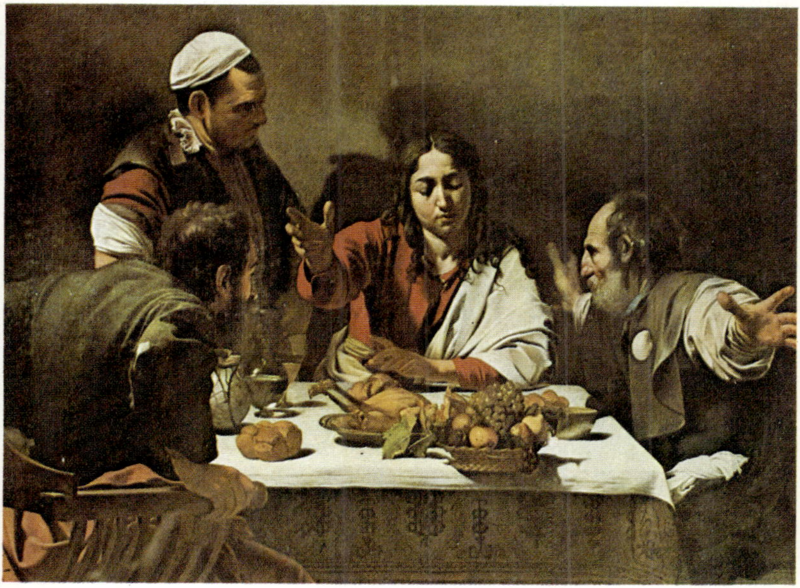

teure von einer überzeitlichen, monumentalen Fügung. »Sowohl das Starre wie das Plötzliche und die ganze Sensibilität für das Zeitliche in Caraviggios Bildern haben gewisse Wurzeln im Manierismus ... Aber mit der Vereinigung von Ruhe und zeitlicher Beweglichkeit im entscheidungsschweren ›monumentalen Moment‹ sind beide auf ganz neuer Ebene ins Licht gerückt. Auch damit wird Caravaggios Kunst – weit stärker als die seiner Zeitgenossen – zum Merkzeichen an der Schwelle des Barocks.«[33]

Die Wirkung Caravaggios auf seine Zeit war revolutionierend. In Italien, Spanien, Frankreich, Deutschland und in den Niederlanden folgte ihm eine neue Generation von »Caravaggisten«. Die bedeutendsten italienischen Künstler dieser Richtung waren Bartolomeo Manfredi, Orazio Gentileschi, Carlo Saraceni, Giovanni Serodini, in Spanien folgte Jusepe de Ribera diesem Vorbild. Einflüsse in der französischen Malerei zeigen sich bei George de La Tour und Simon Vouet, der deutsche Caravaggist wurde Adam Elsheimer. Diese wenigen Namen, die Reihe ließe sich fortsetzen, mögen den Einfluß vermitteln, den Caravaggio auf die europäische Barockmalerei hatte.

In den Niederlanden übernimmt Utrecht die Vermittlerrolle für den Caravaggismus. Diese Stadt mit ihren religionssoziologischen und historischen Besonderheiten wurde zum Tor für die italienische Neuerung. Für die Maler dieser weltoffenen Stadt war es selbstverständlich, daß sie für längere Zeit nach Italien zogen. So waren Hendrick Terbrugghen, Gerard Honthorst und Dirck van Baburen mehr oder weniger lange im Süden. In der nächsten Generation wurde der Italienaufenthalt eine Ausnahme, wenn man von dem Kreis der italianisierenden Landschaftsmaler absieht. Der Grund für diesen Rückgang lag wohl darin, daß die holländische Malerei ihre eigene Aussageform gefunden hatte.

Von Hendrick Terbrugghen weiß man, daß er 1588 als Sohn eines Advokaten in Deventer geboren wurde, zunächst bei Abraham Bloemaert in Utrecht studierte und dann nach Italien ging, wo er sich in Rom und Neapel aufgehalten haben soll. 1614 ist er in Mailand nachweisbar, und im Herbst des gleichen Jahres kehrte er nach Utrecht zurück, wo seine Werkstatt zum Zentrum des

Caravaggismus wurde. Möglicherweise hat er Caravaggio im Jahre 1606 selbst noch kennengelernt. Jedenfalls kopierte er aus Bildern Caravaggios ganze Partien heraus.

Gerard Honthorst, geboren 1590 in Utrecht als Sohn eines Glasmalers, reiste nach seiner Lehrzeit um 1610 nach Italien, wo ihn in Rom der Marchese Giustiniani förderte. Er erhielt vom Großherzog von Toscana Aufträge für Kirchen und Paläste und wurde unter dem Namen Gerardo della notte, Gerhard, der Maler von Nachtstücken, berühmt. 1620 kehrte er nach Den Haag zurück, 1622 wurde er Mitglied der Lukasgilde von Utrecht. Bis zu seinem Tode im Jahre 1656 hatte er viele Schüler, darunter auch deutsche Maler und Kunsthistoriographen.

Von Dirk van Baburen wissen wir weniger. Er war nachweislich Lehrling des Paulus Moreelse, in der Lukasgilde von Utrecht in den Jahren 1611–12, dann ging er wohl nach Italien, wo er mit dem Maler David de Haen (ca. 1600–ca. 1625) aus Rotterdam in den Jahren 1619–20 in der Pfarrei von San Andrea della Fratte lebte und das Bild einer *»Grablegung«* für *San Pietro in Montorio* malte. 1622 ist er wieder in Holland nachweisbar.

Der führende Maler der Utrechter Schule, Abraham Bloemaert, war nie in Italien. Er wurde 1564 in Gorinchem geboren und lernte zunächst bei seinem Vater, einem Bildhauer, das Zeichnen, um dann bei Joost de Beer (geb. in Utrecht, 1582 Vorsteher der dortigen Gilde, gest. 1595) in die Lehre zu gehen. 1580 war er in Paris bei Jean Bassot und Hieronymus Francken (1540–1610). Als er 1583 nach Utrecht zurückkehrte, war er bereits als Maler von Landschaften und manieristischen Figurenkompositionen bekannt. Bei der Gründung der Utrechter Lukasgilde spielte er eine bedeutende Rolle. Dem Caravaggismus näherte er sich jedoch nur periodenweise, wobei man aber gerade bei ihm die Auseinandersetzung der manieristischen, nordischen Tradition mit dem Caravaggismus gut beobachten kann. Er starb erst 1651.

Die Auseinandersetzung mit den Werken Caravaggios beschränkte sich nicht auf das Kopieren seiner Werke, sie wurde zum Ansatzpunkt der holländischen Barockmalerei. Honthorsts berühmtestes italienisches Werk, eine *»Enthauptung Johannes des Täufers« (Rom, Santa Maria della Scala)* ist durch den mittleren

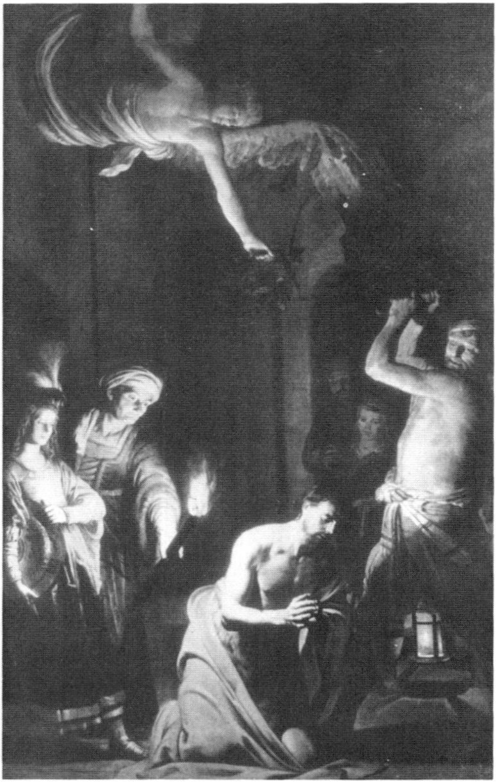

Gerard Honthorst, »Enthauptung Johannes des Täufers«, 1618. Rom, Santa Maria della Scala

Caravaggio beeinflußt. Es übernimmt das Prinzip der Körpermodellierung und die Art der Lichtführung, motiviert aber diese Lichtführung, indem die Lichtquelle als künstliches Licht sichtbar gemacht wird. Dadurch ist ein Schritt über Caravaggio hinaus getan in der erklärenden Realistik; in einigen Genrestücken stellt Honthorst die Lichtquelle jetzt auch verdeckt dar. So in der *»Mahlzeit« (um 1620, Florenz, Uffizien)* und dem *»Konzert« (Rom, Gall. Borghese)*. Von einer *»Geburt Christi« (1620, Florenz, Uffizien)* hebt der Historiograph Mancini hervor, daß das Bild neben Correggio (1489–1534) und Annibale Carracci seinen

Platz behaupte, obwohl der Künstler das Motiv des leuchtenden Kindes von Correggio (Dresden, Gemäldegal.) übernommen habe. – Damit wird auf eine weitere, jetzt wichtige Möglichkeit hingewiesen, Licht ins Bild zu bringen, die für Rembrandt bedeutsam wurde: Das Wundersame strahlt natürliches Licht aus. – Eines der ersten Gemälde, die Honthorst nach seiner Rückkehr nach Holland malte, ist der *»Zahnarzt« (1622, Dresden, Gemäldegal.)*. Das gleiche Thema soll Caravaggio behandelt haben. Thematisch stellt das Bild eine Säkularisierung des Martyriumsbildes dar, abgewandelt ins Genre. Das Realistische und Säkulare wird aber aufgewertet durch die Benutzung eines ursprünglich »höheren« Bildtypus'. Die caravaggeske Abdunkelung des Bildgrundes und die Aktion des Lichtes als wesentliche Wirklichkeit des Bildgeschehens erlaubt eine Konzentration, die von nun an bestimmend wurde. Das Geschehen ist ganz nahe gerückt, das Bild wird zu einem unmittelbaren Gegenüber; der Vordergrund und das Licht scheinen in den Realraum herüberzugreifen. Ein immer wieder benutztes Stilmittel

Gerard Honthorst, »Mahlzeit«, um 1620, 140 × 210 cm.
Florenz, Uffizien

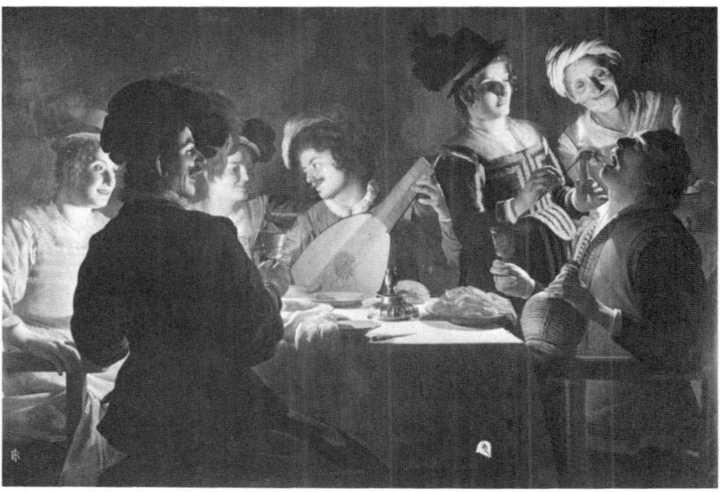

bildet die Halbkreisanordnung von in diesem Kreis beleuchteten Körpern, die andere Lichthälfte wird dadurch dem Betrachter zugeordnet, der sich unmittelbar in das Bildgeschehen einbezogen fühlt. Diese Unmittelbarkeit und die Distanzverringerung dient einer besonderen Realistik der Gegenstandsdarstellung von Physiognomien bis zu Dingen. Caravaggio folgend, übernahmen die holländischen Maler ins Genre gewisse monumentale Strukturen und Pathosgesten, was sich in dem Bild des Zahnarztes beweist; in ihm vereint sich Pathosformel und Realismus. Wenn der vom Bader geschundene Patient mit aufgerissen hochblickenden Augen und aufgespreizter Hand auf Erlösung von der Marter wartet, so winkt ihm nicht aus dem Himmel ein Engel mit einem Palmzweig, wie in Caravaggios *»Martyrium des Heiligen Matthäus« (1660, Rom, San Luigi Francesi)*, sondern Befreiung von einem bösen Zahn und Nachlassen des Schmerzes. Diese Säkularisierung muß nicht Trivialisierung bedeuten. Die Benutzung eines höheren Bildsystems für eigentlich niedere Themen bewirkt, daß als generelle Begriffe hier Allgemeines sichtbar gemacht wird, hier der Begriff Schmerz. Die neuen Realismen werden zu Trägern von Symbolen, wie beispielsweise der »Fünf Sinne«. Die Bildkonzentration in ihrer Beschränkung auf das Wesentliche, das als Geschehen aus dem Dunkel heraustritt, eröffnet einen Einblick in das Menschlich-Allzumenschliche und läßt den Beschauer so etwas wie ein Pseudowunder erleben.

An die Stelle der Erscheinungen sinnlicher Wirkungen kann auch das Sinnliche schlechthin treten, wie in der *»Flohjagd bei Kerzenschein« (Basel, Kunstsammlung)*, wobei hinter der Schilderung der Suche nach Ungeziefer eine mythologische Aussage stehen kann, beispielsweise der nächtliche Besuch Jupiters in anderer Gestalt. Auf dieser Basis wird eine von Rembrandt öfters benutzte Möglichkeit des parodistischen Witzes auf die Mythologie ermöglicht. Wie die Bibel im Caravaggismus durch die besondere Art des Realismus ins Bild gebracht wird, so verhält es sich ähnlich mit der Allegorie. Das »Deklamatorische« und »Marktschreierische« soll »Wahrheiten« im Sinne der Darstellung von Lebensweisheit oder didaktischem Symbol verkünden. Die im Caravaggismus so häufigen Bänkelsänger, Musiker und Spieler sind Allegorien der

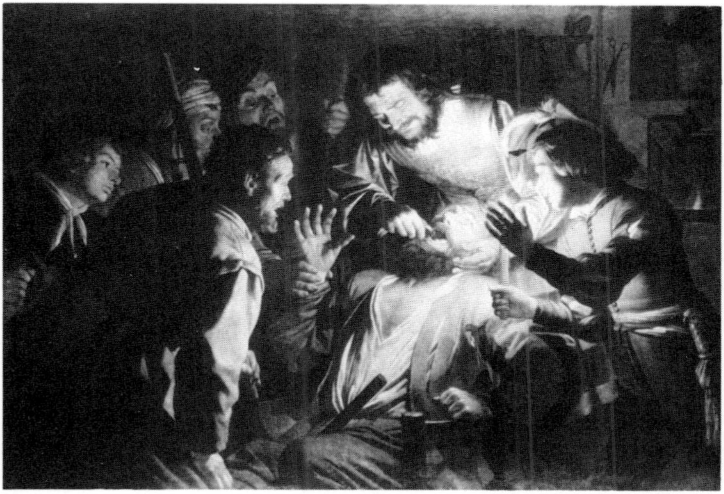

Gerard Honthorst, »Der Zahnarzt«, 1622, 147 × 219 cm. Dresden, Gemäldegalerie

»Fünf Sinne«, z. B. des Gehörs, der Musik, des schlechten Lebenswandels usw. Das Gleichnis vom »Verlorenen Sohn« konnte sich so als »Bordellbild« verselbständigen, wobei einerseits eine realistische Konkretisierung stattfand, andererseits behielt das Gleichnis seine Wertigkeit. Weitere Bildtypen ähnlichen Inhalts waren u. a. »Der Lautenspieler«, »Die fröhliche Gesellschaft« oder auch »Die Operation«.

Zwei Spätwerke von Hendrick Terbrugghen sind ein *»Lachender Demokrit«* und ein *»Weinender Heraklit« (1628, Utrecht, Centraalmus.)*. Dieses ungleiche Philosophenpaar war seit der Renaissance (Bramante) und dann im Barock das Symbol für eine extreme Auffassung der Welt und des Menschen. Terbrugghen übergibt einem Menschen des täglichen Lebens die Rolle und macht so den Sinngehalt anschaulich. Der Realismus der Utrechter Schule, angelehnt an das Vorbild Caravaggio, entfernte sich von der Darstellung der Allegorie als solcher, er ging dazu über, Personen die

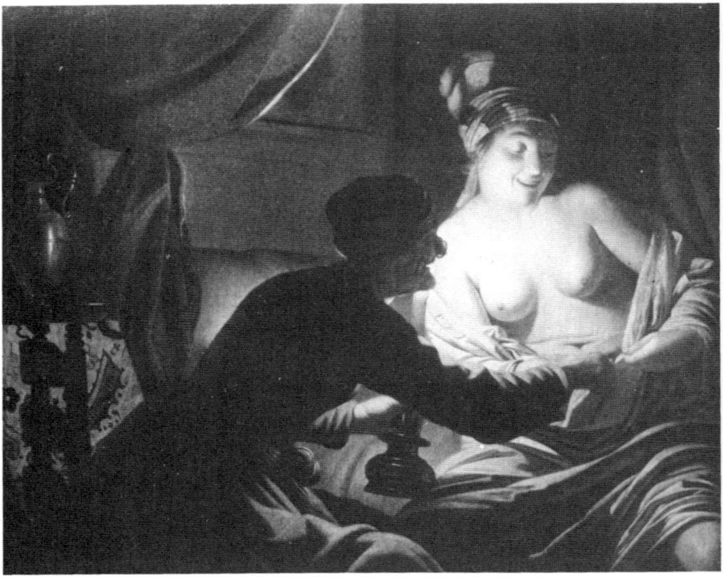

Gerard Honthorst, »Flohjagd bei Kerzenschein«, 104 × 133 cm. Basel, Kunstsammlung

Allegorie als Sinngehalt spielen zu lassen. Dieser verdeckte allegorische Bildsinn macht den Inhalt vieler lustig erscheinender Genredarstellungen aus, man denke beispielsweise an Jan Steen. Das Wort »versteckt« ist jedoch nicht ganz zutreffend etwa für die Tatsache, daß das Porträt eines weinenden Mannes ein Heraklit, also ein Bild von der Einsicht in die Eitelkeit alles Seins und Denkens, ist. Die Allegorie wird vielmehr dadurch ins Bild gebracht, daß es das Vortragen eines Sinngehaltes »abbildet«. Das früheste datierte Gemälde Terbrugghens stammt aus dem Jahre 1620. Ein Jahr später malte er die *»Berufung des Matthäus« (Utrecht, Centraalmus.*, und *Le Havre, Mus.)*. Ein Vergleich mit einem Gemälde gleichen Inhalts von Caravaggio zeigt eine gewisse Abhängigkeit von diesem, weist aber auch erhebliche Unterschiede auf. Gemeinsam sind beiden die im besonders hervorhebenden Licht erscheinende Plastizität von Gegenstandsrealistik und eine für den Caravaggismus bezeichnende Distanzverringerung zwischen den Gegenständen und dem Betrachter, wobei das realistische Detail über die Bildgrenze hinweg eine Verbindung nach vorne zum Realraum sucht. Diese Art der Darstellung führt zu einer fast aggressiven Ansprache des Betrachters und eröffnet ihm die Möglichkeit eines direkten Bildkontaktes, einer Teilnahme am Geschehen. – Eine der Unterschiedlichkeiten der Utrechter Maler gegenüber Caravaggio liegt in ihrer starken Reduktion und Konzentration auf ganz bestimmte Einzelthemen und Inhalte. Es entstand das, was als das »konkave« holländische Bild bezeichnet wurde, ein Bild, in dem sich alles in der Mitte zu einer Aussage von äußerster Ausschließlichkeit verdichtet. Wenn bei Caravaggio weitgehend von einer Monumentalisierung des Augenblicklichen

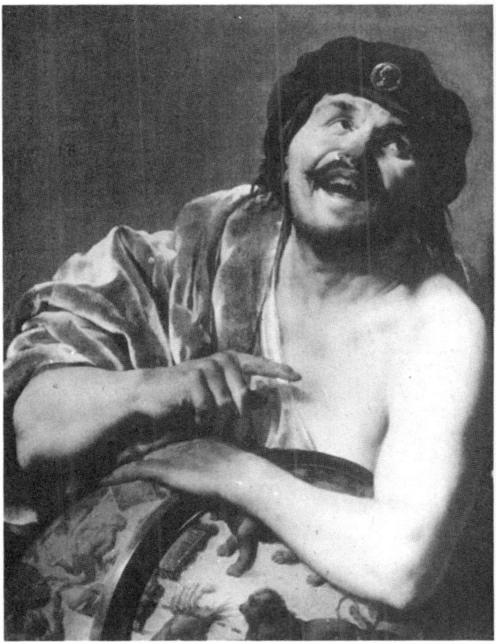

Hendrick Terbrugghen, »Lachender Demokrit«, 1628, 85 × 70 cm. Utrecht, Centraalmuseum

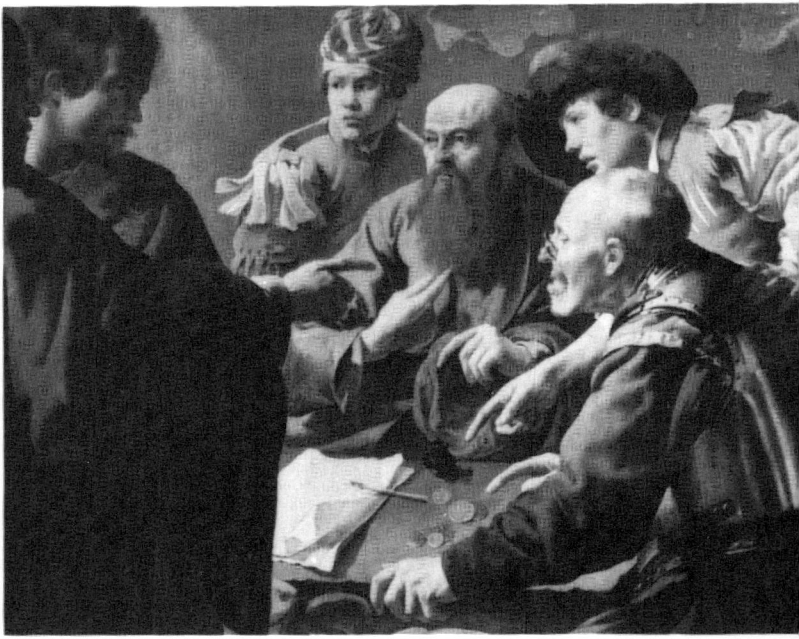

Hendrick Terbrugghen, »Die Berufung des Matthäus«, 1621, 102 × 137 cm. Utrecht, Centraalmuseum

gesprochen werden kann, so kann man jetzt von einer Momentanisierung dieses vor dem Monumentalen sprechen. Die einstmals »hohen« Inhalte werden in der Realistik und im »Marktschreierischen« aktualisiert.

Vielsagend ist die Wahl der Themen bei Baburen als Repräsentanten der Utrechter Schule. Seine Gemälde *»Christus wäscht die Füße der Apostel« (um 1620, Wiesbaden, Gemäldegal.)*, *»Lot und seine Töchter« (1622, Neuilly, Mus.)*, die *»Caritas Romana« (um 1623, York, Mus.)*, der *»Verlorene Sohn« (1623, Mainz, Mus.)* und die *»Ankettung des Prometheus« (1623, Amsterdam, Rijksmus.)* sind in ihren Themen zum Teil mythologischen Ursprungs, teilweise basieren sie auf biblischen »Wahrheiten«, die im hier beschriebenen Realismus dargestellt sind. Die deklamatorischen »Verkörperungen« sprechen den Beschauer direkt an, es ist eine Sprache der Sinne zu den Sinnen. Das sinnliche Element (Lot, Caritas Romana), die Darstellung der Begegnung, der Akt des Erkennens, Spürens, Empfindens und des Sehens bestimmt vor dem allegorischen Hintergrund das Thema und das Bild, wobei sich das Deklamatorische aus der mangelnden Bildtiefe ergibt, die Plastizität korrespondiert mit dem Sinnlichen. – Nicht zufällig hat Baburen in seinem Bild *»Granida und Daifilo« (1624, Brüssel, Mus.*

Caravaggio, »Die Berufung des Matthäus«, ca. 1592–94, 315 × 315 cm. Rom, San Luigi dei Francesi

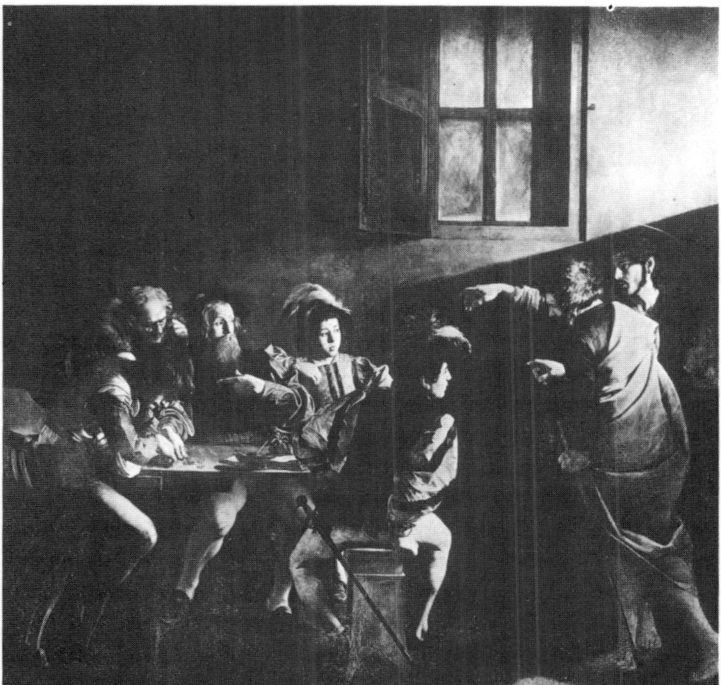

Roy.) die persische Königstochter in einer Szene dargestellt, die gleichzeitig in einem Theaterstück aufgeführt wurde. Pieter Cornelisz. Hooft (1581–1647) publizierte 1604 sein Drama »Granida und Daifilo«, das als erstes pastorales Stück viele Aufführungen erlebte. Die Wirkung dieses Stückes auf die Malerei war bedeutend, es lassen sich neunzehn Werke nachweisen, die von diesem Thema beeinflußt sind. Damit beweist sich, welche Bedeutung das Theater in jener Zeit hatte, ein Theater, das begann, die mythischen Dimensionen in die Bereiche des Menschlichen umzusetzen. – Aufschlußreich ist ein Vergleich der *»Grablegung«* Caravaggios, entstanden zwischen 1602 und 1604 *(Rom, Vatikan)*, mit einem Gemälde Baburens gleichen Inhalts, das dieser im Jahre 1617 für San Pietro in Montorio malte. Baburen kopierte dabei das Vorbild weitgehend, jedoch mit interessanten Veränderungen: Während bei Caravaggio jedes Bilddetail in der kompositionellen Verspannung mit dem Bildformat und seinen Gegebenheiten korrespondiert, hat Baburen dies aufgegeben und das Geschehen vor den Bildgrund gestellt. Damit fehlt das Gerüst, das bei Caravaggio zur Monumentalisierung führt. Bei Baburen wird der Vorgang durch die momenthafte Realistik »festgehalten«, wodurch das Mittel wegfällt, das Caravaggio benutzte, um die Distanzverringerungen wieder zu binden.

Der Maler Abraham Bloemaert kann nicht direkt zu den Caravaggisten gezählt werden. Als er 1583 von Paris nach Utrecht zurückkehrte, war er durch seine Landschaften mit manieristischen Figurenkombinationen bereits berühmt. Das Hell-Dunkel-Prinzip Caravaggios verwendete er nur zeitweise und meist in den zwanziger Jahren, auch wählte er seine Themen nicht ausschließlich wie Honthorst und Terbrugghen aus dem oben beschriebenen Bereich. In seiner Frühzeit beeinflußte ihn teilweise Frans Floris (1516, Antwerpen – 1570, ebenda), so wurde durch ihn der von Floris vielfach kopierte Stil Michelangelos auf den späten Manierismus Hollands wirksam. Er malte Landschaften mit Genrefiguren in manieristischer Weise, in denen also die Spannung vom Vordergrund zur Tiefe bestand und das Genre gegenüber der oft versteckten Hauptszene dominiert. Was ihn von Floris unterscheidet, sind die Einflüsse der Caravaggisten, er ist im Malerischen bizar-

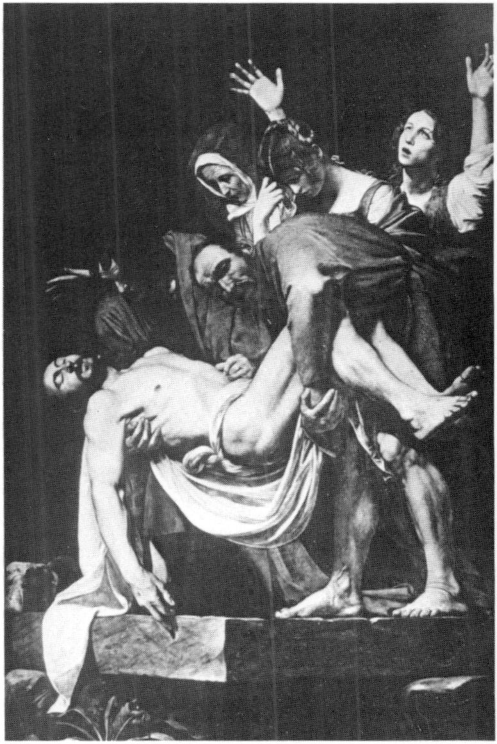

Caravaggio,
»Grablegung Christi«,
1602–4, 300 × 203 cm.
Rom, Vatikan

rer, und seine Gegenstände weisen einen stärkeren Realismus auf. Das scheinbar Zusammenhanglose und Ablenkende der zentralen Nebenfiguren, wie auch die vom Geschehen unberührte Landschaft eröffnen Qualitäten des Malerischen, die vom eigentlichen Thema wegzuführen scheinen. Über allem steht aber bei Bloemaert ebenso wie bei den Caravaggisten ein einigendes Prinzip. Das beweist sich in einem Bild einer Taufe Christi, die er in eine italianisierende Landschaft, allerdings mit holländischen Bauernhütten, verlegt und in der er Aktfiguren, mittelalterlich aufgeputzte Landsknechte und antikisch drapierte Gestalten um das zentrale Thema agieren läßt. Bildbestimmend ist aber nicht der

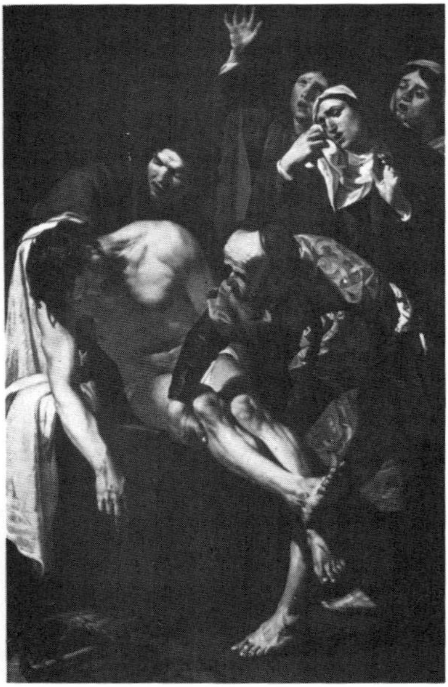

Dirk van Baburen,
»Grablegung Christi«, 1617.
Rom, San Pietro in Montorio

Kontrast, sondern eine gewisse, zur Einheit führende Komprimierung, die Vereinheitlichung erfolgt letztlich durch das Malerische. – In Bildern dieser Art bereitet sich ein neuer Bildbegriff vor, wie die *»Geburt Christi« (zwischen 1622 und 1625, Braunschweig, Herz.-Anton-Ulrich-Mus.)* und die späte *»Ruhe auf der Flucht« (1632, Amsterdam, Rijksmus.)* beweisen. In ihnen dominiert die Genreszene gegenüber dem eigentlichen Titelgeschehen, die Bildgegenstände werden vereinheitlicht unter dem gleichmachenden Prinzip des Malerischen.

Im Jahre 1626 scheint Frans Hals eine Reise nach Utrecht unternommen zu haben, denn nach dieser Zeit häufen sich in seinen Arbeiten Motive von Bloemaert, Honthorst und Terbrugghen. Bei Rembrandt werden ebenso die Prinzipien des Caravaggismus schon in seinen Frühwerken sichtbar. Das Bild bei Hals und bei Rembrandt, ja, der folgenden holländischen Malerei ist ohne diese Utrechter Maler nicht denkbar. Der Hell-Dunkel-Effekt, der besondere Realismus, die Distanzverringerung, das »sprechende« Bild, das »Konkave« und »Komprimierte« haben hier ihren Ursprung, vor allem aber das, was unter dem Begriff des »Malerischen« verstanden wird.

Abraham Bloemart, »Ruhe auf der Flucht«, 1632, 85 × 109 cm. Amsterdam Rijksmuseum

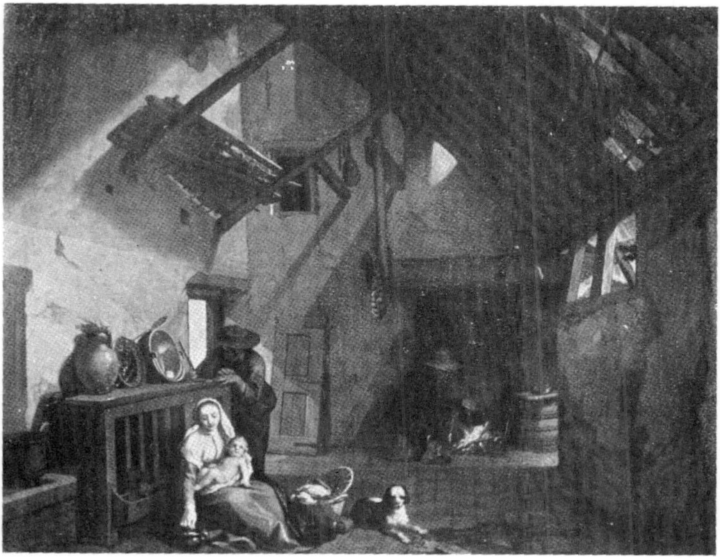

FRANS HALS

Verglichen mit Rembrandt ist Frans Hals, was seine Themen betrifft, als Vertreter der holländischen Fachmalerei anzusehen. Das Bildnis, das Gruppenbildnis und das Genrestück sind das ausschließliche Ergebnis seiner Malerei. In mancher Hinsicht mag Hals als der Repräsentant der holländischen Barockmalerei gelten und das nicht nur deshalb, weil sein Arbeitsgebiet im Zentrum dieser Kunst lag.

Er wurde zwischen 1580 und 1585 vermutlich in Antwerpen geboren, ist also von Geburt Flame und kam in jungen Jahren nach Haarlem, wo er mit wenigen Ausnahmen sein Leben lang arbeitete. Die Familie der Hals war im Geschäft der Tuchmacher bekannt. Neben Frans ergriff auch dessen jüngeren Bruder Dirck den Malerberuf, den Frans zunächst bei Karel van Mander, dem berühmten Kunstgeschichtsschreiber und Maler, erlernte. Bei ihm dürfte er bis 1603 gewesen sein. Im Jahre 1610 nahm ihn die Haarlemer Lukasgilde als Meister auf, später wurde er deren Vorsteher. Über sein Jugendwerk haben wir leider kaum Nachrichten.

Das Schaffen von Frans Hals wird erst faßbar, nachdem er Großaufträge für Gruppenporträts und Bilder von Schützengilden erhielt. Seine ersten großen Aufträge (alle diese Bilder befinden sich jetzt in Haarlem) waren *»Das Festmahl der Offiziere der St. Jorisdoelen« (1616* und *1627), »Das Gruppenbild der Offiziere der Cluveniersdoelen« (1626)* und Bilder von Versammlungen derselben Offiziere *(1633* und *1639)*. Es folgten 1641 die *»Vorsteher des St. Elisabeth-Hospitals«* in Haarlem, während den Abschluß die *»Vorsteher und Vorsteherinnen des Altmännerhauses in Haarlem«* bildeten: beide Gruppenporträts entstanden 1644.

Bemerkenswert ist die Entstehungsgeschichte des Schützenbildes von der *»Kompagnie des Hauptmann Reynier Reael und des Leutnants Michielsz. Blaeuw« (1637, Amsterdam, Rijksmus.)*, das zwar

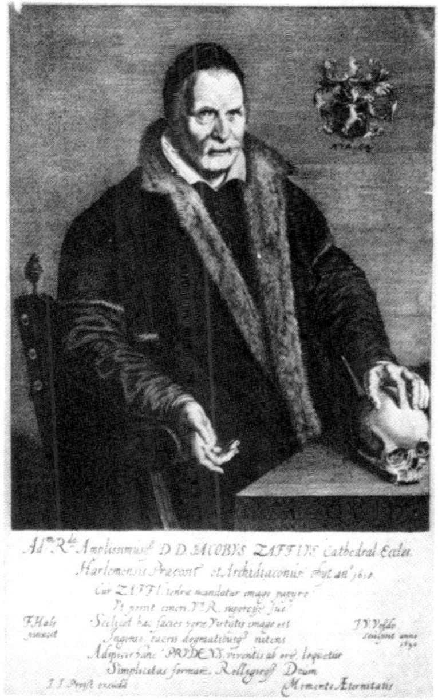

Jan van de Velde,
»Stich nach Frans Hals'
›Jacobus Zaffius‹«, 1630

von Hals begonnen wurde, aber von Pieter Codde beendet werden mußte, da Hals sich weigerte, nach Amsterdam zu gehen, und umgekehrt die Amsterdamer Schützen nicht nach Haarlem kommen wollten. – Zwischen und neben diesen Großbildern entstand eine große Zahl von Porträts und Genredarstellungen.

Das früheste datierte Bild von Hals stammt aus dem Jahre 1611, es entstand also 15 Jahre vor den ersten Bildern Rembrandts; es ist aber nur fragmentarisch erhalten *(Haarlem, Frans-Hals-Mus.)*, und der ursprüngliche Zustand läßt sich nur mit Hilfe eines Stichs rekonstruieren. Das Porträt zeigt *»Jacobus Zaffius«*, der, an einem Tisch sitzend, seine rechte Hand auf einen auf dem Tisch liegenden Totenkopf legt. Durch diese Geste erhält das Bild seine ikonographische Bedeutung. In allen Bildern von Hals spielt die Ikonographie wohl eine gewisse Rolle, auch wenn nicht immer direkte Anhaltspunkte sichtbar werden. Auffallend ist bei diesem Porträt eine noch starre Pose als überkommene Würdeform und der gleichzeitige Versuch, im Bild Bewegung zu inszenieren. Dies geschieht mit den für diese Frühzeit bezeichnenden Mitteln einer drastischen Verlebendigung, wie sie bei den Caravaggisten und dann auch bei Rembrandt zu finden ist. Wenngleich im Gesicht des Zaffius entstellende Übermalungen vorhanden sind, so ist dennoch ein wesentliches Stilmittel von Hals sichtbar: Es ist die Steigerung des Individuellen an einem festen Porträttypus. Ein asymmetrisch verzogener Mund als persönliches Sigma, stechende, auf den Beschauer gerichtete Augen zeigen eine ganz persönliche Haltung, die über die eines reinen Standesporträts hinausgeht. Ein aggressives Element ist diesem Porträt eigen, dozierender Glaubenseifer ist in seiner allegorischen, wie auch einmalig individuellen Form Bild geworden. Zu dieser Verlebendigung trägt nicht zuletzt der unverwechselbare »Pinselstrich« von Hals bei. Man kann von einer Verlebendigung durch die Mittel des Malerischen sprechen. Die überzeugende Kennzeichnung des Individuellen geschieht durch eine malerische Faktur, in der bei der Betrachtung die berühmten Hals'schen »Pinselhiebe«, die Lichthöhungen und die Schatten, die steilen Verkürzungen der Dinge vom Licht zum Dunkel als Wirklichkeit imaginiert werden. Dieser sich im Beschauer vollziehende Vorgang verlebendigt den dargestellten Menschen.

Die frühen Gemälde Rembrandts weisen eine ähnliche Anwendung der Farbe auf. In ihnen wird zugunsten des Farbreliefs die manieristische Feinmalerei und die von dem einzelnen Gegenstand determinierte Farbanwendung in den Hintergrund gedrängt. Stattdessen wird ein Farb-»relief« erstellt, in dem Höhen und Tiefen eine eigenständige Struktur entwickeln. Dieses eigenwertige Relief von Farbe zwischen Licht und Dunkel läßt im Sehvorgang Gegenstände im Bild entstehen. Hier handelt es sich um ein Phänomen, das die Künstler des 19. Jahrhunderts bis zur Moderne faszinierte.

Die Porträts des Frans Hals unterscheiden sich wesentlich von denen seines Lehrers Karel van Mander. Vergleicht man das Porträt Manders des *»Gustav Adolf von Schweden« (Dresden, Schloß Pillnitz)* mit einem Porträt von Hals, so fällt auf, daß Hals die malerischen Mittel für die individuelle Charakterisierung und Verlebendigung einsetzt. Während das manieristische Porträt Barrieren und Distanzen errichtet, werden die darstellenden Möglichkeiten

Karel van Mander, »Bildnis Gustav Adolfs von Schweden«, Öl/Holz, 29 × 20 cm. Dresden, Gemäldegalerie, Schloß Pillnitz

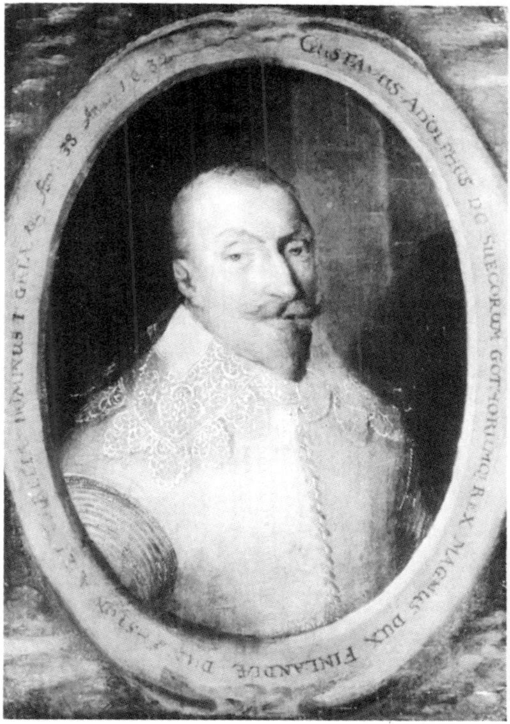

bei Hals so eingesetzt, daß sie dem Beschauer einen Zugang eröffnen, er arbeitet mit den Mitteln des Caravaggismus und bringt »Sinnlichkeit« in die Darstellung.

Im Bildnis des *»Pieter Cornelisz. van der Morsch« (1616, Pittsburgh, Carnegie-Inst.*; s. S. 45) ist diese Verlebendigung voll sichtbar. – »Der Pose eignet lehrhafte Bedeutung. Sie entspringt nicht spontaner Beobachtung, ... noch ist sie ein bestimmter Gestus. Ihre Bewegung ist vielmehr durch das Attribut des Herings äußerlich motiviert. Die Handlung des jedermann »wie begeert« einen Hering geben (d. h. jemand mit der rauhen Zungenseite zurechtlecken, jemand mit gepfeffertem Witz herausgeben), – diese Rolle des Leidener Gerichtsboten und Witzboldes ist durch die Attribute rein literarisch interpretiert.«[34] – Bei Hals ist aus einer emblema-

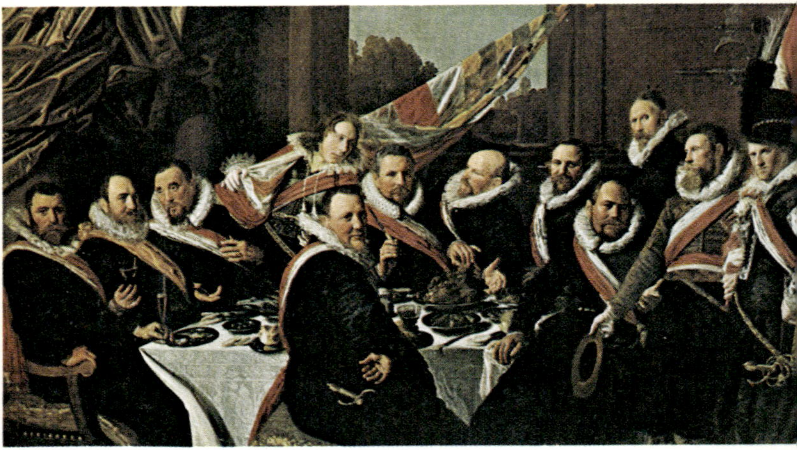

Frans Hals, »Festmahl der Offiziere der St. Georgs-Schützengilde«, 1616, 175 × 324 cm. Haarlem, Frans-Hals-Museum

tischen Aussage eine bestimmte Haltung geworden. – »Ein Differenzieren alles Individuellen, ein Betonen alles Bedingten, Momentanen (auch im Ausdruck: Lächeln, Schmunzeln, Erschrecken), eine neue Skala von Halbtönen, von milden Schatten, von einigen wenigen Reflexen und etwas völlig Neues: Eine Rhythmisierung der Bildfläche, aber nicht in Form ermüdender Wiederholung im Bildraum, sondern aus den gegenläufigen, verschiedenen Raumzonen zugehörigen Konturen gebildet. Die Bewegtheit der Bildfläche macht am Rahmen nicht halt: Das Ausschnitthaft-Spontane, Glaubhaft-Beobachtete bestätigt die Bilderscheinung. Doch eben dieses Schmackhaftmachen durch Übersichtlichkeit, Abwechslungsreichtum, Farbenreiz verlegt den Maßstab in die individuelle Perspektive, in die subjektive Empfindung.«[35]

Mit dem *»Festmahl der Offiziere der St. Georgs-Schützengilde« (1616, Haarlem, Frans-Hals-Mus.)*, beginnt die große Zeit der holländischen Malerei. Diese Feststellung wird erst möglich, wenn man sich vor Augen führt, wie sehr dieses Gruppenporträt noch in der ikonographischen wie formalen Tradition der Haarlemer Maler steht. – Noch auf dem Höhepunkt des Haarlemer Manierismus malte Cornelis van Haarlem die *»Haarlemer Schützenmahl-*

zeit« (1583, Haarlem, Frans-Hals-Mus.). Er war um die Jahrhundertwende der Meister für Porträts und Schützenstücke. Zusammen mit Hendrik Goltzius und Karel van Mander war er der Gründer der Haarlemer Akademie. Alte Beschreibungen seines Schützenstückes[36] behaupten, das Bild von 1583 sei beschnitten, weil die Porträtierten sehr dicht gedrängt die Bildfläche füllen. Tatsächlich dürfte das Bild unverändert sein und die Behauptung einer neuen Anschauung entspringen, die nicht zuletzt durch das spätere Bild von Hals gefördert wurde.

Das Problem, eine vielfigurige Gruppe unterschiedslos nach dem Rang der Personen ins Bild zu bringen, ist bei Hals auf neue Weise gelöst. Obwohl er die Nahsicht zu den Figuren in typisch holländischer Weise beibehält, erfand er die Möglichkeit einer neuen großzügigen Raumdisposition. Randfiguren sind nicht angeschnitten, sondern setzen in freien Posen-Bewegungen Endpunkte einer »Versammlung«, wobei unter Versammlung hier Konzentration in einem neuen Sinne zu verstehen ist.

Die *»Amme mit dem Kind« (1619, Berlin-West, Gemäldegal.)* gehört zu den bedeutendsten Bildern des Barock, zu messen an den Leistungen von Rubens, Velasquez, Poussin und Rembrandt. Wie

Cornelis Cornelisz. van Haarlem, »Bankett der Haarlemer St. Georgsschützen«, 1583, 135 × 233 cm. Haarlem, Frans-Hals-Museum

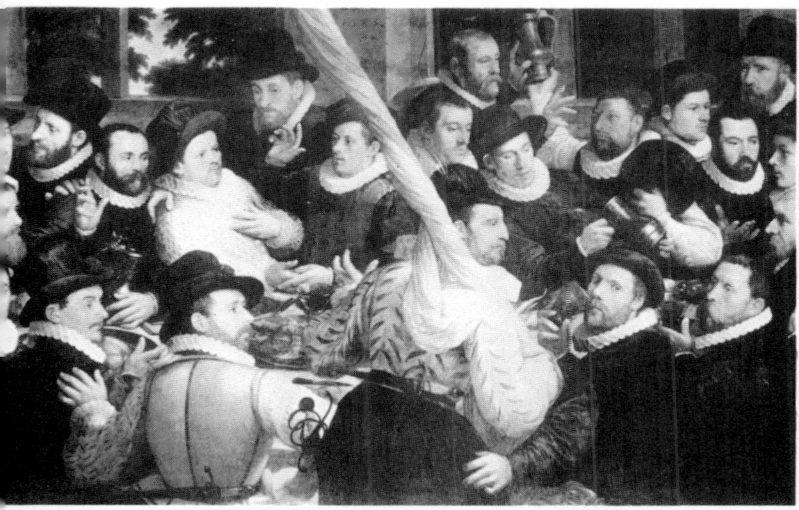

vielfach in der holländischen Malerei hat das Thema seine Wurzeln im Sakralen, hier ist es die Madonna, die dem Jesusknaben den Apfel vorhält (als zweite Eva mit der Frucht vom Paradiesbaum, die die Erlösung von der Sünde bedeutet). Ob es sich hier um eine Amme oder die Mutter handelt, ist nicht sicher. Wahrscheinlich ist es die Amme, denn es besteht ein Unterschied im Realitätsgrad der beiden Gesichter. Während das Kind eindeutig individuell porträtiert ist, ist die Frau nicht auf der gleichen »Ebene« gekennzeichnet, sondern als genrehaft-volkstümlicher Typ. – »Was bei der isolierten Betrachtung der Amme noch als Porträtpose aufgefaßt werden kann, der ein Attribut vorweisende Gestus, wird zum Handlungsmotiv, zur Aktion einer Genreszene durch die Beteiligung des Kindes. Das Hinhalten des Apfels gehört noch zu der – vom Betrachter unterbrochenen – inneren Handlung. Dieser gehört auch das Lächeln auf den Gesichtern an, das in der plötzlichen Wendung zum Betrachter noch nicht verloren gegangen ist. Diese zufällig erhaschte Vergnügtheit begründet die Präsentation des Apfels als prosaischen Vorgang und verdeutlicht die Diesseitigkeit einer Darstellung, die einen Madonnengestus unbeschwert säkularisiert. Das bewußte Hinhalten des Apfels entspricht ganz betont jenem »moralischen« Weltbild, das das Metaphysische der Symbole ethisch-didaktisch vergegenständlicht. Glaubhaft wirksam wird das Ethisch-Sinnvolle erst in der beobachtbaren Handlung. Das Anschaulichmachen der Wahrheit von einer extrem nominalistischen Haltung, die das Augenblicklichste eines fröhlichen Kicherns als Bestätigung des Realwerdens von Glaubensfreude nimmt, – obwohl es nur in Zeitbruchteilen greifbar ist und obwohl es die dürftigste Art der Freude ist, – doch weil es nachprüfbar scheint in der optischen Illusion. Das optisch Erfaßbare erhält letztgültigen Wirklichkeitscharakter.«[37] Wiederum ist eine dialektische Wechselwirkung zwischen der Veranschaulichung und Verwandlung eines Symbols und der »Wirklichkeit« im Bild sichtbar. »Wirklichkeit entsteht da, wo das ethische Zeichen sie auslöst, ihre Erscheinung aber bewirkt den Weltbestand des Symbols.«

Auffallend ist hier und überhaupt bei Hals die Behandlung von Oberflächenwerten in den Stoffen, Mustern, Spitzen usw. Das

Künstlerische wird mit Trompe-l'oeil-Effekten vorgetragen, aber gleichzeitig bietet sich hier der Spielraum für die Verselbständigung der malerischen Mittel. Das Kunststück der Augentäuschung, die sich aber im Artistischen auflöst, trägt zur Verlebendigung dieser Bilder von Hals bei und zu deren spezifischer Zeitlichkeit. Diese besteht darin, daß ein Moment gegeben ist, dieser Moment jedoch dadurch, daß er die kurze Erscheinungsweise einer ewig dauernden Ethik ist, »gestreckt« wird. Diese Dialektik des Zeitbegriffes bei Hals, wie überhaupt in der holländischen Malerei, tritt immer wieder in Erscheinung.

In die Jahre 1625/26 ist das Porträt des *»Willem van Heythuysen« (München, Alte Pinakothek)* zu datieren, es ist das einzige bekannte Porträt von Hals, das eine Ganzfigur zeigt. In diesem Bild, das eine Sonderstellung einnimmt, steht der Porträtierte vor einem roten Vorhang, der über den Steinrahmen (einer Türe?) gehängt eine Hintergrundkulisse abgibt. Heythuysen steht da, den Blick auf uns gerichtet, mit der Rechten den aufgestützten Degen umfassend, die Linke in die Hüfte gestemmt, die Beine kontrapostisch gesetzt. Die Ausstaffierung des Bildes ist genau überlegt: Rosenstrauch, Weinblatt am Boden, der Garten mit einem Liebespaar im Hintergrund dürften als Vergänglichkeitssymbole aufzufassen sein und an der Mühsal des Erwerbs irdischer Güter erinnern. Vermutungen, wonach der Vorhang vor einer Janustür (die im alten Rom in Friedenszeiten verschlossen war) hinge, sind wohl richtig. Das Bild eines reichen Kaufmanns, der auch im Krieg seinen Mann stand, ist damit voll von Reflexionen; die Figur selbst wird in ihrer Pose zum Symbol. Die verhängte Janustür, die Blumen, die Pose und die Ausstaffierung sind so sehr vital, daß man sie nicht als zugefügte Symbolteile, als Attribute ansehen kann, sondern in ihrer Substantialität: Dazugestelltes, Drapiertes, Postiertes. Mit ihnen gelingt es Hals auf bislang in der Form noch nicht gekannte Weise das Bild lebendig zu gestalten. Das Symbol wird bei Hals und ebenso bei Rembrandt zur Wirklichkeit. – Was uns auf frühen Photographien komisch anmutet, das in Requisiten gestellte Bild, die durch die Technik als solche entlarvt werden, dieses mit Requisiten gefüllte Bild wird bei Hals zu einer geschlossenen Komposition; es ist seine Kunst, die die Beziehung der Din-

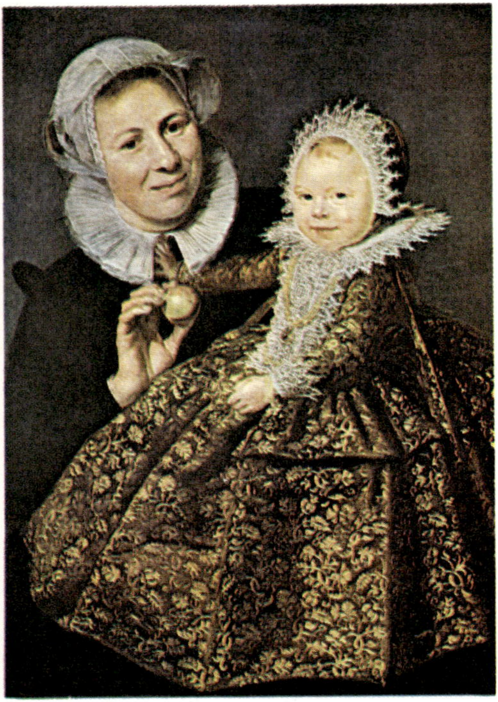

Frans Hals,
»Amme mit Kind«,
1619, 86 × 65 cm.
Berlin-West,
Gemäldegalerie

ge zueinander herstellt. So wird das Posieren nicht als leere Pose empfunden, es ist der Ausdruck einer Haltung, die das ganze Bild prägt. Wenn man bei seinen Bildern von einer »gedämpften Ironie«[39] spricht, so sind damit jene Bewußtheit und jener Wirklichkeitssinn gemeint, die Allegorie und Bedeutung als Gegenstand des Kunstwerkes sehen.

Bis zum Jahre 1626 läßt sich in den Bildern des Frans Hals ein starker Einfluß der Caravaggisten der Utrechter Schule nachweisen, ein Beispiel bietet sich im *»Fröhlichen Lautenspieler« (1620/23, Paris, Slg. Rothschild*, s. S. 44*)* an. Dieser Periode folgt eine Zeit der Klärung, die zu einer neuen Stilstufe führt. In ihr entstanden die Gemälde *»Der Fröhliche Trinker« (1628, Amsterdam, Rijksmus.)* und die *»Malle Babbe« (1629/30, Berlin-West, Gemäldegal.)*. Von vergleichbaren Bildern eines Honthorst oder Baburen unterscheiden sich die des Hals dadurch, daß die »An-

Frans Hals,
»Willem van Heythuysen«,
um 1625/26, 205 × 135 cm.
München, Alte Pinakothek

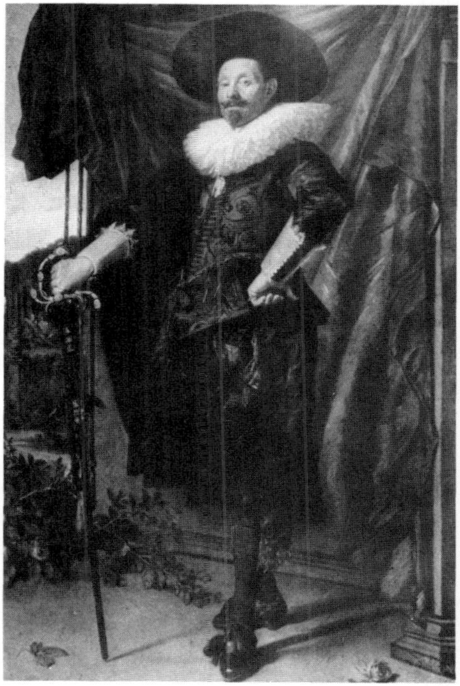

sprache« des Bildes zum Betrachter hin nicht durch den Bildgegenstand, durch Gestik, Lachen, Anteilnahmeheischen erfolgt, sondern mit Hilfe der Kunstmittel. Die malerische Aussage, die Umwandlung der Farbe zu Gegenständen durch das Auge des Betrachters verleiht dem Bild Leben.

In den Jahren 1632–33 entstand das *»Gruppenbild der Offiziere und Unteroffiziere der St. Adriansgilde« (Haarlem, Frans-Hals-Mus.)*, 1639 das *»Gruppenbild der Georgsschützen« (ebenda)*. In beiden Bildern bildet eine Landschaft mit Bäumen und Durchblicken die Folie für die Repräsentation. Während die Meister vor ihm, beispielsweise Cornelis van Haarlem, bei einer um einen Tisch sitzenden Gruppe die Augenhöhe der Dargestellten relativ hoch anlegten, in einer gleichrangigen Reihung, beschreitet Hals neue Wege. Er zeigt drei der Adriansoffiziere vor der Tafel stehend, die anderen hinter ihr sitzend, auch die Rückenfiguren wen-

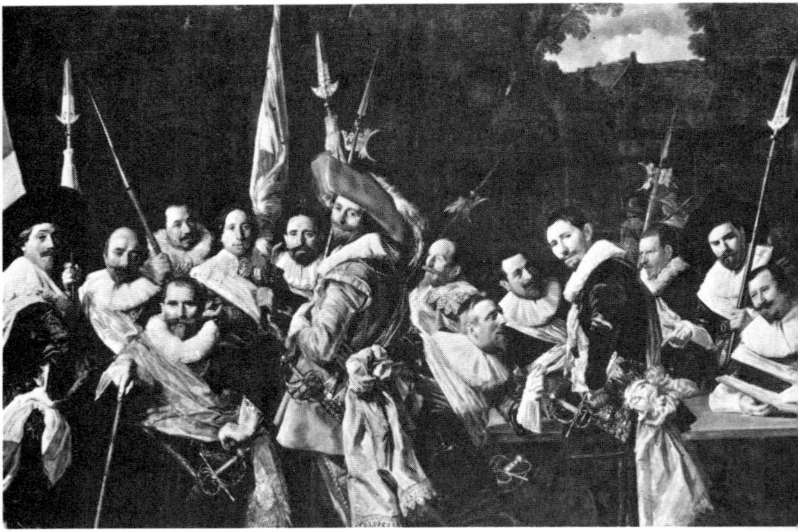

Frans Hals, »Gruppenbild der Offiziere und Unteroffiziere der St. Adriansgilde«, 1632/33, 207 × 337 cm. Haarlem, Frans-Hals-Museum

Frans Hals, »Gruppenbild der Offiziere und Unteroffiziere der St. Georgsschützen«, 1639, 218 × 421 cm. Haarlem, Frans-Hals-Museum

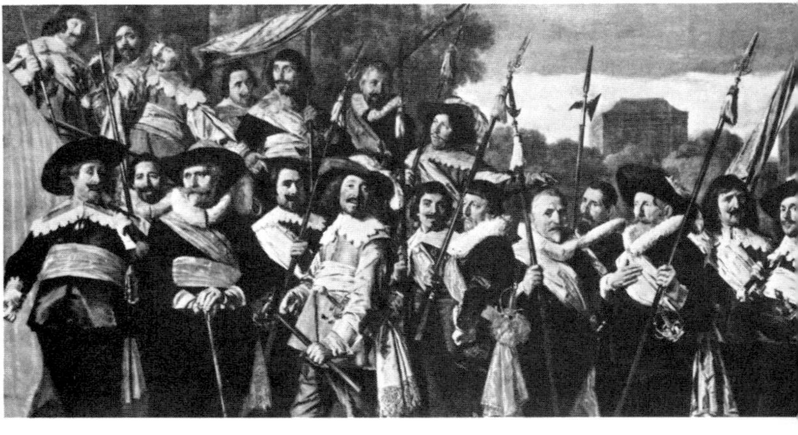

den dem Beschauer das Gesicht zu. Damit lockert er die Gruppe in natürlicher Weise auf und vitalisiert das Bild.

Der Anfang eines Spätstiles zeigt sich in dem letzten Hals'schen Doelenstück, der *»St. Georgsgilde« (1639, Haarlem, Frans-Hals-Mus.)*. Hier wird die altertümliche, »isokephale« Reihung der Personen wieder aufgenommen und der Bewegungs- und Variationsreichtum stark reduziert. Dafür erleben wir bei Hals eine jetzt immer stärker werdende Konzentrierung auf die einzelne Person. War bislang schon immer die Einzelgeste und Pose etwas, was den Zusammenhang des Ganzen bedrohte, so wird jetzt jede Figur als Einzelwesen erfaßt und in einer Art skeptischen Verinnerlichung gleichsam als monologisch isoliert. Hand in Hand mit dieser Veränderung in den Bildgegenständen vollzieht sich auch eine Änderung der Funktion der Farbe und der Malweise. – »... glutvolles Gelb, Rot und Ocker und das trübe, Dunkelheit ankündigende, aber selbst noch nicht völlig finstere Braun haben ihre Parallele in einer atmosphärisch vielfach gebrochenen, fast schwülen Abendbeleuchtung, deren Farbenreiz und deren Hell-Dunkel-Erscheinung von der Konzentration des Augensinns – bei abgeschwächter Lichtstärke und sich öffnenden Pupillen – ganz entsprechend perzipiert werden. Die Opfer für diese einzig mögliche innere Konsequenz der Erfordernisse heraushebender Ordnung sind erheblich: Verzicht auf prägnante Schärfe der Detailwiedergabe, Unterdrückung des malerischen Duktus, übertreibende Vereinheitlichung der Farbigkeit in den einzelnen Partien und entsprechendes Weglassen variierender Reflextöne.«[40] Ähnliches ist nach 1640 auch bei Rembrandt zu beobachten. Der Pinselstrich ist nicht mehr Instrument einer Verlebendigung, sondern das einer Distanzierung. Der Gegenstand beginnt »uns fremd zu werden«. Eindeutig zeigen das vor allem die Bilder der *»Regenten und Regentinnen des Altmännerhauses in Haarlem«*. – Vor diesen malte Hals wohl um 1649 das *»Porträt des René Descartes«*, das nur in mehreren Kopien auf uns gekommen ist *(Paris, Louvre; Hälsingborg, Mus.; Kiew, Staatl. Museum u. a.)*. Wenngleich einer Deutung von Kopien unterschiedlicher Qualität Grenzen gesetzt sind, so läßt sich doch von diesem prominenten Modell, dem Ernst der Pose wie des Gesichtsausdruckes der Ausdruck einer allgemeinen Skepsis

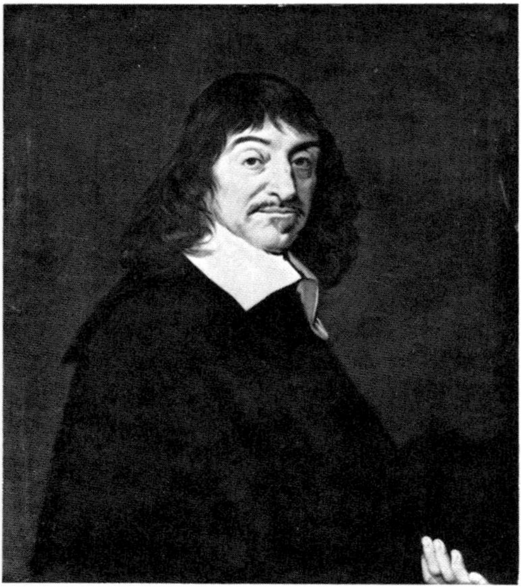

Frans Hals,
»Porträt des
René Descartes«,
ca. 1649, 76 × 68 cm.
Paris, Louvre

gegenüber den Erscheinungsmöglichkeiten dieser Welt ablesen, wozu auch die distanzierende Pinselführung beiträgt.

Der *»Mann mit dem Schlapphut« (Kassel, Gemäldegal.*, s. S. 2*)* dürfte auf das Jahr 1664 zu datieren sein. Vergleicht man ihn mit dem *»Fröhlichen Trinker« (1628, Amsterdam, Rijksmus.)* so scheint auf einen ersten flüchtigen Blick das Wesentlichste eine durchgehend bei Hals zu findende Eigenheit der Darstellungsvitalität und der Bildverlebendigung im malerischen Mittel zu sein. Auch in dem späten Bild der sechziger Jahre finden wir die Überwindung der Starrheit der Porträtposen durch Elemente des Spontanen, wie etwa der Mann sich auf seinem Stuhl umwendend den Ellbogen auf die Lehne gelegt hat, so wie uns im früheren Bild der Trinker die Hand mit dem Glas entgegenstreckt. Gegenständlich gesehen ist im Spätwerk etwas weiteres ins Bild gekommen. Die Haltung und Bewegung ist nicht mehr nur Ausdruck einer vitalen Distanzverringerung, sie wird in ihrem Sinn hier fragwürdig. Nicht nur der im Lächeln fast larmoyante Gesichtsausdruck und die in der Geste schlaff im Gelenk hängende, legere und müde Hand deuten das an, sondern auch die Komposition als solche. Der Ellbogen bildet ein gegen den Porträtierten gerichtetes Eck, die Diagonalen, die ihm in Schulter, Halskrause und Hut folgen, bewirken ein Sichversperren des gleichen Porträtierten, der uns anlächelt. Das Liniengefüge aus Geraden, die in Kurven fluchten, macht das Bild unstabil und seine formale wie gegenständliche Struktur fragwürdig. Dem entspricht auch der Einsatz der Farbe, wobei die Dominanz von Schwarz und Weiß, die vordem geradezu Buntwerte waren, auffallend ist. Jetzt ist das Weiß als Höhung so vor das Schwarz gelegt, daß letzteres im Durchscheinen sichtbar wird. Es entsteht kein toter Grauwert, aber die Ahnung der Dunkelheit in einem Weiß, das unlebendig wie Todesweiß wirkt und den strengen, schwarz-weißen Habitus holländischer Würdeträger unterstreicht. Die Fleischtöne werden durch Konturen und Überlagerungen von Schwarz an ihrer Oberfläche so abgedeckt, daß gleichsam kein Leben mehr an diese hindurchschimmert, man kann von einer ästhetischen »Vanitas« sprechen. Der einst bei Hals als Mittel der Verlebendigung eingesetzte artistische Pinselzug bewirkt jetzt fast das Gegenteil. – »Es ist nur symptomatisch für die

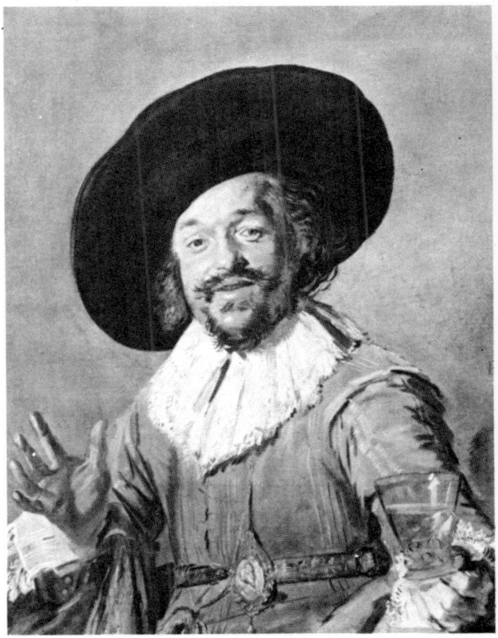

Frans Hals, »Fröhlicher Trinker«, 1628, 81 × 66 cm. Amsterdam, Rijksmuseum

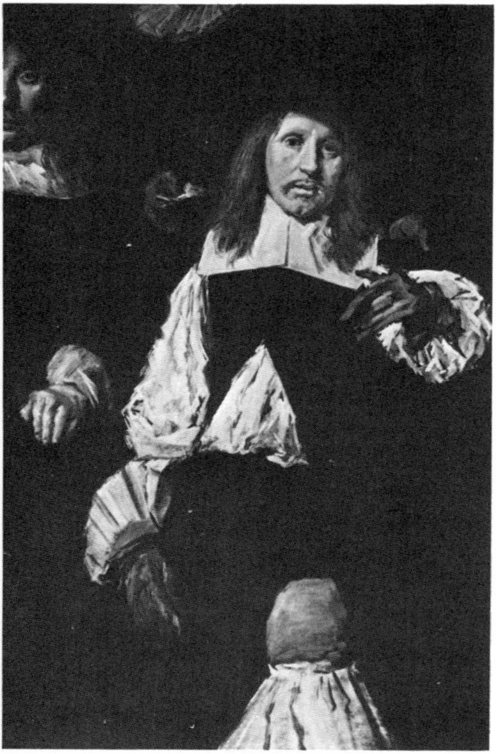

Frans Hals,
»Die Regenten
des Altmännerhauses
in Haarlem«,
um 1664, 172 × 256 cm.
(Detail) Haarlem,
Frans-Hals-Museum

Auffassung Hals', daß sie am Ende ins Tragische schlägt: Leidenschaft für das Sichtbare und Verliebtheit in die Vielfalt des Irdisch-Lebendigen drücken sich dort, wo dieses zu entgleiten beginnt, aus durch die Elegie.«[41]

Gegen 1664 müssen wohl die beiden letzten Gruppenbildnisse von Hals entstanden sein, die *»Regentinnen des Altmännerhauses«* und die *»Regenten« (Haarlem, Frans-Hals-Mus.)*. Die Geschichte des holländischen Gruppenporträts endet mit diesen beiden Bildern, die damit Symbolcharakter erhalten. In Vergleich zu den Doelenstücken der dreißiger Jahre erkennen wir ein nur noch scheinbar weitergeführtes Bildsystem. Während im Gruppenporträt der Frau mit den vier Regentinnen und einer Dienerin – Frauen sind fast nie so porträtiert worden – alle Gestik auf ein reines Dasein mit ruhigen oder kaum äußerlich agierenden Mienen und Händen reduziert ist, was ikonographisch bei Frauendarstellungen wohl erklärbar ist, glaubt man zunächst die bekannte und unnachahmlich inszenierte Haltungs- und Gestenvariation vor sich zu haben, was jedoch trügt. Wie vor allem beim Regentenbild, so »schwimmen« auch im Regentinnenbildnis Gesichter und Hände als Einzelwesen geradezu im Grund, das Kontingente der Gruppenbildung fehlt. Das Ergebnis ist eine Isolierung des Individuums, Gesichtsausdruck und Geste sind nicht mehr gerichtet. Dem entspricht vor allem die Darstellung des Blickes, der zwar auf den Beschauer gerichtet ist, aber tatsächlich ein Blick nach innen ist; er schafft die Möglichkeit der Nachdenklichkeit wie der gedanklichen Abstinenz. – »Der Duktus ist nicht in durchgehendem Bewegungsstrom gegeben, sondern abgehackt, bröckelig, zu mürben Farbparzellen geronnen.«[42] – Dabei wird auch eine Spannung zwischen Farbe und den Konturen der Körperbezeichnung sichtbar. Unsere Skala der Beschreibungsmöglichkeiten von Körpern und Farben besteht aus einem Sektor mit den Worten: taumelnd, matt, unkörperlich, schemenhaft-flach, gespenstisch, unfarbig, isoliert, kalt,

Frans Hals, »Die Regentinnen des Altmännerhauses in Haarlem«, um 1664, 170 × 149 cm. Haarlem, Frans-Hals-Museum

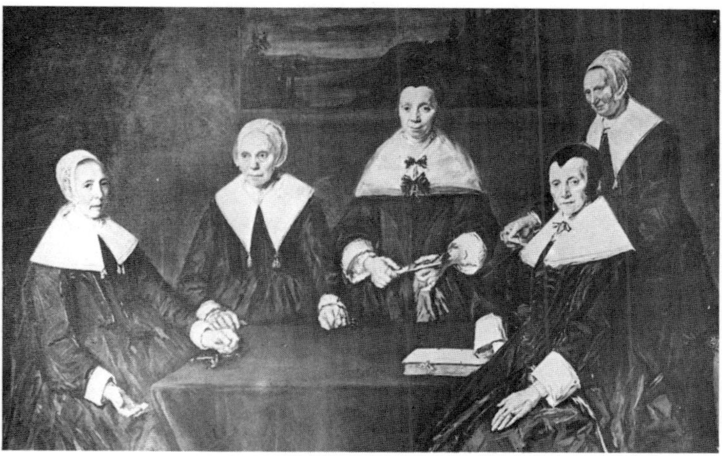

bröckelig und stumm. Auch von »gemindertem Leben« ist hier die Rede in dem Sinn, daß Körperlichkeit, Festigkeit von Form und Konsistenz und die Bewegung gemindert sind wie die Farbigkeit, Raumdarstellung und Plastizität, wofür die Inkarnattöne den besten Beweis liefern. Die vielfach zitierte Verlebendigung im Malerischen besitzt hier keine Farbsubstanz mehr. Die Rolle des Rot über fahlem Gelb ist eher die einer krankhaften Rötung oder sogar der Schwindsucht; Vergrauung zerstört die Farbe, deren Buntwert jäh abnimmt. Der anschaulich gemachte Charakter des Erbleichens, Absterbens und Verwitterns ist nicht Bildthema, sondern »Tat und Leid« der Farbe, um die Goethe'sche Formulierung vom Licht abzuwandeln.

Erwähnenswert ist, wie im Dunkel des Grundes beider Bilder einmal das an der Wand hängende Bild einer italienischen Landschaft und im anderen seitlich ein schmaler Durchblick ins Freie erscheint – ein in der Brechung unbunter Farbigkeit fast verhülltes, letztes Aufleuchten einer schöneren Welt.

Diese Erscheinungen im Alterswerk von Hals werden meistens im Zusammenhang mit dem nahen Ende des Malers und einer Kunstepoche gesehen. Nachdem das jedoch keineswegs einem gesetzlichen Ablauf der Malereigeschichte entspricht und der Altersstil nicht unbedingt, wie bei Hals, Rembrandt und anderen Holländern diese Folgen mit sich bringt, entsteht die Frage, ob hier nicht etwas für die holländische Malerei Typisches vorliegt. Es entsteht die Vermutung, daß gerade die tiefgehende Erforschung des Menschen durch das Porträt, von der Person bis zur Persönlichkeit, in der die am eigenen Leibe verspürte Endlichkeit zum letzten Bildgegenstand werden konnte, hier in Holland diese Identität des Künstlers mit seinen Werken entstehen ließ – das moderne Phänomen des an der Kunst leidenden Künstlers.

REMBRANDT[43]

Wertschätzung und Urteil von und über Rembrandt waren zu dessen Zeit erstaunlich anders als heute. Während das Frühwerk Rembrandts sehr lange in der kunsthistorischen Forschung nur als eine Vorstufe zur eigentlichen und reifen Kunst angesehen wurde, fand Rembrandt bei den Zeitgenossen gleich mit seinen ersten Bildern zum Teil enthusiastische Aufnahme, während seine Werke etwa seit Anfang der vierziger Jahre, die wir als die Anfänge des eigentlichen Höhepunkts in seinem Schaffen betrachten, die Kritik der Zeitgenossen hinnehmen mußten. Was war es, was diese Zeitgenossen und die Schüler, die zu dem ganz jungen Rembrandt in die Lehre kamen, faszinierte? Es dürfte zunächst einmal die Steigerung der Möglichkeiten einer Bildtradition gewesen sein. Andrerseits dürften gerade die extreme Formulierung, die Andeutungen eines Neuen, das auf der traditionellen Basis aufbaute, Erstaunen erregt haben. Anders ist der kometenhafte Aufstieg des Müllersohnes aus Leiden nicht verständlich.

Rembrandt Harmensz. van Rijn wurde am 15. Juli 1606 in Leiden geboren. Sein Vater Harmen Gerritsz. van Rijn war Müller, seine Mutter Cornelia (Neeltgen) Willemsdochter van Suydtbroeck war die Tochter eines Bäckers. 1620 schrieb sich Rembrandt als Student an der Leidener Universität ein, um bald darauf aber in die Malerlehre bei Jacob Isaaksz. van Swanenburgh (ca. 1571–1638) zu gehen, anschließend zu Pieter Lastman und möglicherweise zu den Brüdern Pynas, Jan (1583–1631) und Jacob (um 1590–nach 1650). Nach seiner Niederlassung in Leiden entstanden erste eigene Werke, so die 1625 datierte *»Steinigung des Stephanus« (Lyon, Mus. des Beaux-Arts)*, also gemalt von einem Neunzehnjährigen. Im Jahr darauf malte er an einigen Historienbildern. Der wenig jüngere Jan Lievens (1607–1674) war in seiner Werkstatt, 1628 kam Gerard Dou (1613–1675) dazu. Im Jahre

1631 finden wir Rembrandt viel beschäftigt mit Historiengemälden, allegorischen Sittenbildern, Bildern von Gelehrten, Porträts und Darstellungen aus der Bibel.

Der Fünfundzwanzigjährige hatte bereits in Leiden einen großen Schülerkreis um sich. Im Jahre 1631 siedelte er nach Amsterdam über, von diesem Zeitpunkt an verändert sich sein Stil. Ein Jahr darauf erhielt er den ersten Auftrag zu einem großen Gruppenbildnis, der *»Anatomie des Doktor Nicolaes Tulp«*. Er wurde bald wohlhabend, denn er hatte viele Bestellungen, vor allem Porträts. 1633 bestellte der Statthalter der Niederlande, Prinz Friedrich von Oranien-Nassau, eine Folge von Passionsbildern, wahrscheinlich für seine Haager Residenz, das Palais Noordeinde, das von Jacob van Campen und Pieter Post um 1640 umgebaut wurde. Dieser Auftrag blieb für Rembrandt allerdings der einzige des Hofes. 1634 heiratete er Saskia van Uylenburgh, die Tochter eines friesischen Juristen. Sie war häufig sein Modell.

In den Jahren 1635 und 1636 entstanden mehrere Gemälde, die Erzählungen der Bibel oder mythologische Szenen zur Vorlage hatten: *»Belsazar« (um 1635, London, National Gall.;* s. S. 56*)*, die *»Opferung Isaaks« (1635, Leningrad, Ermitage)*, die *»Blendung Simons« (1636, Frankfurt, Städel.)*, *»Danae« (1636, Leningrad, Ermitage;* s. S. 183*)*. An der Ausführung dieser Gemälde wirkten oft Schüler mit, u. a. Jacob Backer, Ferdinand Bol und Govaert Flinck, und es ist schwierig, in diesen Gemälden die von Rembrandt gemalten Partien von denen seiner Schüler zu unterscheiden. Rembrandt kaufte in diesen Jahren viele Kunstgegenstände, die er als Vorbilder und Requisiten auf seinen Werken verwandte; weiter erwarb er ein großes Haus in der St. Anthoniesbreestraat, womit er sich finanziell übernahm. In dieser Zeit begann die wohl produktivste Phase seines Schaffens. Landschaften, Stilleben und Genredarstellungen traten zu den Historienbildern und Porträts, zu denen das letzte Bild seiner Mutter gehört, die er als *»Prophetin«* im Jahre 1640 kurz vor ihrem Tode malte. Ein Jahr darauf wurde ihm sein Sohn Titus geboren, der ihm für viele Bilder als Modell diente. Im Jahre 1642 starb seine Frau Saskia. Im gleichen Jahr erhielt Rembrandt den Auftrag für ein zweites Gruppenbildnis. Es war die *»Kompagnie des Kapitäns Frans Banningh Cocq«*. Dieses Bild wurde unter dem Namen *»Die Nachtwache«* bekannt. In der Kritik der Auftraggeber kündigte sich eine Krise im Verhältnis zwischen dem Maler und seinem Publikum an. Trotzdem vergrößerte sich der Kreis seiner Schüler, zu denen jetzt Philipp Koninck, Samuel van Hoogstraten, Nicolaes Maes und Carel Fabritius gehörten.

Bald nach dem Tode seiner Frau tritt Hendrickje Stoffels in sein Leben. Mit der Haushälterin verbindet ihn bald ein sehr persönliches Verhältnis, sie wird sein Modell für viele seiner Gemälde. – In den Jahren 1649/50 vollzieht sich im Werk Rembrandts ein bedeutender Stilwandel, der sich in einer Beruhigung der Mittel der Bildinszenierung äußert und in seiner Reduzierung der Motive und der erzählerischen Momente, seine Bilder erhalten jetzt warme und leuchtende Farben. In dieser Zeit entstehen die schönsten Porträts und Phantasieporträts *(»Aristoteles«, 1653, New York, Metropolitan Mus.)*. Rembrandts äußeres Leben ist aber voller Schwierigkeiten, einerseits seiner Schulden wegen, andrerseits verurteilt man sein Konkubinat, das ihn mit Hendrickje verbindet. 1656 wurde er sogar als zahlungsunfähig erklärt, und sein Besitz wurde inventarisiert, weshalb wir viele Angaben über seine Sammlungen und seine Werke aus diesem Zeitraum besitzen. – Ein drittes Gruppenbildnis aus dem Jahre 1656 *»Die Anatomie des Doktor Deyman« (Amsterdam, Rijksmus.)* ist nur noch in einem Fragment vorhanden, er malte es ein Jahr vor der Versteigerung seines Besitzes. – 1660 muß Rembrandt sein Haus aufgeben und in die Rozengracht übersiedeln, wo Hendrickje und sein Sohn aus erster Ehe eine Kunsthandlung betreiben, in der Rembrandt angestellt ist. – Neben vielen Darstellungen, vor allem aus dem Neuen Testamnt, malte er im Auftrag für das Rathaus von Amsterdam als Teil eines Historienzyklus die *»Verschwörung des Claudius Civilis« (1661–62, Stockholm, Nationalmus.)*. Das Bild stieß auf scharfe Kritik, die wohl auf den unkonventionellen Bildmitteln und der ungewöhnlichen Bildauffassung beruhte. So mußte Rembrandt zumindest de facto seinen letzten großen, offiziellen Auftrag als gescheitert ansehen, obwohl sein letztes Gruppenbild, die *»Staalmeesters« (Amsterdam, Rijksmus.)*, künstlerisch vielleicht die bedeutendste Formulierung dieses Themas darstellt. – Im Jahre 1663 stirbt Hendrickje, fünf Jahre später, 1668, folgt ihr Rembrandts Sohn Titus. Die Jahre bis zum Tode Rembrandts, er starb 1669, zeigen eine weitere Entwicklung, die man als eine »Verinnerlichung« bezeichnen kann, sie vollzog sich in einem bisher bei einem Künstler so nicht beobachteten Maße. Seine Bildthemen waren vom Selbstporträt und biblischen Darstellungen bestimmt.

Nicht zufällig war das Historienbild das Feld, in dem Rembrandt sehr schnell zu einem unverkennbaren eigenen Stil fand und berühmt wurde. Ambitionen von der Thematik her, Ansehen durch die »hohe« Ikonographie und die Möglichkeiten der Schilderung des Dramatischen dürften Rembrandt zu dieser Motivwahl geführt haben. Das Porträt, das gleichzeitig von Anfang an mit entstand, könnte man dabei als den wesentlichen Baustein des Historienbildes ansehen, auch dieses voll von Dramatik und Spannung.

Der *»Judas vor den Hohepriestern« (1629, England, Whitby)* war schon in seiner Zeit berühmt und in sechs Kopien bekannt; das Original tauchte erst im Jahre 1939 wieder auf. 1630 schrieb der Sekretär des Prinzen von Oranien, Constantijn Huygens: »Die Tafel mit dem reuigen Judas, der die Silberlinge, den Preis für den unschuldigen Herrn, dem Hohepriester zurückbringt, ist, behaupte ich, allem ebenbürtig. Das ganze Italien trete heran und alles, was sich seit dem Altertum an Herrlichem und Bewundernswerten erhalten hat ...«[44] Diese Bemerkung über ein Bild des dreiundzwanzigjährigen Müllersohnes aus Leiden macht uns darauf aufmerksam, daß Rembrandt bereits von Anfang an an der italienischen Malerei gemessen wurde. Der Stolz auf eigene Leistung in der Malerei mag zusammenhängen mit der politischen Emanzipation der nördlichen Niederlande, die jetzt auch in der Kunst einen eigenen Heros suchten. Bemerkenswert ist auch, daß sich an Rembrandt die Frage nach dem Wert der italienischen Norm entzündete. Ebenso wurde er aber mit negativen Ergebnissen an Italien gemessen. So verstand Huygens nicht, daß Rembrandt nicht nach Italien reiste, wie es andere Maler taten. Vom Judas-Bild schreibt Huygens weiter: »... die Gebärde allein des Judas, zu schweigen von so vielen anderen Motiven in diesem einen Werk, – allein sage ich, dieses empörten, heulenden, um Gnade

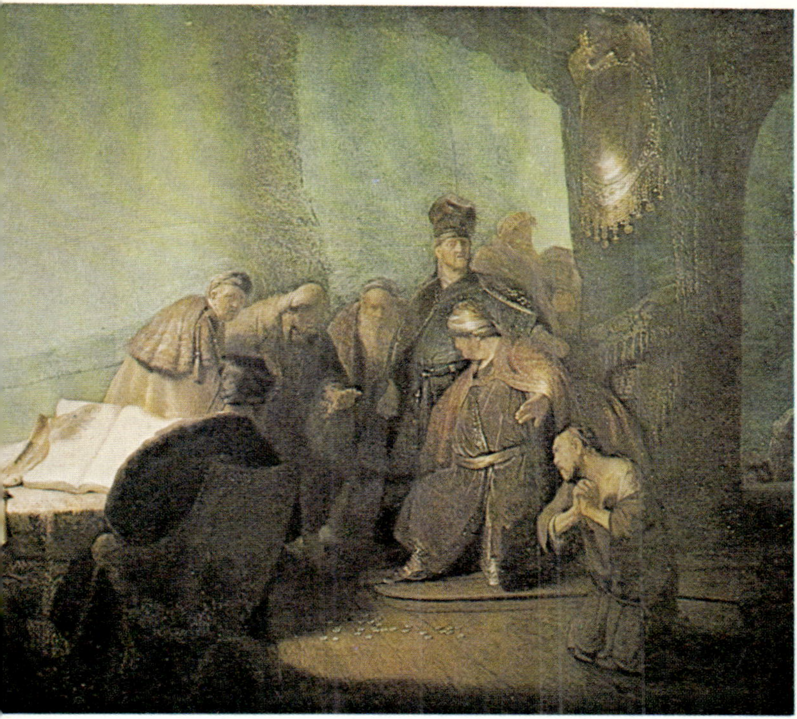

Rembrandt, »Judas vor den Hohepriestern«, 1629, Öl/Holz, 76 × 101 cm. England, Whitby

flehenden (der doch gar nicht mehr darauf hofft oder nur im Aussehen die Hoffnung wahrt), sein fürchterliches Antlitz, die zerwühlten Haare, das zerrissene Gewand, die verdrehten Arme, die bis zum Bluten ineinandergepreßten Hände, das besinnungslos vorgestreckte Knie, der ganze grausam verkrampfte Körper des Elenden – das setzte ich der gesamten Eleganz von Jahrhunderten entgegen.«[45] Der Ton dieser Zeilen ist nicht unähnlich dem des jungen Goethe, in seiner Verteidigung der eigenständigen deutschen Baukunst gegenüber Frankreichs vor dem Straßburger Münster. Nationalstolz führte hier sicherlich die Feder.

Wichtiger ist jedoch, aufgrund welcher neuen Eigenarten Rembrandt gefeiert wird. Es ist die Veranschaulichung des Inneren in der äußeren Erscheinung eines Menschen. Nicht die Erscheinung als richtig im Sinne der damaligen Kunsttheorie wird als die Entdeckung Rembrandts angesehen, sondern die Erscheinung des Menscheninnerlichen im sichtbaren Außen.

Die Darstellung des Lichts verweist schon in den frühesten Bildern Rembrandts auf den Einfluß der Caravaggisten. Die in diesem Stil eröffneten Möglichkeiten der Raum- und Gegenstandsbehandlung und die Verwendung des Lichts als Gegenstand stellt Rembrandt in den Dienst seines neuen Realismus. Sein Raum ist irreal im architektonischen Aufbau, er ist eine bombastische Kulisse, soweit er nicht abgedunkelt ist; selten wird ein wirklicher Ort dargestellt, in seiner Fremdartigkeit wird der Aufwand sogar fragwürdig. Vom Licht schrieb Kurt Bauch: »Der Raum erfüllt vom Wort wie vom Licht, umfängt die Menschen, die ebenfalls in Stellung, Haltung und Gebärde rein aus ihrer Beteiligung am Geschehen Gestalt gewinnen. Gegenüber dieser Regie tritt alles andere zurück. Farbigkeit und Umriß, Zeichnung und Modellierung, Durchführung und Genauigkeit sind dem Geschehen untergeordnet.«[46] Das Paradox des realistischen Lichts, das dennoch wundersam wie das Wort ist, entsteht dadurch, daß es in seinem Auffall gegenständlich und ausschließlich ist. Dadurch aber und in der Ausschließlichkeit des Lichtes zum Geschehen hin und indem alles andere außer dem Wesentlichen dunkel bleibt, entzieht es sich wieder einer rein gegenständlichen Bestimmung. Realistische Typen, Gegenstandsporträts sind maskiert und damit »bedeutend«, »historisch« gemacht; aber auch die Maskierung wird wiederum decouvriert als etwas ebenfalls Gegenständliches. Das unterscheidet Rembrandt von Rubens. Mensch und Ding werden bei ihm eine Einheit. Das französische Wort vom »Portrait historié«, mit dem die Einkleidung in Historisch-Biblisches gemeint ist, trifft den Sachverhalt recht gut.

Die Historienbilder des Rembrandt und Rubens entstanden annähernd gleichzeitig. Bei allen barocken Gemeinsamkeiten zeigen sich aber Unterschiede in der Art der Darstellung. Bei den Bildern von Rubens gewinnt man den Eindruck daß sich im Bild der Höhepunkt eines grenz- und zeitfreien Geschehens als Ausschnitt darstellt. Bei Rembrandt hingegen scheint alles außerhalb des Bildes von diesem Bild aufgesogen und in der Szene konzentriert zu sein.

Die Tradition versteht unter einem Historienbild eine Darstellung, in der etwas zeitlos Bedeutungsvolles, das über das Gegenwärtige und Natürliche hinausgeht, abgebildet wird. Rembrandt verwandelt eine biblisch-paradigmatische Szene in ein »Herausgehobenes«. Aber seine Akteure sind, im Gegensatz zu denen des Rubens, keine pathetischen Heroen, die in der Übersteigerung des Menschlichen Träger eines großen Gedankens sind, sondern einfach Menschen, meist noch demütiger und elender als wir, und zeigen damit an, daß die Gnade überall möglich ist. Bei Rubens findet die »Erleuchtung« über die Metapher des Heros statt, er bringt die Teilnahme am Höchsten in diese Welt. Bei Rembrandt wird diese Teilnahme umgekehrt gezeigt: Über das Elend der Welt wird das Heil vorstellbar im Bild, die Historie findet im Menschen statt. Hier setzt der Realismus Rembrandts ein; er

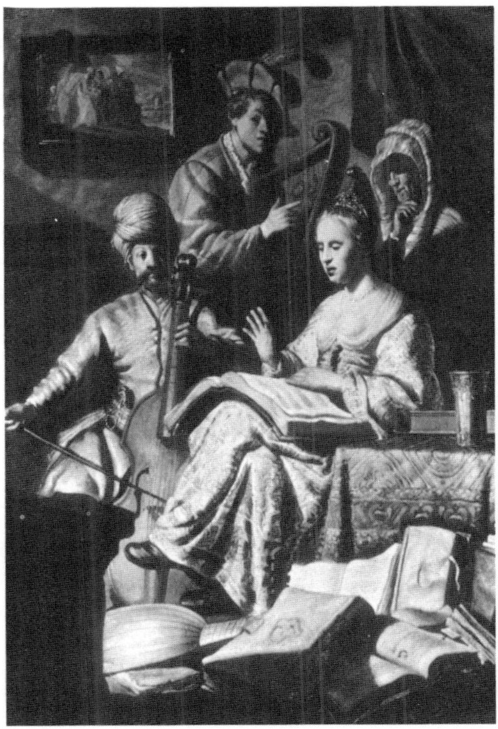

Rembrandt, »Die Musizierenden«, 1626, Öl/Holz, 63 × 48 cm. Amsterdam, Rijksmuseum

schafft eine Ästhetik des Häßlichen durch die Spannung zu den schönen Attributen des Bildes und deren gegenständlicher Wahrheit. Das Bild wird durch die Gegenstandsausstattung zur Historie, doch sind diese Gegenstände nicht mehr als ein Abbild der Vergänglichkeit, der menschlichen Eitelkeit.

Das Gemälde mit dem *»Musizierenden« (1626, Amsterdam, Rijksmus.)* ermöglicht vielfältige Deutungen. Es kann ein allegorisches Sittenbild mit dem Thema Musik sein, vielleicht auch ein Familienbild, ein »Portrait historié« oder die biblische Szene »Deborahs Lied mit Brak«, ebenso mag es sich aber auf die Bibelstelle der Prediger 2,8–9 beziehen. Diese Stelle lautet: »Ich sammelte mir auch Silber und Gold auf und von den Königen und Ländern einen Schatz. Ich schaffte mir Sänger und Sängerinnen und Wollust der Menschen, allerlei Saitenspiel.« Tatsächlich werden in dem Bild mehrere Saiteninstrumente bespielt! Der Bibeltext redet weiter von der Vergänglichkeit des Irdischen. Möglicherweise wurde auch hier, wie so oft in der holländischen Malerei, der Vanitas-Gedanke ins Bild gebracht. Es ist kein Zufall, daß dieses Bild, wie andere auch, so viele Lesarten ermöglicht. In Bildern dieser Art vereint sich vieles, vor allem die Herkunft aus dem Genre- und Fünfsinnebild des Caravaggismus, weiter das »Historische« der Bedeutsamkeit und der Realismus mit seiner Nähe zum Porträt und zur Gegenstandsbezeichnung.

Dieses Bild, entstanden 1626, gehört in das Jahrzehnt, das wohl das wichtigste in der Entwicklung des Caravaggismus war, den Rembrandt aus den Bildern von Adam Elsheimer kannte. Mit Sicherheit hatte Rembrandt den Stich von Goudt nach Elsheimers *»Philemon und Baucis« (Paris. Mus. Jacquemart-André)* gesehen, bekannt dürfte ihm auch die *»Flucht nach Ägypten« (1609, München, Alte Pinakothek)* gewesen sein, denn seine *»Ruhe auf der Flucht nach Ägypten« (1647, Dublin, National Gall.)* zeigt Einflüsse von Elsheimers Bild. – Nacht, Nachtlicht oder künstliche Beleuchtung nach der Art Elsheimers sind ein Stil geworden, in dem das Licht als Realistisches und zugleich Hervorhebendes eingesetzt werden kann und das Dunkel zu einem undefinierbaren Dunkelgrund des Bildes wird.

Obwohl Rembrandt nur etwa ein halbes Jahr bei Pieter Last-

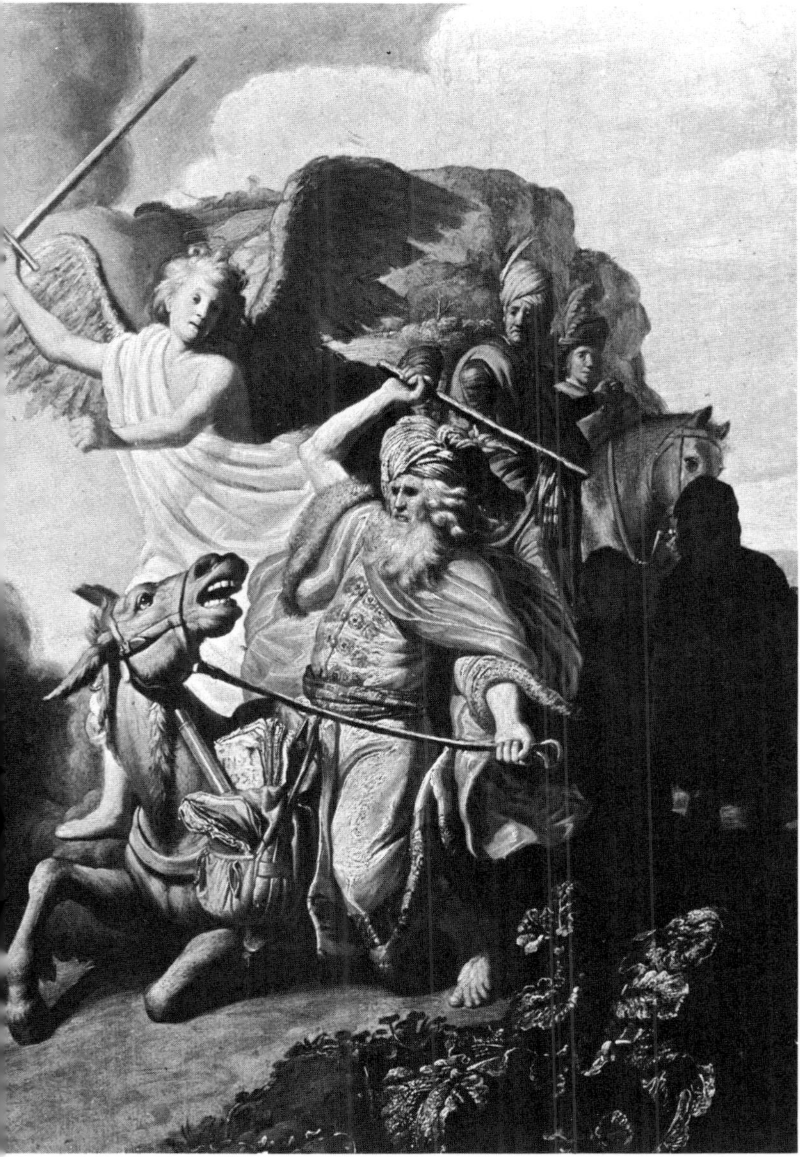

Rembrandt, »Der Prophet Bileam und die Eselin«, 1626, Öl/Holz, 65 × 47 cm, Paris, Musée Cognacq-Jay

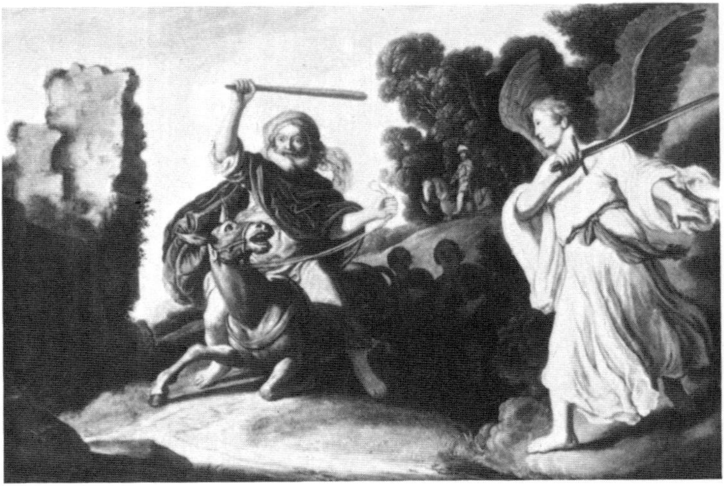

Pieter Lastmann, »Der Prophet Bileam und die Eselin«, 1622, Öl/Holz, 42 × 61 cm. England, Palmer Collection (Privatbesitz)

mann arbeitete, wurde dieser für ihn als Lehrer bedeutsamer als andere. Pieter Lastmann wurde 1583 in Amsterdam geboren und starb ebenda im Jahre 1633. Er war ein Schüler des Manieristen Gerrit Pietersz. Sweelinck (1566–ca. 1628). Während eines Aufenthaltes in Venedig wurde er stark von Johann Rottenhammer beeinflußt, nach 1603 lehnte er seinen Stil an den Elsheimers an, wobei er die Kleinmalerei Elsheimers in das mythologische und historische Großbild übertrug. Für Rembrandt wurde Lastmann als Historienmaler wichtig. Deswegen ist vielleicht das früheste bekannte Bild Rembrandts ein Historienbild, das wahrscheinlich den *»Consul Cerealis und die germanischen Legionen« (1626, Leiden, Städt. Mus.)* darstellen soll, genau ist das Thema nicht zu identifizieren. Es handelt sich bei den um Vergebung bittenden, aufständischen Legionen um eine Geschichte aus der Antike der Niederlande. Ein Vergleich mit Lastmanns *»Coriolan empfängt die Abgesandten« (1622, Dublin, National Gall.)* beweist, daß eine Reihe von Stileigenheiten, die man dem frühen Rembrandt als Erfindung zuschreiben möchte, schon bei Lastmann vorhanden sind. Das Element der Veranschaulichung der Historie durch genrehafte Züge und eine Aktualisierung der Historie sind bei Lastmann, ebenso wie bei anderen holländischen Malern sehr ausgeprägt. Was Rembrandt von Lastmann unterscheidet, ist die Konzentration in der Darstellung, der Verdichtung auf einen Kern hin, in dem ein psychologischer Zusammenhang sichtbar wird. – »Die Lehre ist befolgt, doch gleichzeitig überall durchstoßen. Antlitze werden sichtbar, Stoffe leuchten auf, Wendungen, Regungen erscheinen, Spannungen, Gegensätze werden lebendig, wie sie Lastmanns sicherer Zusammenschluß nicht kennt. Nahe, heftig, leidenschaftlich erfaßt, wie nie zuvor.«[47]

Der beste Vergleich zwischen Rembrandt und Lastmann bietet sich in zwei Bildern, in denen die Maler gleiche Themen behandelten: *»Der Prophet Bileam und die Eselin«*, Rembrandts Bild von 1626 *(Paris, Mus. Cognacq-Jay)*, Lastmanns Bild von 1622 *(Privatbesitz)*. »Doch ist wiederum Lastmanns ausgleichender Aufbau nicht befolgt. Er hatte die beiden Hauptpersonen in der Fläche einander entgegengesetzt, den Titelhelden etwas mehr in die Mitte, den Engel auf seinen Wolken rechts daneben, doch in dieser Stellung begründet durch die Biegung des Weges, auf dem er ihm entgegentritt, zwischen ihnen noch die Personen des Mittel- und Hintergrundes. Breit entfaltet wie diese Komposition sind auch die einzelnen Figuren. Der Esel erscheint zwischen den beiden Beinen des Reiters und vor seinem auswehendem Mantel. Der Engel schlägt von vorn, sein weites Gewand wallt breit auseinander, die freie Hand ist davon reliefhaft wie von einer knorpelig-welligen Muschel hinterlegt. Die Nebengruppen sind je in einer Schicht zusammengefaßt dieser sachlichen Erzählung eingepaßt. Rembrandt reißt alles zusammen. Bedenkenlos schiebt er das Ganze ins Hochformat. Der Hinterkörper des Esels, der rückwärtige Fuß des Propheten verschwinden, die Nebengruppen werden unmittelbar herangezogen und mit aufgetürmt. Jetzt steht der Engel hinter Bileam, so daß sogar der szenische Bezug fragwürdig wird. Statt der antithetischen oder parataktischen Anordnung ist jetzt alles auf den Mann Gottes konzentriert. Er erscheint in der Mitte, um ihn sind seine Knaben, seine Feinde, seine Eselin mit seiner Reisetasche und so auch der Engel seines Schicksals. Von vorn, wo eine Lastmannische Pflanze wächst, geht es über die jetzt hintereinander aufgebauten Personen zurück bis zu dem Felsblock des Gebirges. Die Dinge foliieren sich nicht gegenseitig, sondern schneiden scharf in verschiedenen Schichten ineinander. Heftige Linien und Winkel kreuzen sich ...

Der Engel ist bekanntlich nach einer Modellgruppe gemalt, die Gesichter der Fürsten verächtlich oder wütend bewegt. Und gegenüber den aufgerissenen Augen Bileams bei Lastmann (wie sie ja in jeder klassizistischen Kunst von Raffael und Carracci bis Rubens, Poussin und David wiederkehren), ist das Antlitz des Verblendeten bei Rembrandt in wütendem Ingrimm verzerrt, die Augen verdüstert und die Zähne entblößt. So entsteht die Verdichtung auf das Geschehen um den Verblendeten und in ihm ... Von Rembrandts Werk her erscheint sein Bild (Lastmanns, Anm. d. Verf.) schon als theatralisch, äußerlich, pointenlos, ja bloße Widergabe des Textes, statt eines erregenden menschlichen Gehaltes.«[48]

Um das Verhältnis des Rembrandt'schen Bildes zur biblischen Schrift, d. h. allgemeiner des Bildes zu seinem Thema, zu überblicken, mag es gut sein, die Bibelstelle mit der Geschichte Bileams nachzulesen (Moses IV, 22): Bileam, ein Wahrsager, wird vom König in Moab aufgefordert zu kommen und die Israeliten zu verfluchen. Der Herr erscheint nachts Bileam und verbietet es ihm. Er weigert sich. Der König schickt noch einmal nach ihm. Er weigert sich wieder. Dann aber sagt ihm in der Nacht der Herr, er sollte mitziehen. – »Des Morgens stunde Balaam auf, und sattelte seine Eselin und reisete mit ihnen. Und Gott war zornig und der Engel des Herrn stunde im Wege gegen Balaam, der auf der Eselin saß, und hatte zwei Diener bei sich. Und der Herr thäte der Eselin den Mund auf, und sie sprach: Was hab ich dir getan? Warum schlägst du mich nun zum drittenmal. Balaam antwortete: Darum du es verdient hast, und hast deinen Spott mit mir getrieben. Wollte Gott, daß ich ein Schwert hätte, damit ich dich erwürgen möge. Die Eselin sprach: Bin ich nicht dein Tier, darauf du bis auf den heutigen Tag gewohnt bist zu reiten? Sag an, habe ich Dir jemals dergleichen getan? Er aber sprach niemals. Da eröffnete alsbald der Herr Balaam die Augen, und er sah den Engel mit einem bloßen Schwert im Wege stehen, und er betete ihn an

Pieter Lastmann,
»Die Niederlage
des Maxentius an
der Milvischen Brücke«,
1613, 161 × 170 cm.
Bremen, Kunsthalle

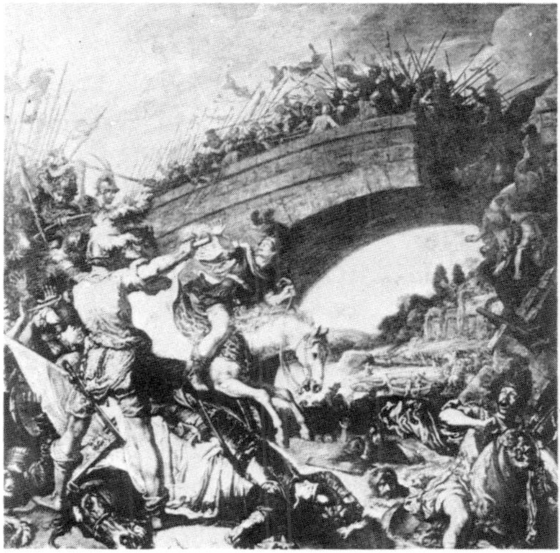

sich neigend bis zur Erden. Und der Engel sprach zu ihm: Warum hast du zum drittenmal die Eselin geschlagen? Ich bin kommen dir zu widerstehen, denn dein Weg ist verkehrt und mir entgegen.«

Im Vergleich zum Bibeltext wird deutlich, wie dramatisch Rembrandt das Geschehen auffaßt. Alle Aktion und Teilnahme richtet sich darauf. Aber das Geschehen bewegt sich im Menschen, es findet eigentlich dort als innerer Kampf statt. Im Propheten Bileam taucht zum erstenmal bei Rembrandt das so oft vorkommende Thema des Blinden auf, diesmal als Menschen, der in seinem wütenden Zorn verblendet ist. Das Ereignis findet im Menschen statt, und daran nimmt alles teil. Im Bileambild ist es der Esel, sind es die Zuschauer und ist es nicht zuletzt der Engel, der im Gegensatz zum Lastmann'schen Bild hinter dem Propheten erscheint, also eigentlich seine zweite, befehlende Person. Dieses Ereignishafte im Menschen selbst wird das Grundthema Rembrandts bleiben; und ebenso die »Teilnahme« der Bildgegenstände. Allerdings kann dies dann auch das Licht oder die Bilddunkelheit sein oder die Einsamkeit, die teilnimmt am menschlichen Schicksal.

Eine der Grundlagen für diese Möglichkeiten ist das, was schon bei Lastmann erkennbar war und auch schon bei den Carravagi-

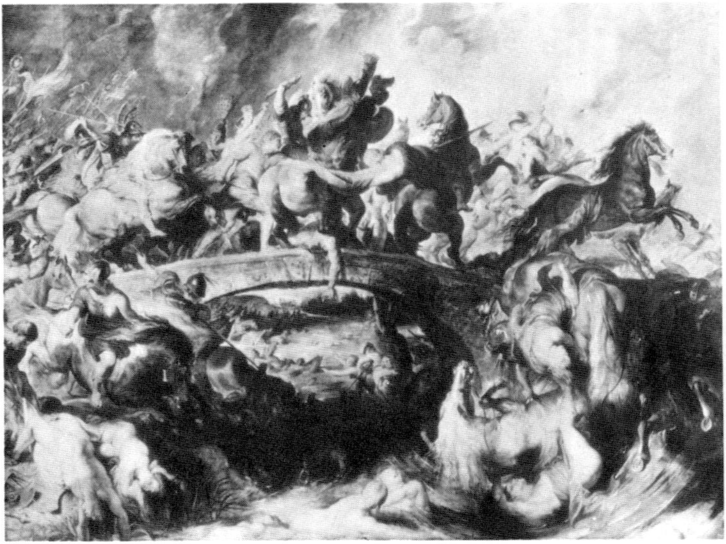

Peter Paul Rubens, »Amazonenschlacht«, ca. 1616/18, Öl/Holz, 121 × 165 cm. München, Alte Pinakothek

sten, eine »monströse Sachlichkeit«. Lastmanns *»Niederlage des Maxentius auf der milvischen Brücke« (1613, Bremen, Kunsthalle)* kann man gut mit der etwa drei Jahre später entstandenen *»Amazonenschlacht«* von Rubens vergleichen, um diese monströse Sachlichkeit zu erkennen. Bei Rubens gibt es eine Gesamtbewegung des Bildes, in der alles, aber auch alles als ein Elementares am Geschehen teilnimmt. Der Kampf spielt sich um eine Brücke ab. Eine Beschreibung (wie die von H. G. Evers) ist nur vor Rubens so möglich: »Auf der Höhe der Brücke ist die Schlacht wie in großen Strophen in den Reitern gesammelt: dem ansprengenden Krieger links, der Mittelgruppe, die wie ein Querwall vorwärtsgeschwemmt wird und an der vorüber der Kampf um die Fahne geht und dem tanzenden Roß, in dem Zwiespalt zwischen Flucht und Widerstand sich ausprägt. Endlich jenseits des eigentlichen Brückenbogens bricht alles auseinander in drei Richtungen: Zu dem hell beleuchteten wilden Kampf im Hintergrund, in die reiterlose Flucht des schwarzen Rosses in der Mitte, in den Sturz der Amazonen vorne.«[49] – Bei Lastmann dagegen folgt die Bildgesamtbewegung nicht mehr dem Geschehen, die Akteure haben vielmehr einen vorgegebenen Schauplatz (theatralischer Art) besetzt, die Handlung wird von diesen Menschen getragen und zwar in ihrer eigenen dramatischen Aktion, zornig, schmerzbewegt, schreiend, stumm. Ein ganz anderer »Wirklichkeitssinn« (um dieses vor den holländischen Malern so abgenutzte Wort zu benutzen) macht die Aktion im menschlichen Reflex sichtbar

Rembrandts *»Der alte Tobias« (1626, Amsterdam, Rijksmus.)*, veranschaulicht das Elend des blinden alten Mannes mit den Lastmann'schen Mitteln der theatralischen Dramatik und des theatralischen Aufputzes und bringt damit Elemente des Historienbildes in das »kleine« Bild mit wenig Akteuren. Hier zeigt Rembrandt gleichsam einen Ausschnitt aus größeren Ensembles, wie er sie 1627 im *»David mit dem Haupt des Goliath vor Saul« (Basel, Kunstsammlung)* oder dem *»Raub der Proserpina« (ca. 1632, Ber-*

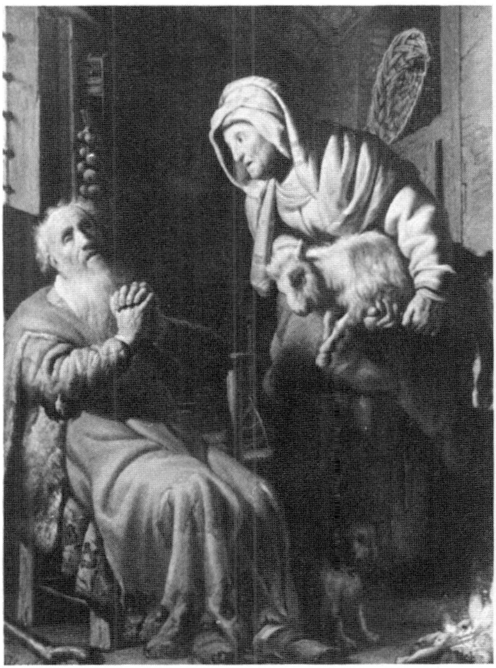

Rembrandt, »Der alte Tobias beschuldigt Anna, das Zicklein gestohlen zu haben«, 1626, Öl/Holz, 39 × 30 cm. Amsterdam, Rijksmuseum

lin-West, Gemäldegal.) malte. Jedesmal ist die Reduktion auf das Wesentliche einer Begegnung, des Erlebens im Schmerz oder der Freude, der Überraschung und des Wunders im Schauplatz Mensch konzentriert.

Sehr bezeichnend ist das Bild der *»Fußoperation« (1628, Zürich, Priv.slg.)*. Beliebt wie das Thema des Zähneziehens (z. B. Honthorsts Bild in Dresden), ist es ein Bild aus dem Bereich der Fünfsinnedarstellungen, des »Gefühls«. Das Allgemeine einer Allegorie findet hier eine Form in der besonderen menschlichen Haltung im Schmerz. Die Banalität des Hühneraugenschneidens wird »tiefgründig«. Besonders oft wurden diese Themen von den Malern der Utrechter Schule gemalt: Honthorst, Terbrugghen, Baburen. Was aber typisch für Rembrandt ist, ist wie das vor sich geht. In äußerster, stummer, konzentrierter Wut und Beherrschung hat der Geschundene die Augen zusammengekniffen und die

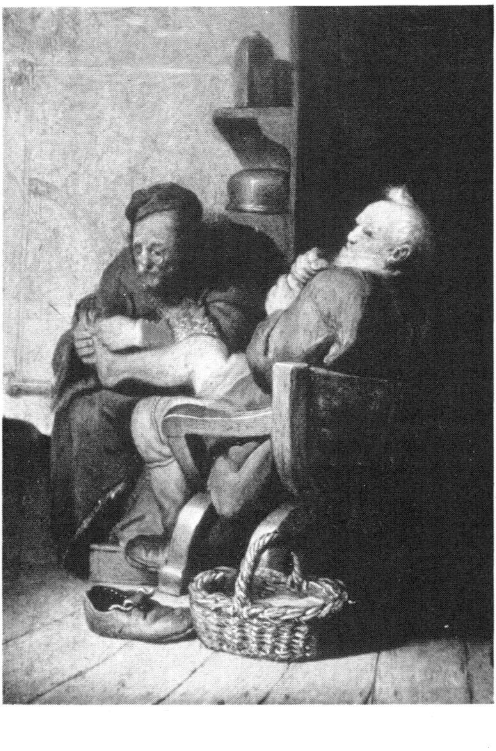

Rembrandt,
»Die Fußoperation«,
1628, Öl/Holz,
31 × 24 cm.
Zürich,
Privatsammlung Escher

Rembrandt,
»Christus am Kreuz«,
1631, 100 × 73 cm.
Le Mas d'Agenais,
Frankreich, Pfarrkirche

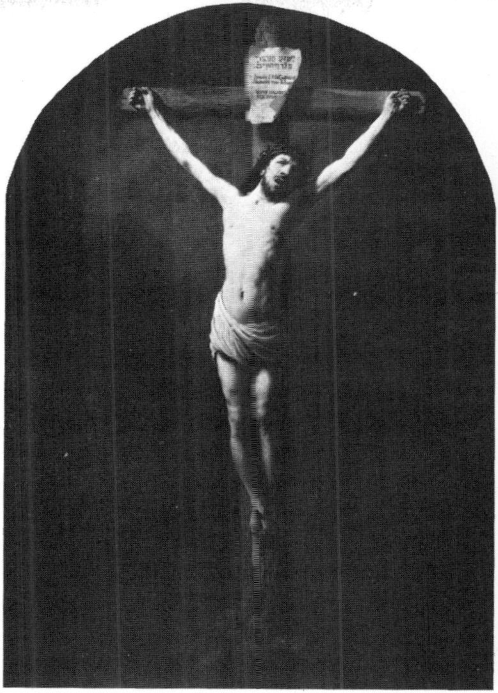

Hände vor der Brust geballt, während der Operateur ebenso konzentriert durch seine Brille auf die Zehen blickt. – Wenn A. Riegl von der immer wieder im Holländischen anzutreffenden »Aufmerksamkeit« schrieb, so beobachtete er damit im Bereich der Bildgegenstände die Darstellung des auf etwas konzentrierten Menschen. Hier beim frühen Rembrandt ist sie wie bei keinem anderen Maler und auf eigene Weise da: Die Bildform entspricht dem, die kahlen Räume, von der Unheimlichkeit eines nicht auslotbaren abgedunkelten Bildgrundes, konzentrieren auf das Ereignis, und dieses wiederum erscheint im Licht, das als Mittel der Konzentration die Vorgänge im Menschen sichtbar macht.

Als Rembrandt von Leiden nach Amsterdam übersiedelte, war er bereits berühmt. Auf seinen Stil bezogen bedeutet der Umzug keine durchgehende Zäsur, aber eine Weiterung des Horizontes und des Bewegungsraumes seines Schaffens wird sehr deutlich, wenn man den neuen großen Auftrag des Passionszyklus betrachtet, von dem sich heute fünf Bilder in der Alten Pinakothek in München befinden. Die Passionsbilder sind ein bedeutendes Dokument in Rembrandts Schaffen in den dreißiger Jahren des 17. Jahrhunderts. Die Serie befand sich ursprünglich im Besitz des 1647 verstorbenen Prinzen Friedrich Heinrich von Oranien, Statthalter der Niederlande, und wird noch in einem 1667 entstandenen Inventar des Palais Noordeinde im Haag aufgeführt. Aus Briefen Rembrandts aus den Jahren 1636 und 1639 an Constantijn Huygens, den Sekretär des Statthalters, geht hervor, daß Rembrandt die *»Himmelfahrt«*, die *»Grablegung«* und die *»Auferstehung«* in dieser Zeit ablieferte. Die sieben Briefe sind die einzigen von Rembrandt, die uns noch erhalten sind. Ein neu bekannt gewordenes Gemälde Rembrandts in der Kirche von Le Mas d'Agenais mit *»Christus am Kreuz«* ist auf 1631 datiert. Es hat das gleiche Format und die gleiche Figurenproportion sowie den Rundbogenabschluß der Münchner Bilder. Möglicherweise sahen der Statthalter oder Huygens die *»Kreuzaufrichtung«* und *»Kreuzabnahme«* bei Rembrandt, erwarben diese und gaben den Auftrag, mit den Themen der *»Grablegung«*, *»Auferstehung« und »Himmelfahrt«* einen Zyklus zu komplettieren. Mit der Grablegung schickte Rembrandt einen Brief an Huygens: »In diesen beiden (Bildern) habe ich die größte und natürlichste Beweglichkeit beachtet, was auch der Grund ist, daß ich dieselben solange in Arbeit gehabt habe.« Mit »die meeste ende die naetuereelste beweechgelickheijt« dürfte Rembrandt die Darstellung von »innerer Erregung« meinen, wie sie sich im Kruzifix von Le Mas d'Agenais ausdrückt. Auf dem Dunkelgrund, in den die Kreuzesenden geradezu eintauchen, erscheint in beängstigend deutlichem Licht Christus. Dadurch, daß das Kreuz, fast symmetrisch im Bild stehend, in diesem Dunkelgrund mehr die Achsen im Martyriumsbild als dessen Gerät darstellt, entsteht der Eindruck der absoluten Konzentration auf den Körper Christi, der, da im Hängen auch dessen Gewichte gesunken sind, sich gepeinigt gegen das Licht verwölbt. Der schreckliche Eindruck der Marterung entsteht durch die Reduktion allen Beiwerkes. Christus ist wirklich angeheftet, unfähig die Qual in einer anderen Bewegung als der der Gesichtszüge zu zeigen. »Natürlich« – und damit sind wir bei

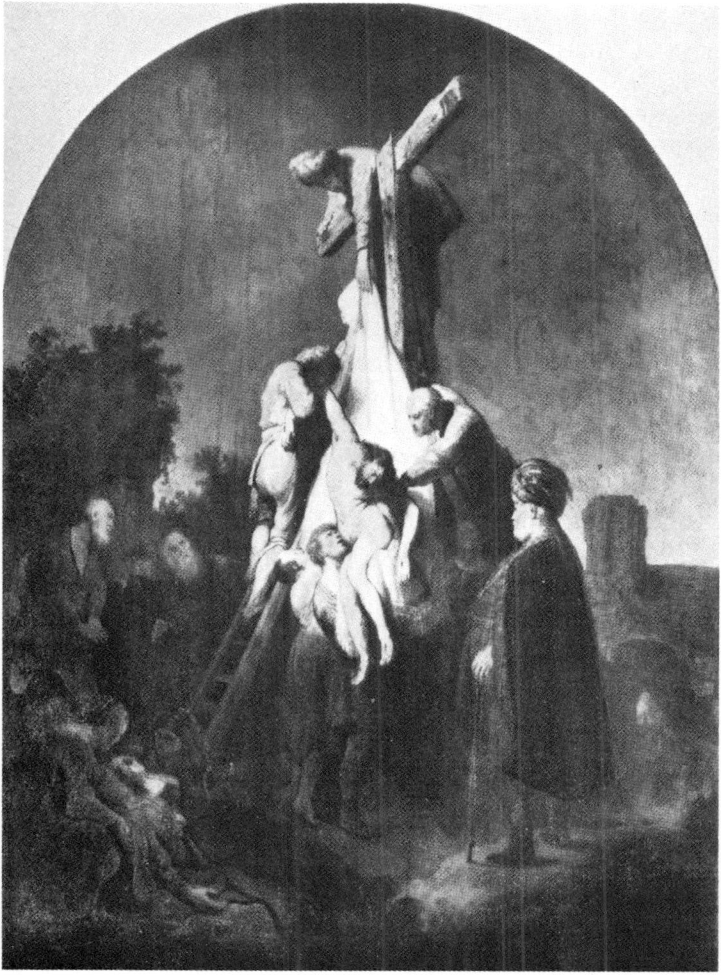

Rembrandt, »Die Kreuzabnahme«, Öl/Holz, 89 × 65 cm. München, Alte Pinakothek

einem Spezifikum Rembrandts – ist nicht die barocke Pathosgeste des Leidens, sondern die Bewegung, die ein Körper im Schmerz erfährt, einem Schmerz, der geradezu in der Bewegungslosigkeit entsteht und an der Oberfläche seinen Ausdruck findet, im röchelnden Schreien, den überdehnten Muskeln, dem gequollenen hängenden Bauch. Die Spannung zwischen einer unbewegt festen Bildordnung und dem gefesselten Ausdruck bestimmt wesentlich das Bild.

Ein Vergleich mit Rubens bietet sich an, zumal Rembrandt von ihm beeinflußt wurde, wie sich bei der *»Kreuzabnahme«*, die gegen 1633 entstand, im Vergleich mit dem Stich nach dem Rubens'schen Antwerpener Bild (1611–14) zeigt. Rembrandt hat dieses von L. Forsterman 1620 gestochene Blatt sicherlich gekannt, denn er fertigte 1633 noch eine Radierung, die dasselbe Thema mit gewissen Übereinstimmungen bringt. Die Unterschiede sind folgende: Beidemale haben die Helfer den Leichnam losgemacht und fangen die gleitende Last des Toten in einem Tuch auf. Während bei Rubens dies ein Anlaß einer dramatisch geführten Diagonalbewegung ist, in der alles anschaulich »ineinandergreift« und die Gestalt Christi gerade in der Totenblässe zur Klage um den toten Heros aufruft, ist bei Rembrandt ein aufgedunsener, häßlicher Leichnam mit baumelnden Beinen und gefallenem Kopf, so, wie man ihn mühsam auffängt, im Licht erhellt.

Bei Rubens ist das Ereignishafte wesentliches Element. Bei Rembrandt wird, eben durch die Rückgriffe auf Rubens, die andere Auffassung von Ereignis deutlich. Auffallend ist, daß bei ihm das Bild nicht wie bei Rubens, oder kaum so, in der Komposition die Bewegung des Geschehens leistet, die Bewegung ist in der Zeitdimension reduziert. Ohne daß ein Moment dargestellt wäre, leuchtet Reflexlicht aus einer nicht sichtbaren Quelle da auf, wo Christi Leichnam im Tuch von den Männern im Herablassen gehalten wird. Halten und Zuschauen, Betroffensein vom Vorgang, das sind die Bewegungen: Das Festgehaltene, das Innehalten, die Anteilnahme am Vorgang sind das eigentliche Ereignis. Die »natürliche Bewegtheit« ist der Ausdruck des Handelnden. Hier ist es ein Leichnam und sind es die, die bei der Kreuzabnahme Zeugen sind. Sie sind ohnmächtig im Schmerz hingesunken oder stehen unbewegt dabei, sie glotzen oder sind ergriffen. Eine Skala von im Deutschen (oder auch Holländischen) in der Bedeutung mehrschichtigen Wörter kann hier gebraucht werden: Bewegt

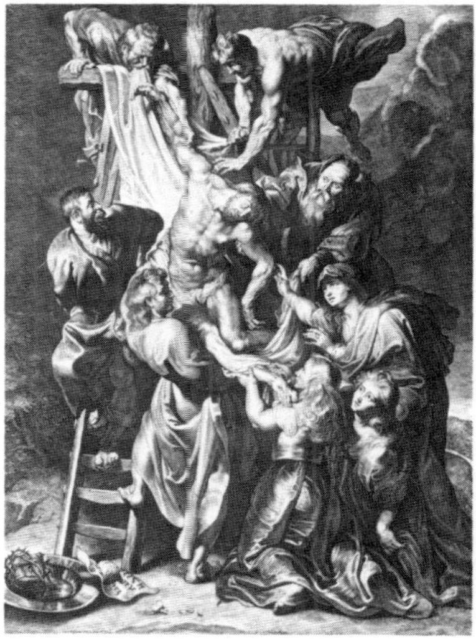

L. Vorsterman
nach Peter Paul Rubens,
»Die Kreuzabnahme«,
1620, Kupferstich. Amsterdam,
Rijksprintenkabinet

sein, Teilnehmen, Betroffen sein etc. In diesen Bereichen entwikkelt sich Rembrandts Bild.

Die Schwäche dieses »Systems« (sit venia verbo) zeigt sich da, wo es um ein in der barocken Malerei ansonsten sehr Wichtiges geht: die Veranschaulichung der Apotheose im Bild, die Vergöttlichung durch die Himmelfahrt, dargestellt durch eine Öffnung des Himmels über der Erde. Die barocke Deckenmalerei, die in Holland bezeichnenderweise fast völlig fehlt, lebt sonst von diesem Zentralbegriff. Wenn Rembrandt die Himmelfahrt Christi malt, dann ist es ihm unmöglich, dieses Auffahren als wundersame Bewegung darzustellen. Christus steht auf einer von Putti wie ein Tablett gehaltenen Wolke und hat mit ausgebreiteten Armen und erhobenem Blick eine Erscheinung von himmlischen Strahlen, die von der Geistestaube ausgehen. Ähnliches finden wir oft in seinen Bildern mit mythologischem Inhalt. Der Ausweg ist die Parodie. Wenn im *»Raub des Ganymed« (1635, Dresden, Gemäldegal.)* dieser ein plärrendes und vor Angst pissendes Kleinkind ist, das ein Adler wie ein geraubtes Kitz hochschleppt, ist das eine Möglichkeit im Ausweg vor der Apotheose. Bezeichnend ist, daß, wenngleich in einer Karikatur, die Wirkung der Apotheose gezeigt wird in dem Ausdruck der Angst, der »natürlichen Bewegtheit«.

Nicht zufällig ist in der Zeit der Entstehung der Passion Christi, die noch vor der Übersiedlung nach Amsterdam begonnen wurde, das Bild der *»Anatomischen Vorlesung des Dr. Nicolaes Tulp« (1632, Den Haag, Mauritshuis)* entstanden.

Das Sezieren eines Leichnams vor den Zuschauern der Ärztegilde von Amsterdam ist das Thema, die Bildform ist die eines Gruppenporträts. Der Leichnam unter dem Skalpell erinnert an die Darstellung des leidenden und toten Christus im Passionszyklus. Ein Einblick in die Geschichte der Anatomie und der damit zusammenhängenden ikonographischen Tradition erleichert das Verständnis. Da in Antike und Mittelalter das Sezieren von Menschen aus religiösen Gründen weitgehend unbekannt war, waren anatomische Lehren wie die des Herophilos (ca. 300 v. Chr.) und die des Galen (geb. 131 n. Chr.) meistens hypothetischer Natur. Das erste neuere anatomische Lehrbuch des Bologneser Professors Mondino de Luzzi entstand, nachdem er 1306 und 1315 zwei menschliche Leichname öffentlich seziert hatte. Später gab es sog. Anatomische Theater, die Vorläufer heutiger medizinischer Hörsäle. In Padua steht noch eines, 1591 errichtet und bis zum 19. Jahrhundert benutzt. So stammt die amphitheatralische Form der modernen Universitätshörsäle von der Anatomie ab, die wiederum auf das antike Theater zurückgriff. Öffentliche Anatomien waren seltene Festlichkeiten, wie es im übrigen auch Hinrichtungen waren. Durch empirische Forschungen gelangen im 16. Jahrhundert entscheidende Korrekturen der antiken Anatomielehre. Hervorragend war dabei Andreas Vesalius, geb. 1514 in Brüssel, Professor der Chirurgie in Padua, dann Leibarzt von Kaiser Karl V. und König Philipp II. von Spanien. Vesalius kann als Begründer der modernen Anatomie und des morphologischen Denkens in dieser Wissenschaft gelten. 1543 erschien sein Werk »De humani corporis fabrica« mit den Holzschnitten des Stephan von Kalkar (s. S. 52). Rembrandt kannte dieses Buch; Dr. Tulp war ein Enkelschüler des Vesalius. Die Muskeln aus dem Arm des Leichnams in Rembrandts Bild folgen einer Abbildung im Anatomiewerk des Adriaen van den Spiegel.

Wie Stephan von Kalkar Vesalius beim Sezieren porträtiert hatte, so ließ auch Dr. Tulp sich bei dieser Beschäftigung malen, und

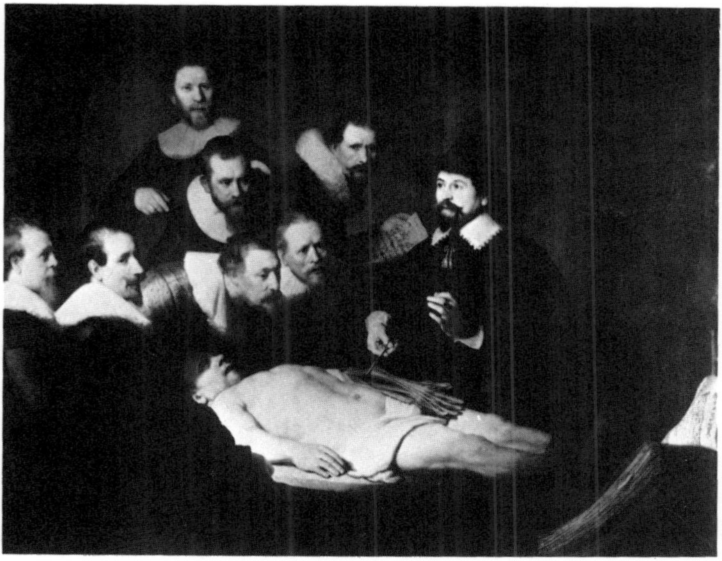

Rembrandt, »Die Anatomische Vorlesung des Dr. Nicolaes Tulp«, 1632, 169 × 216 cm. Amsterdam, Rijksmuseum

durch das Bildschema wird bewußt auf Vesalius hingewiesen. Dieses Schema, in dem Zuschauer um einen Liegenden stehen, finden wir schon bei Marterszenen, z. B. auf Stephan Lochners *»Martyrium des Hl. Bartholomäus« (um 1430, Frankfurt, Städel.).* Der Foliant rechts in der *»Anatomie des Dr. Tulp«* ist wohl ein Handbuch der Anatomie, die Theorie wird an der Praxis kontrolliert: einige Zuschauer betrachten interessiert die für uns unsichtbare Abbildung im Buch.

Aus dem Jahre 1632 wird nur von einer einzigen Sektion berichtet, der des gehenkten Aris Kindt. – Die Teilnehmer an der Anatomie sind namentlich bekannt, sie stehen auf einem Blatt, das einer von ihnen hält.[50]

Vorbilder von Gruppenbildnissen als Anatomiebilder gab es bereits, u.a. ein Bild von Thomas de Keyser aus dem Jahre 1619 mit der *»Anatomischen Vorlesung des Dr. Sebastian Egbertsz. (Am-*

sterdam, Histor. Mus.). Während aber auf diesem die einzelnen Personen des Gruppenbildes nach der Art früherer Haarlemer Beispiele in zwei Reihen gestaffelt eine Sammlung von Porträts um ein in der Mitte stehendes, menschliches Gerippe sind, an dem der Dozent etwas zeigt, läßt sich Rembrandts Bild mit der Darstellung der *»St. Adriansgilde«* von Frans Hals *(1633*, s. S. 144*)* eher vergleichen. Bei Hals und Rembrandt sind die Porträts individuell gestaltet und gleichzeitig in einen kausalen Handlungskonnex einbezogen. Es ist ein besonderes Geschehen aus der Porträtsammlung geworden, ein Geschehen allerdings, das nicht mit dem Moment einer Aktion verwechselt werden darf, es ist Geschehen in dem Sinn, daß etwas Besonderes in seiner Bildwürdigkeit und Bildwerdung sichtbar wird. Das Neue bei diesem frühen Gemälde Rembrandts ist die »konkave« Anlage des Bildes, dieses Zentrieren in der Helligkeit von Gegenstand und Aufmerksamkeit. Wie oft in der holländischen Malerei ist ein zunächst sakrales Thema verweltlicht. Hier ist es das Bild des toten Christus, wie wir es etwa aus Predellenbildern (Grünewalds *»Isenheimer Altar«, 1513–15*), oder von Holbein kennen. Es handelt sich hier um das Weiterleben von Religiösem in der Sphäre des Menschlichen, gerade deshalb wurde Christus bei Rembrandt zum zentralen Thema.

Die vor allem durch das Licht so in Erscheinung gebrachten Bildinhalte, die Teilnehmer und der Leichnam wurden oft als herzlos und kühl geschildert empfunden. Fromentin schreibt: »Der allgemeine Ton ist weder kalt noch warm; er ist gelblich. Die Ausführung ist dünn und hat nur wenig Feuer. Die Wirkung ist trefflich, ohne stark zu sein, und nirgends in den Stoffen, im Hintergrund und in der Atmosphäre, in welcher der Vorgang hineingestellt ist, sind Arbeit oder Ton besonders reich. Was den Leichnam betrifft, so ist man allgemein der Überzeugung, daß er aufgetrieben, schwach konstituiert und schlecht studiert ist. Diesem Vorwurf muß ich noch zwei weitere schwere hinzufügen: erstens, daß dieser Leichnam, abgesehen von seiner weichen Blässe und seinen sozusagen eingeweichten Geweben, keinen Toten darstellt; er hat weder die Schönheit dazu, noch die Häßlichkeit, noch die charakteristischen zufälligen Eigenschaften, noch die schrecklichen Akzente; er ist mit gleichgültigem Auge gesehen und mit zerstreuter Seele betrachtet worden. – Zweitens – und dieser Fehler geht aus dem ersten hervor – ist dieser Leichnam, worüber man sich nicht täuschen möge, einfach nur die Wirkung bleichen Lichtes in einem schwarzen Gemälde. Und, wie ich später gelegentlich erklären will, sollte diese Vorliebe für das Licht an sich, das er unabhängig vom belichteten Gegenstand anwendet, während seine ganzen Lebens Rembrandt, je nachdem, die vorzüglichsten oder schlechtesten Dienste erweisen.«[51] Kehrt man Fromentins Kritik ins Positive um, so erhält man einen recht präzisen Überblick über die Stilmittel: Die Farbe als Mittel zur Darstellung der unerbitterlichen, irdischen Wirklichkeit; das Licht als selbständigen Wert, nicht logisch geführt und deshalb umso zentrierender; die Häßlichkeit als Wirklichkeit; und die psychologische Kühle als Aufmerksamkeit.

Vom Jahre 1632 an besitzen wir aus jedem Jahrzehnt ein Gruppenporträt Rembrandts. 1642 malte er die *»Nachtwache« (Amsterdam, Rijksmus.)*, deren heutiger Titel, er ist nachweislich falsch, aus dem frühen 19. Jahrhundert stammt. In einem Skizzenbuch des Hauptmanns Banningh Cocq, in dem sich auch eine Nachzeichnung befindet, heißt es: »Skizze des Gemäldes im Saal des Schützenhauses, worin der junge Herr von Purmerland als Kapitän seinem Leutnant, dem Herrn von Vlaerdingen, befiehlt, seine Bürgerkompanie ausrücken zu lassen.« Das heute zu sehende Bild ist im Vergleich zur Skizze später beschnitten worden. Oben und unten fielen etwa 22 cm fort, links rund 64 cm und rechts etwa 10 cm, wodurch die Komposition jetzt erheblich enger wirkt und die beiden Offiziere sich bereits in der Mitte befinden, statt sich dieser zu nähern. Das Bild wirkte ursprünglich wohl weniger »ausschnitthaft«, wodurch die Bewegung reduziert war. Dargestellt ist die Kompagnie des Kapitäns Frans Banningh Cocq (1605–1655). Neben ihm sind sechzehn Schützen auf einem (nachträglich gemalten) Schild verzeichnet: Frans Banningh Cocq, heer van Purmerlant en Ilpendam, Capiteijn Willem van Ruytenburck van Vlaardingen, heer van Vlaerdingen Luitenant, Jan Visscher Cornelisen vaendrich, Rombouts Kemp Sergeant, Reinier Engelen Sergeant, Barent Harmansen, Jan Adriaensen Keijser, Elbert Clasen Leijdeckers,

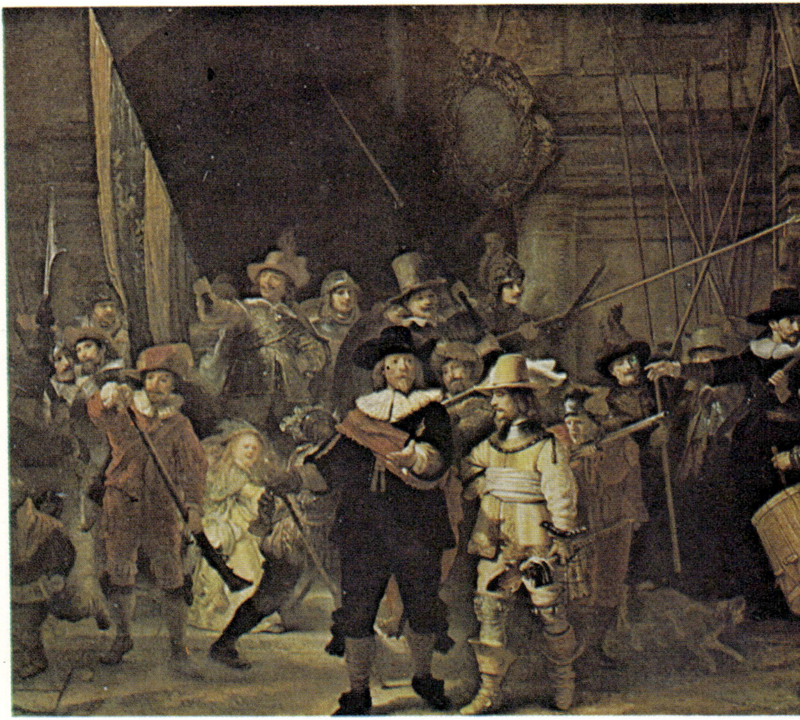

Rembrandt, »Die sogen. Nachtwache«, 1642, 363 × 437 cm. Amsterdam, Rijksmuseum

Jan Ockersen, Jan Pietersen Bronckhorst, Harman Jacobson Wormskerck, Jacob Dircksen de Roy, Jan van der Heede, Wallich Schellingwov, Jan Brugman, Claes van Cruysbergen, Paulus Schoonhoven.

Eine trockene Aufzählung der Porträtierten ist angetan, um deutlich zu machen, daß es sich bei diesem Bild um ein Doelenstück, also um ein Gruppenporträt handelt. In einem wesentlichen Punkt jedoch unterscheidet sich dieses Bild von der Tradition und auch von Schützenstücken des Frans Hals, obwohl dieser als Vorläufer anzusehen ist. Die Gruppe ist nicht eine Ansammlung von gleichwertigen Bildnissen in der schon beschriebenen Spannung von Individuellem und der Dynamik der Gruppe, sondern die »Erscheinung« einer Gruppe. Darunter ist zu verstehen, daß eine bestimmte Aktion das Statische des Gruppenbildes aufgehoben hat. Mit Kindern, Trommel, einem Zwerg und einem Hund bricht eine Schar von Schützen hinter dem Kapitän und seinem Leutnant auf. Gewehre werden geladen, Lanzen angelegt und eine Fahne geschwenkt. Den planparallelen Hintergrund bildet eine Fassade, deren Toreinfahrt, etwas nach links verschoben, mit einer Segmenttonne gedeckt und an den Ecken mit Säulen besetzt ist. Über einem Gesims wird noch ein Fenster sichtbar.

Das 1975 durch ein Attentat schwer beschädigte Gemälde wurde in den darauffolgenden neun Monaten restauriert, wobei zum ersten Mal auch die älteste, stark nachgedunkelte, braun-gelbliche Firnisschicht entfernt wurde. Ferner wurde das alte Leinen auf einen neuen Träger geklebt. Das Resultat der Restaurierung ist überraschend: viel heller als vorher kam das Gemälde »ans Licht«. Zwar wurde aus einem vermeintlichen Nachtstück keine »Tagwache«, aber es wurde durch die Aufhellung und Freilegung von bislang unsichtbaren Farbwerten sichtbar, daß solche Festlegungen auf eine konkrete Tageszeit nicht möglich sind und wir vielmehr eine für Rembrandt auch sonst eigene Lichtbehandlung vor uns haben. Wie im Licht, so ist aber auch – und hier bietet die Literatur einen ganzen Katalog von Mißverständnissen – die Aktionssituation keine solche, wie sie meistens beschrieben wird. Rembrandts »Nachtwache« ist ein innerliches Bild: Wir erleben, daß ein Bild Bildtypen zu einer Einheit vereinigt. Das Bild stellt keine expansive Aktion dar, es läßt vielmehr »Bildliches« erscheinen. Man kann das beweisen: Den Waffenhalter kennen wir auch als *»Alexander d. Große« (1655, Glasgow)*, einen anderen Akteur als etwa den *»Mann mit dem Goldhelm« (Berlin-West, Gemäldegal.)*; die Reihe ließe sich verlängern. Bilder sind hier in ein Bild eingegangen, und die Innerlichkeit besteht darin, daß vor allem Bilderscheinungen im Bild vermittelt werden, Menschliches für das Bild innehält: im Reden, Zeigen, Gehen, Handeln, Zuhören, Fühlen, Hören.

Zwei Elemente scheinen für die Bildauffassung Rembrandts nicht unwesentlich gewesen zu sein: Der festliche Einzug der Maria de Medici in Amsterdam und die Ausstattung der Schauspiele im Theater seiner Zeit.

Beim festlichen Einzug der Maria de Medici in Amsterdam im Jahre 1638, in Buchform bildlich und in einer Beschreibung festgehalten, bildeten die festlich gekleideten Schützen Spalier oder ritten zur Begrüßung voraus. Die Stadt war stolz darauf, die »Mutter dreier Könige« empfangen zu können. Anläßlich dieses Ereignisses schrieb Barlaens sein Stück »Medicea Hospes«. Daß die Feierlichkeiten nachträglich die Bildform des Schützenporträts beeinflußten, wird deutlich, wenn man sich überlegt, daß die Schützen sich normalerweise bei einem Banquet porträtieren ließen. Alle Schützenstücke im Hauptquartier mit seinem neuen Festsaal folgen als Darstellungen eines festlichen Auftrittes einem verbindlichen Schema. Die Bilder von Govaert Flinck, Jacob Backer und Bartholomeus van der Helst sind dabei Rembrandts »Nachtwache« zu vergleichen. Auch auf diesem Bild ist die Kleidung der Doelen nicht die einer Übung, sondern die eines festlichen Zeremoniells, sei es einer Festversammlung, eines Einzuges oder für ein Bild. – Des weiteren ist der Einfluß des Theaters zu vermuten. 1638 könnte Rembrandt, nach einer Vermutung von Hellinga, das Stück Joost van den Vondels »Gysbrecht van Aemstel« in seiner Uraufführung bei der Eröffnung des neuen Stadttheaters am 3. Januar gesehen haben, in einer Zeit, da auch er Personen des Stückes zeichnete und auf der Bühne »Auftritte« wie in seinem Schützenstück sah.

In Rembrandts *»Nachtwache«* ist keine momentane Situation eines nächtlichen Aufbruches oder gar ein Hervorstürmen aus einem Haus geschildert, etwas anderes ist zum Bild geworden: Das »Gruppenhafte« an sich ist zu einer Inszenierung geworden, in der alles in der Aktion des Erscheinens von Haltung, Festlichkeit, Aplomb, Bizarrerie, Drastik und Würde Bild geworden ist.

Der Rembrandtschüler Samuel van Hoogstraeten schrieb 1678 in seiner »Inleyding tot de hooghe Schole der Schilderkonst« über die Einheit des Bildes: »Rembrandt hat dies in seinem Stück im Schützenhaus sehr richtig beobachtet – nach Meinung vieler nur allzusehr – wobei er den großen Wurf seiner Phantasie für viel wichtiger erachtet als die einzelnen Bildnisse, die er zu malen

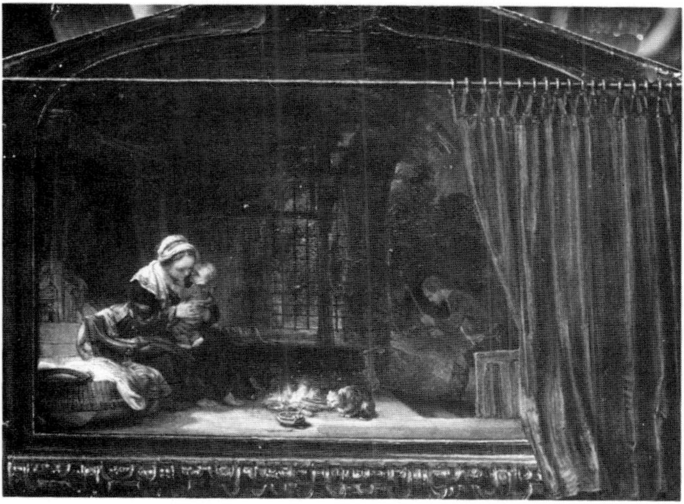

Rembrandt, »Die Hl. Familie« (mit gemaltem Rahmen und Vorhang), 1646, Öl/Holz, 46 × 69 cm. Kassel, Gemäldegalerie

hatte. Wie sehr man dies auch tadeln mag, sein Bild überflügelt doch alle anderen. So malerisch in der Erfindung, so geistreich in der Komposition und so voller Kraft ist sein Werk, daß alle anderen Bilder wie Spielkarten aussehen. Obwohl ich wünschte, daß er mehr Licht in das Bild gebracht hätte.« Es ist von »geistreich« und »Phantasie« die Rede, und daß diese Phantasie wichtiger gewesen sei als die Ordnung der Porträts. Es ist nicht die Rede von einem Vorgang, sondern von einer Bilderfindung. Und gemeint ist sicherlich die Steigerung der Drastik in der Bilderscheinung und nicht im platten Vorgang. Wie sehr diese Bilderfindung wirklich gesteigert ist, zeigen Vergleiche, etwa mit der rund ein halbes Jahrhundert älteren Darstellung der *»Schützenkompanie des Hauptmanns Dirck Jacobsz. Rosencrans«* des Cornelis Ketel *(1588, Amsterdam, Rijksmus.)* oder der *»Schützenkompanie des Hauptmanns Reynier Reael«* von Pieter Codde *(1633, Amsterdam, Rijksmus.)*.

Die Antwort auf die Frage, welche Themen Rembrandt zu welcher Zeit bevorzugte, ist nicht zuletzt eine Antwort auf die Frage nach seiner Stilwandlung. Allgemein läßt sich in den Themen bei ihm eine zunehmende Reduktion im »Historienbild« erkennen, was die Thematik und den äußeren Aufwand betrifft. In den vierziger Jahren werden die mythologischen und die Genre-Bilder selten. Das Porträt nimmt mehr und mehr einen zentralen Platz in seinem Schaffen ein, und aus der biblischen Geschichte wählte er auf bezeichnende Weise aus: In den dreißiger Jahren war vielleicht die Passion Christi ein »Leitmotiv«, in den vierziger Jahren ist es vielleicht das Bild der Heiligen Familie. Von diesem Thema sind fünf Versionen bekannt: Eine in der Alten Pinakothek in München befindliche, die vermutlich aus dem Jahre 1633 stammt (die letzte Ziffer der Jahreszahl ist nicht erkennbar) das Amsterdamer Bild von 1630/1640, das von 1640 in Paris, die auf 1645 datierte Version in Leningrad und das Bild von 1646 in Kassel. Das in Kassel befindliche Bild ist in mehrfacher Hinsicht erstaunlich. Rembrandt benutzt ein auffallend niederes Querformat (wie übrigens nicht selten). Dazu gibt er einen gemalten, architektonischen (zumindest in den seitlichen Pilastern) Rahmen und einen an Ringen und einer Stange hängenden Bildvorhang, der rechts fast ein Bilddrittel verhängt und gerade noch einen Blick in die dunkle Werkstatt Josephs freigibt. Oben ist das Bild in einem sehr flachen Korbbogen geschlossen. W. Weidlé hat einmal das sehr häufige Vorkommen dieses Korbbogens bei Rembrandt zum Anlaß zu einer Frage nach dessen Sinn gemacht.[52] Gleichzeitig hat er das Fehlen gewisser »spitzer«, also entweder agressiver, ambitionierter oder gewaltiger Formen bemerkt. Obelisken sind bei Rembrandt an der Spitze gebrochen, häufiges »Symbol« ist der Kerzenstumpf. Wenn Rembrandt einen Bogen verwendet, dann nicht mehr so oft die gespannte, ideale Form der runden Arkade, sondern eben den gedrückten Korbbogen, also gleichsam eine »demutsvolle«, humile architektonische Form.

Als Hauptthema wird in diesen Bildern das In-sich-Gekehrte des Menschen gegenständlich gemacht, die Innerlichkeit oder eine aus der Begegnung entstehende Harmonie oder das Wissen um die Wahrheit. Die *»Heimsuchung«*, die *»Heilige Familie«*, *»Christus und die Ehebrecherin«*, *»Josephs Traum«*, die *»Ruhe auf der Flucht«*, das *»Emmauswunder«*, *»Christus erscheint Maria Magdalena«*, *»Christus am Brunnen«*, das *»Gleichnis vom Verlorenen*

Sohn« und *»Der greise Simeon«* sind aus der Heilsgeschichte ausgewählt und zum Teil mehrfach gemalt. Im Bild entspricht dieser Themenwahl eine formale Harmonisierung. Die Hell-Dunkel-Spannung wird nicht mehr in dramatischer Ausschließlichkeit eingesetzt, und die Farbe entwickelt sich aus einem »Angestrahlten« zu einem Lichtträger, so daß Helligkeit im Bild als ein Resultat der Farbe und ihrer Leuchtkraft erscheint. Die Auffassung von der Gegenständlichkeit der Farbe hat sich verändert. In der Skala von Gelb zu Braun kann das Hellwerden die Strahlung von Gold erzeugen. Die Buntwerte, vor allem im Rot (Blau und Grün sind sehr selten), sind als tiefes und warmes Feuer in diese Tontiefen gelegt.

Damit sind Mittel für eine bestimmte »Stimmung« im Bild vorhanden. Diese »Stimmung« erzeugt eine Vorstellung von »Innerlichkeit«. Die »Innerlichkeit ist aber bei Rembrandt nicht minder auch ein Prinzip der Gestaltung des Raumes. Nicht nur, daß sehr oft das Innere abgeschlossener Räume dargestellt wird, die etwas vom Fensterlosen der Höhle, des Kellers, des Heiligtums oder des Zeltes haben, oder Räume, die in einem ganz besonderen Sinn Innenräume sind, wie Studierstuben, wo das Innerliche des Raumes in Beziehung zur Innerlichkeit seiner Bewohner steht und beides gleichsam dasselbe auf zwei sich durchdringenden Ebenen erscheinend ist, sondern auch der Außenraum ohne feste Grenze kann sich in Innenraum verwandeln, er kann – ›sanft eingewandet‹ (Roh) – beinahe wie ein Zimmer wirken. Ja schließlich ist aller Raum als Innenraum erfaßbar, am wunderbarsten dort, wo sich die unendliche Weite in ›Weltinnenraum‹ verwandelt. Der Innerlichkeit des Menschen entspricht in der Außenwelt gleichsam objektiv das Dämmern und das Dunkel, das den Menschen ganz natürlich von der Welt abzieht und auf sich und die Seinen verweist. Das Dämmern und Dunkel ›schafft gewissermaßen eine Schutzwehr, eine Art Heimwunder, eine Zaubergrotte‹ (Claudel). Das Dunkel, aus dem das Licht Innenräume aushöhlt, hat etwas Hüllendes und Hegendes; in der Hülle der Dämmerung kann die stille Welt zu einer Kammer werden. Und nur aus diesem Zusammenhang ist es sehend ganz zu verstehen, daß Rembrandt seine Gestalten und Vorgänge in ein Dunkel bettet, das durch äußere

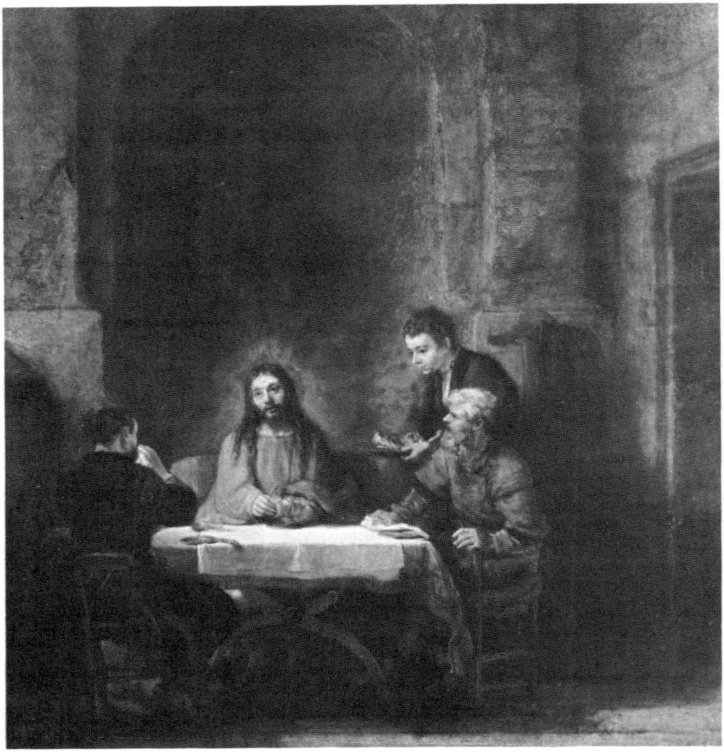

Rembrandt, »Christus in Emmaus«, 1648, Öl/Holz, 68 × 65 cm. Paris, Louvre

Gründe nicht zu motivieren ist. Diese nächtlichen Räume sind innerlich, und sie sind darüber hinaus ›innig‹, als ob alles äußere Leben sich gestillt, sich nach innen und in das Gefühl gezogen hätte.«[53]

Die *»Heilige Familie«* in Kassel und vor allem das Bild vom *»Christus in Emmaus« (1648, Paris, Louvre)* entbehrt aller Genre-Züge und -Handlungen, die der Caravaggismus und auch noch der frühe Rembrandt benutzten. Vergleicht man es mit dem *»Emmausbild«* von 1626 *(Paris, Mus. Jacquemart-André,* s. S. 118*)* so zeigen sich deutliche Wandlungen. Im mehr als zwei Jahrzehnte älteren Bild gleichen Themas löst der Vorgang des Erkennens Betroffenheit und Entsetzen aus, ist der Schauplatz ein unwirklich kahler Raum, in dem das Wunder das Unheimliche eines Eindringens des Fremd-Unbekannten in die irdische Banalität ist. Im anderen Emmausbild ist der Vorgang umgekehrt, dort bedeutet das Sichzuerkennen-geben Christi das Wunder des Heimischwerden in dieser Welt. Sie wird im milden Licht eines Wunders geradezu erlöst: Vor einer Korbbogennische sitzt Christus frontal zum Beschauer am Tisch, die Arme auf das Tischtuch gelegt, in den Händen ein Brot. Seine zum Himmel gewandten Augen zeigen die Versenktheit in das Gebet um den Abendmahlssegen, zugleich

Rembrandt, »Danae«, um 1632, 185 × 203 cm. Leningrad, Ermitage

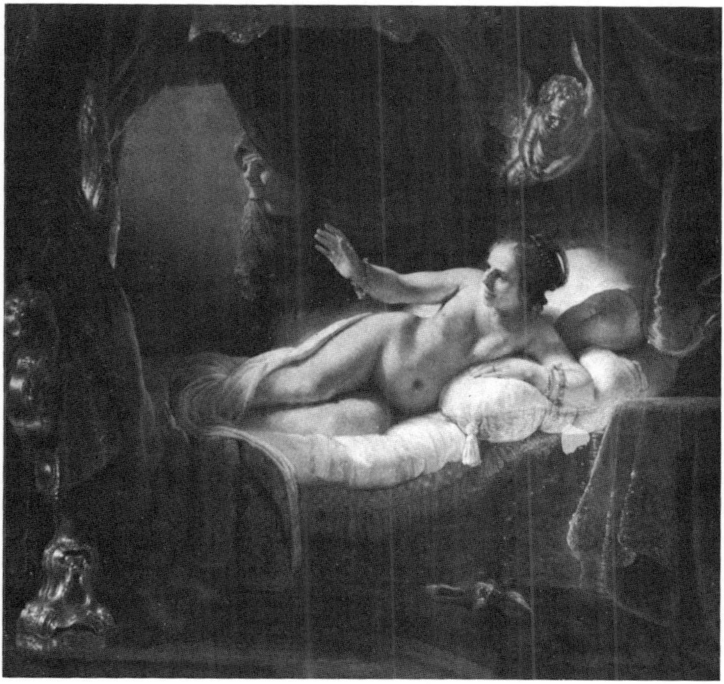

aber scheint sein Blick nach innen gerichtet, und die beiden Jünger fahren nicht mehr erschrocken auf, sondern blicken erwartungsvoll auf Christus. Dessen Nimbus scheint die natürlichste Sache der Welt zu sein. Alles ist an der Welt und an den Menschen zu messen, aber im »innerlichen« Akt der Erleuchtung und des Erkennens. Übertreibend könnte man sagen, daß aus dem gewaltigen Mittel aus Rembrandts Frühzeit, dem Licht als Aufscheinenlassen des Wesentlichen, eine Darstellung der inneren Erleuchtung geworden ist.

Die *»Danae«* (*Leningrad, Ermitage*, signiert und datiert, wobei die Jahreszahl kaum leserlich auf sechs endet, was nur 1636 bedeuten kann) ist in ihrer Namensgebung fraglich, man hat dieser Darstellung auch die Namen der Lea, Rahel, Hagar oder Venus gegeben, doch sprechen die Indizien aus der Bildtradition für die Benennung Danae. Daß Deutungsschwierigkeiten auftraten, wirft ein Licht auf Rembrandts Auffassung von der mythologischen Wirklichkeit. Zwar sind Raum und Lager theatralisch-bombastisch aufgebaut, die liegende Frau aber, geradezu in einer Höhle dieses Aufputzes ruhend, wird in konzentriertem Licht sichtbar als ein Akt, durch den letztlich alles auf eine Vermenschlichung des Mythos deutet. Das Inkarnat ist weniger das einer nackten, als das einer kleiderlosen Frau. Momentanes in der Haltung, die zwar Erwartungsgestus ist, das Gewicht des Schoßes, Falten in der Haut, die durch diese Haltung entstanden sind, das alltägliche Gesicht sagen Gleiches aus. Ein Vergleich mit einer der berühmtesten Danae-Darstellungen der italienischen Renaissance, der von Correggio, läßt deutlich werden, wie bei diesem alles, Nacktheit wie gegenständliche Würdeform zusammengehörig sind in der Einheit des Realitätsgrades. Bei Rembrandt ist ein Bruch vorhanden zwischen der Würdeform und der Erscheinung des Menschlich-Allzumenschlichen. Die wichtige Stelle dieses Bruches ist da, wo das Licht als das göttliche Prinzip im Menschen zur Erkenntnis wird, wie bei einer sakralen Wunderdarstellung Rembrandts, hier aber zu einer sinnlichen Erfahrung. Das Aufeinandertreffen von Licht und menschlicher Körperlichkeit wird auf eine ganz eigene Weise zu einem Sinnlichen. Das Licht ist dabei die Vergegenständlichung des Gottes und seines Wunders.

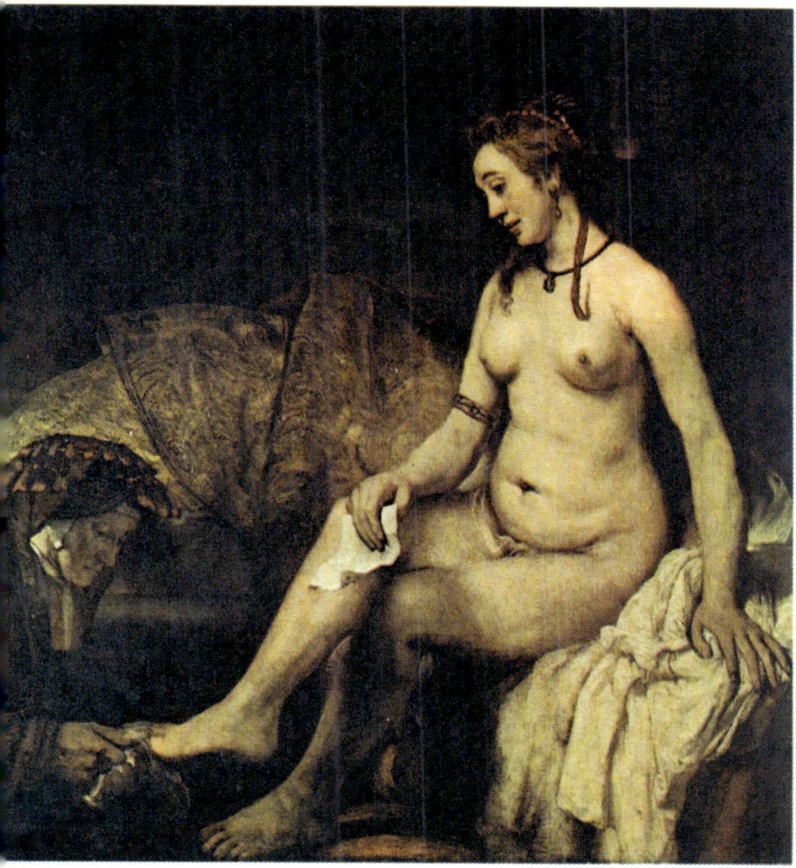

Rembrandt, »Bathseba bei der Toilette«, 1654, 142 × 142 cm. Paris, Louvre

Noch einmal, 1654, malte Rembrandt in der *»Bathseba bei der Toilette« (Paris, Louvre)* einen Akt von vergleichbarer Bedeutung. Nackt sitzt Bathseba auf ihrem Bett, und während eine alte Dienerin sich als Pediküre betätigt, hat Bathseba nachdenklich den Liebesbrief Davids in der Hand sinken lassen. Dieses Versunkensein in dem Zeitmoment, da die sinnliche Ausstrahlung am stärk-

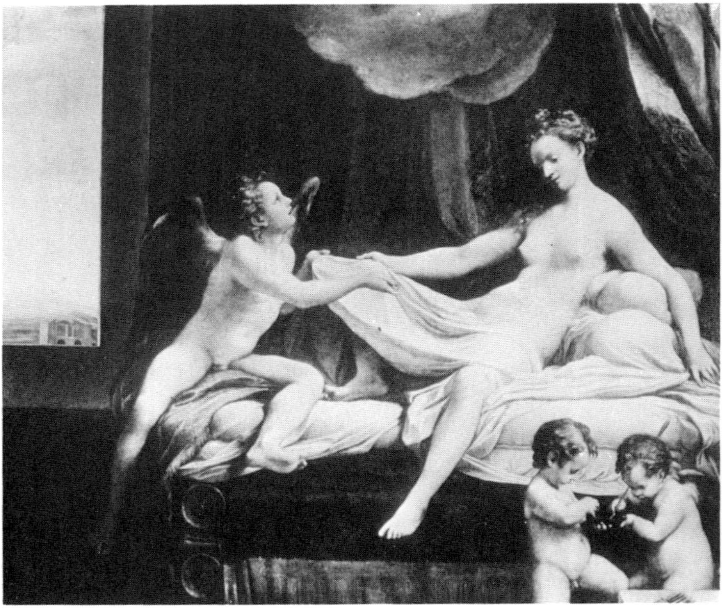

Correggio, »Danae«, 161 × 193 cm. Rom, Galleria Borghese

sten ist, ist ebenfalls eine Art von Bruch im Thema. Das Sinnliche wird gehemmt und damit »verinnerlicht«.

In einer, vor allem jetzt im Porträt sichtbaren Verbindung von poröser Farbigkeit in den Fleischtönen mit dem Licht wird die Erscheinung des Menschen trotz ihrer banalen »Oberflächlichkeit« zu einem ästhetischen Wert in diesem Aufleuchten, das jetzt nicht mehr so sehr ein Getroffensein vom Licht ist, sondern wie ein Durchbruch des Lichts durch die poröse Oberfläche von innen her erscheint.

Der *»Mann mit dem Goldhelm« (Berlin-West, Gemäldegal.)* dürfte um 1650 entstanden sein. Der Renaissancehelm – in greifbarem, pastosem Relief aufleuchtend – war für Rembrandts Zeit ein Vergangenheitsrequisit; gemalt ist kein zeitgenössischer Krieger, es dürfte sich um eine Darstellung des Mars nach dem Schweigen der Waffen handeln. Der außergewöhnliche Helm, martialisch strahlend, erinnert an den Krieg und steht im Kontrast zu der düsteren Ruhe des unkriegerischen Männerkopfes, in dem sich das Schweigen der Waffen ausdrückt. Vielleicht sollte dieses Bild eine Mahnung sein, den Krieg in Zukunft ferne zu halten, nachdem 1648 endlich Frieden geschlossen war. Thematisch ist das Bild verwandt mit dem um 1625 von Terbrugghen gemalten *»Schlafenden Mars« (Utrecht, Centraalmus.)*.

In einer Aufstellung von Rembrandts Vermögen anläßlich des Bankrotts im Jahre 1656 sind Waffen, Schilde, Helme und Panzer aufgeführt, die der Maler besaß und an Modellen verwendete. Das *»Bild Alexanders des Großen« (Gulbenkian Stiftung, Portugal)*, gehört in die Reihe jener Gemälde, in denen das Modell theatralisch bekleidet ist. Das Lächerliche solcher Ausstaffierung wird aber völlig dadurch aufgehoben, daß die Frage nach einem allegorischen Sinn mit der Frage nach dem Porträtierten zusammen-

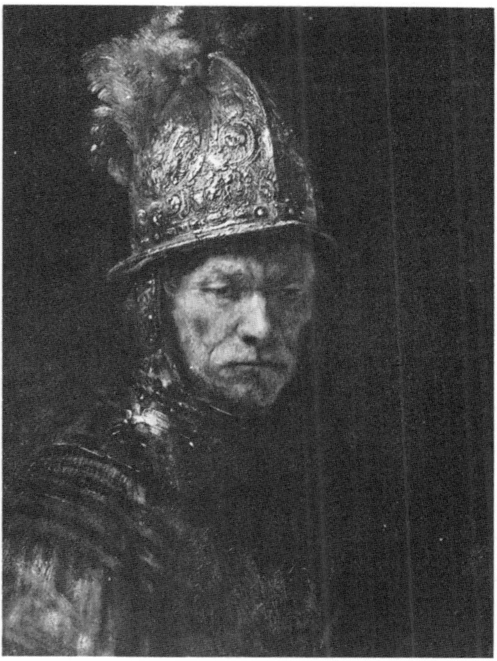

Rembrandt,
»Der Mann
mit dem Goldhelm«,
um 1650, 67 × 50 cm.
Berlin-West,
Gemäldegalerie

hängt. So ist es ziemlich unerheblich, ob das Modell des Mannes mit dem Goldhelm der Bruder Rembrandts war. Welchen Sinn aber hat dann das Theaterrequisit?

Aus der gleichen Zeit jener Bilder der fünfziger Jahre, in denen die Thematik bei Rembrandt sich zu jener »Verinnerlichung« wandte, die jeden Vorgang über diesen Weg erscheinen läßt, stammt das Bild des *»Aristoteles vor der Büste Homers« (1653, New York, Metropolitan Mus.)*. Ein sizilianischer Edelmann, Don Antonio Ruffo, bat Rembrandt um das Gemälde eines Philosophen.

Rembrandt, »Aristoteles vor der Büste Homers«, 1653, 143 × 136 cm. New York, Metropolitan Museum

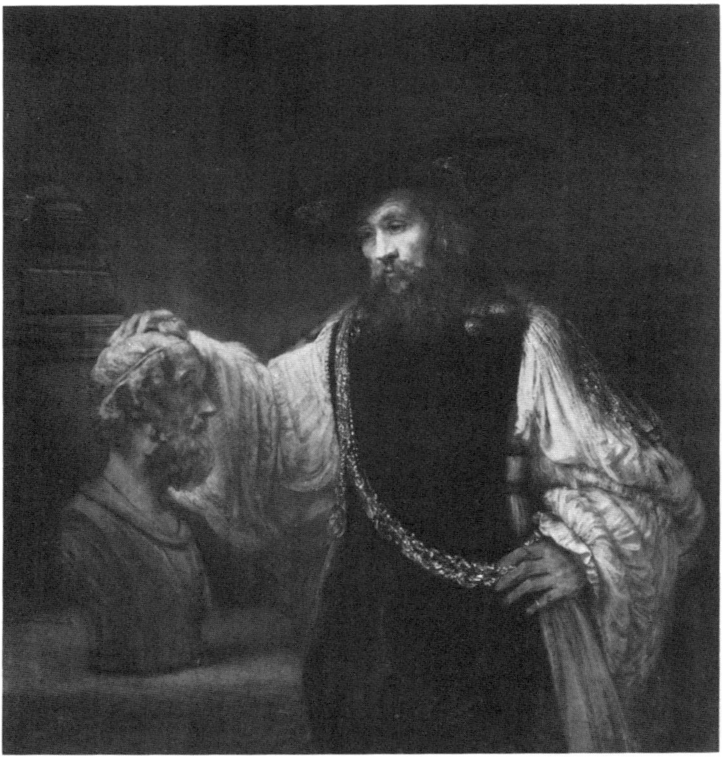

Zwei Jahre später traf es in Messina ein, der Preis betrug 500 Gulden, womit er viermal so hoch war wie der für ein vergleichbares italienisches Bild. Später bestellte Ruffo noch zwei Gemälde. 1661 schickte ihm Rembrandt einen *»Alexander«* (wahrscheinlich das Bild der Sammlung Gulbenkian) und 1662 ein Bild des *»Homer« (Den Haag, Mauritshuis)*. Der Gipsabguß des Homer-Kopfes nach einer Antike ist in Rembrandts Inventar aufgeführt. Diese drei Bilder, man könnte fast von einem profanen Triptychon sprechen, sollten beisammenhängen. Rembrandt riet seinem Auftraggeber, den »Alexander« in die Mitte zu hängen. Alexanders Lehrmeister war Aristoteles, der wiederum Homer interpretierte. Aristoteles – gewandet im Phantasiekostüm eines jüdischen Priesters – hat nachdenklich seine Hand auf den kahlstirnigen, steinernen Kopf des Dichters gelegt. Es »können mehrere Themenkreise der Innerlichkeit sich verbinden, und wo das geschieht, entstehen besonders tiefe und wunderbare Gestaltungen, die etwas Unausschöpfliches haben, wie das in seiner feierlichen Stille erschütternde Bild des Aristoteles vor der Büste Homers, mit seinen drei Themen der Innerlichkeit: der Meditation, der Blindheit des Sehers und der stummen inneren Zwiesprache über Raum und Zeit hinweg.«[54] Da es allgemein zu den Möglichkeiten der barocken Malerei gehörte, Dinge und Menschen in Erscheinungen über Raum und Zeit zusammenzubringen, es in der Allegorie, der Apotheose oder im Trionfo, wird man hier vor Rembrandt fragen, ob dieses Zusammenkommen ebenfalls und auf eine besondere Art geschieht.

Es geschieht in einer Steigerung der holländischen Möglichkeiten. Keine Allegorie ermöglicht das Treffen über die Zeit hinweg, sondern die Verinnerlichung. Homer lebt in seiner Büste als Gegenstand weiter, wie das an die Vergänglichkeit mahnende Ding eines Stillebens, Aristoteles ist als antiker Philosoph erkennbar durch seine Würdekleidung. Durch seine Drapierung aber und dadurch, daß er in tiefem Nachdenken dargestellt ist, geht so ein Mensch tief in die Vergangenheit ein. Die Vergangenheit wird also durch das rein Gegenständliche beschworen. Umgekehrt ist die steinerne Büste so sehr als Gegenstand belebt, daß sie »lebendig« wird. Homer ist blind, so wie des Aristoteles Blick zwar auf ihn gerichtet, aber im Nachdenken nach innen gerichtet ist. In dieser »Blindheit« wird das Treffen im Geiste möglich. Die Überbrückung der Zeit wird durch den Tod herbeigeführt. Die im Hintergrund, hinter gerafftem Vorhang sichtbaren Bücher sind aus der Tradition des Vanitasstillebens, die Büste Homers ist auch wieder »Versteinerung« im Bildnis, der alte Aristoteles ist äußerlich blind in seinem Nachdenken. Eine Reduzierung allen Lebens ist hier sichtbar, anders, aber doch auch ähnlich wie in den Regentenbildern von Hals.

Das Gruppenbild dieser Jahre ist die *»Anatomievorlesung des Dr. Joan Deyman (1656, Amsterdam, Rijksmus.)*. Während der Bildteil des Dr. Deyman mit seinen Assistenten noch erhalten ist, wurden die übrigen Bildnisse 1723 durch einen Brand zerstört. Eine Zeichnung Rembrandts (Amsterdam), nach dem Bild gefertigt, gibt den ursprünglichen Zustand wieder. Der Maler dürfte, indem er auch den ursprünglichen Rahmen mitzeichnete, die Position des Bildes in der Amsterdamer Ärztekammer festgehalten haben. Soweit sich das nach dem erhaltenen Bildteil überhaupt noch feststellen läßt, ist die in der Tulp'schen Anatomie bildkonstituierende Spannung sowohl im Formalen wie im Vorgang in etwas Anderes verwandelt, das ein Vordringen und Erweitern zu anderen Dimensionen ist. Die Spannung und Aufmerksamkeit im Bild des Dr. Tulp wird jetzt von einem Stillstand jeglicher Aktion in der Erfahrung, im Wissen und in der Verantwortung geworden. In der Perspektivverkürzung des Leichnams wird eine Tradition des Christusbildes aufgenommen, die erstmals bei Mantegna angewandt wird (1431–1506, *»Beweinung Christi«, Mailand, Brera*), dann auch im Vorsatzblatt des Buches von Vesalius (s. S. 52). Die Leiche wird vom Dozenten trepaniert, sie ist in dieser Darstellung nicht nur faszinierende Leiche und erschreckend in ihrer Todesfarbe, sondern zerstörter Körper, Präparat. Die Zerstörung des Menschen, der Blick in seine Bauchhöhle, die nach antikem Glauben Sitz des Lebens war, und auf sein freigelegtes Hirn hat Halt gemacht vor dem Unzerstörbaren, der Gottgleichheit des Menschen, die nicht in der Schönheit, sondern in der Menschlichkeit liegt. Alle Bewegung ist in diesem Bild aufgehoben, und der »Vorgang« eines Gruppenbildes ist zu reinem »Dasein« geworden. Das viel mißbrauchte Wort darf hier wohl gelten vor dieser Er-

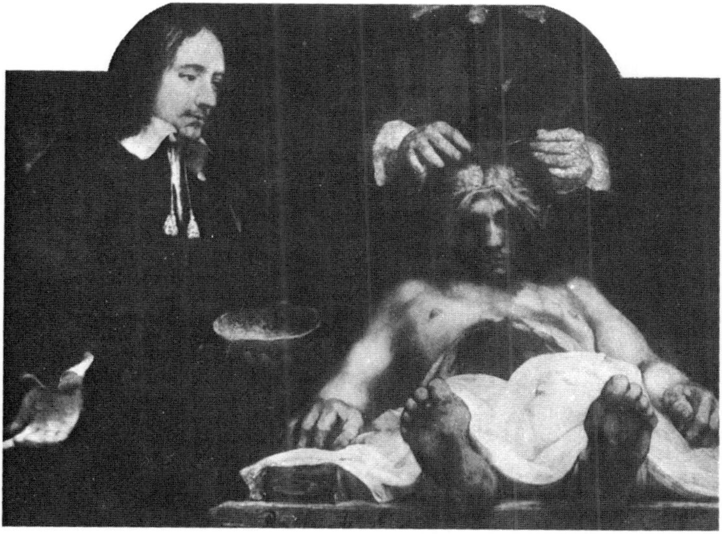

Rembrandt, »Die Anatomievorlesung des Dr. Joan Deyman«, 1656, 100 × 134 cm. Amsterdam, Rijksmuseum

scheinung einer Vorlesungsgruppe, in der der Übergang zum Bildnis die Reduktion aller Aktionen mit sich bringt zugunsten der tatsächlichen, gegenständlichen Erscheinung des Denkens und des »Hinterdenkens« des Gegenständlichen. Wie die Zeichnung zeigt, lag der Leichnam ursprünglich in der Bildmitte, und Dr. Deyman stand genau und frontal hinter dem Kopf mit der freiliegenden Großhirnrinde. Das Bild ist barock in dem Sinn, daß ein konkret Irdisches im Symbol zu einem Allgemeinen überführt wird. – Erinnert sei an die Bilder des Spaniers Juan Valdés Leal (1622–1690). Er schuf tief ergreifende und packende Memento-Mori-Bilder mit aller Realistik in der Darstellung des Todes für das Hospital de la Caridad in Sevilla. Rembrandt vertieft die Möglichkeiten eines solchen Bildes auf sehr holländische Weise. Der Tod als physikalisches Ereignis trägt nicht in seiner Grauenhaftigkeit direkt seinen Aufruf vor wie in Valdés Leals *»Finis gloriæ mundi«*, wo der Leichnam eines Bischofs im Ornat verwest, sondern ist dargestellt,

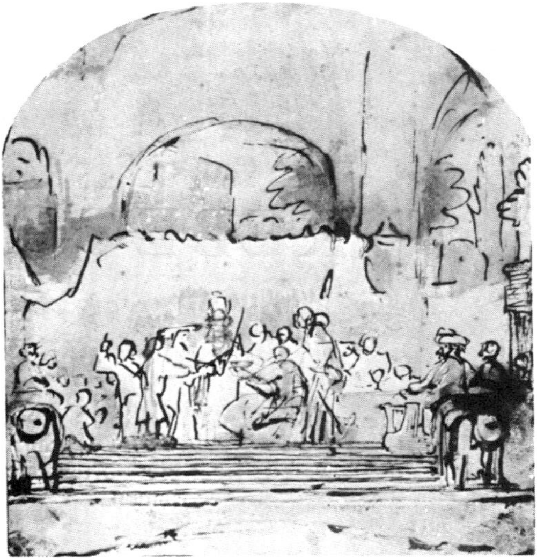

Rembrandt, »Der Schwur der Bataver«, lavierte Federzeichnung, 19 × 18 cm. München, Staatl. Graphische Sammlung

wie er im anatomischen Vorgang, im Denken und Handeln des Menschen, in dessen Wissenschaft erfahrbar wird.

Mit Gemälden dieser Art kündet sich das Ende des holländischen Bildes an, seiner besonderen Art der Darstellung der Allegorie und der Historie. Bezeichnend ist, daß das Ende dieser Gattungen bei den Größten, Rembrandt und Hals, sichtbar wird.

Im Jahre 1661 malte Rembrandt noch ein Historienbild als Auftrag für eines der Bogenfelder in der großen Galerie des neuen Rathauses im Amsterdam *(Stockholm, Nationalmus.)*. Dargestellt ist der *»Schwur der Bataver«*, also der holländischen, antiken Vorfahren, unter Julius Civilis gegen die Römer.

Das Bild war zusammen mit anderen für ein großes, repräsentatives historisches Programm für den bedeutendsten Bau Hollands, seine »Kathedrale« der weltlichen Macht bestimmt. In der »Beschrijvinge der wijdt vermaarde Koop-Stadt Anstelredam« des Melchior Fokkens von 1662 wird das Bild erwähnt. Rembrandt muß aber 1662 das Bild zurückgenommen haben, um es zu ändern

Rembrandt, »Der Schwur der Bataver – Die Verschwörung des Julius Civilis«, 1661, 196 × 309 cm (Detail). Stockholm, Nationalmuseum ▶

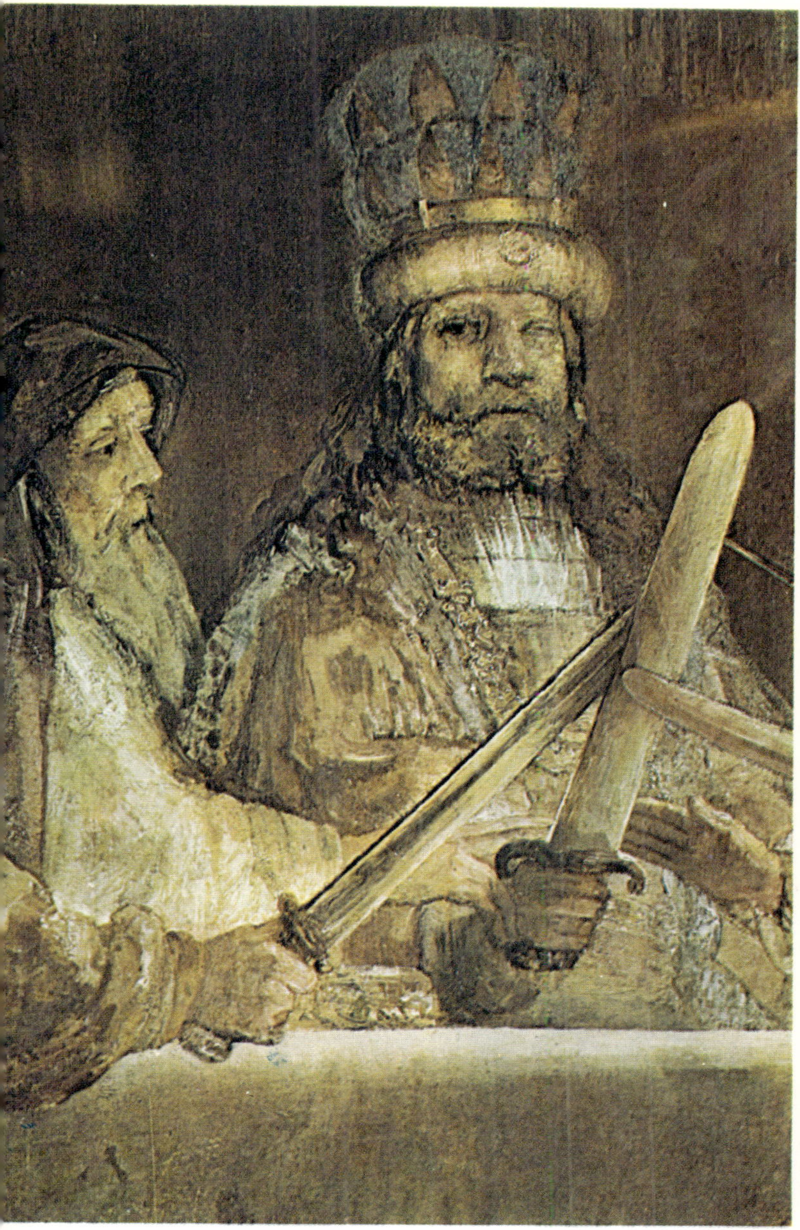

oder zu verbessern. Am 28. August des gleichen Jahres verpflichtete er sich gegenüber einem van Ludick, diesem ein Viertel seiner Einkünfte zu überlassen, die er, Rembrandt, für das Gemälde im Rathaus empfangen würde. Das Bild kehrte aber nie an seinen Platz zurück; Rembrandt hatte wohl die Lust daran verloren, es wurde zerschnitten und das fragmentarische Hauptstück verkauft. – Die von Tacitus überlieferte Geschichte eines Schwures des einäugigen Claudius (so in einer Verwechslung mit Julius genannt) Civilis mit den Bataverhäuptlingen wurde als Vorbild des holländischen Freiheitskampfes aufgefaßt. Sicher kannte Rembrandt die Stelle aus Tacitus, in der von den weingeröteten Gesichtern der Bataver und dem einäugigen Anführer die Rede ist. Eine Zeichnung auf der Rückseite einer Todesanzeige vom 25. Oktober 1661 hält den ursprünglichen Zustand des Bildes fest. Auf ihr sieht man die Verschwörer an einer langen Tafel frontal sitzend. Die Tafel steht auf einem Podium über Stufen, den Hintergrundsraum bilden hohe Gewölbe.

Es scheint, als sei Rembrandt, von dem man weiß, daß ihn das »neue« Amsterdam kaum interessierte, der lieber in den »Höhlen« alter Häuser lebte, als sei dieser Rembrandt an der repräsentativen Aufgabe für einen amitionierten Bau gescheitert. Der gleiche Rembrandt, der in seiner Frühzeit ein Historienbild mit der »natürlichsten Bewegtheit« füllte und damit einen neuen Typ schuf, war in seiner Spätzeit aufgrund seiner gewandelten Bildvorstellung nicht mehr in der Lage etwas zu schaffen, in dem drastische Veranschaulichung und Aufwand der Malkunst ein »großes« Bild ergaben.

So ist jetzt beim *»Schwur der Bataver«* das »innere« Geschehen auf Kosten der Darstellung einer historischen Tat wesentlich geworden. Der nächtliche Schwur an den blanken Schwertern (und Gläsern) ist frei von jedem Pathos und dagegen Bild einer geradezu offiziösen Unheimlichkeit, ähnlich den zwei späten Regentenstücken des Hals, wo das einst Vitale als Thema des Gruppenbildes mit all seinem Aufwand ebenfalls sich zur Darstellung der Unheimlichkeit und des Absterbens verwandelte.

Rembrandt benutzt in seinem Bild noch das alte System des (zu rekonstruierenden) riesigen Baues und die Helligkeitskonzentration auf die Szene. Es ist, als stehe der Tisch in Flammenglut, die das Geschehen beleuchtet. Diesem »anschaulichen Charakter« in Farbe und Helligkeit schließt sich die Auffassung vom Geschehen an: Innere Glut der Empörung treibt zum Schwur genauso wie die Hitze des Weines. Aber hier scheint Rembrandt sich gegen die offizielle Meinung von den Aufgaben eines Historienbildes vergangen zu haben. Der Schwur ist kein Symbol des Aufbruches und von geschichtlichen Weiterungen, hier wird das Glühen in einem blinden Zorn vermittelt, wobei die Glut verhalten, »verinnerlicht« ist. Im einäugigen Anführer sehen wir das bei Rembrandt so häufige Symbol des Blinden. Unwillkürlich denkt man im Vergleich an das frühe Bild der *»Blendung Simsons«* mit all' dem Aufwand an »natürlicher Beweglichkeit« im Kampf um das Augenlicht. Jetzt, im *»Schwur der Bataver«*, ist Widerstand, Empörung, »natürliche Beweglichkeit« zu einem inneren Vorgang geworden, der als Glut in den Farben zum Aufscheinen kommt.

Die Farbmöglichkeiten Rembrandts sind in diesem Bild geradezu endgültige und kaum mehr weiterzuentwickelnde (so wie beim späten Hals); die Zersetzung der gegenstandsbezeichnenden Komponente in der Farbe ist an ihrer Grenze; Weißhöhungen, als oberster Glanz des Materials – etwa Metall, vor allem Gold, Gläser, Textiles –, sind transparent geworden, um das Dahinterliegende sichtbar zu machen. Damit ist die Gegenstandsoberfläche (etwa im Sinne der Feinmalerei) als solche nicht mehr vorhanden, sie ist nur noch ein Gespinst, in dem sich Licht sammelt. Von ganz wenigen Blau- oder Grünwerten abgesehen ist Rot die dominierende Buntfarbe, zusammen mit einem dem Weiß nahen Gelb bildet es die Erscheinungen der Dinge im braunen Grund. Das Inkarnat beispielsweise entsteht aus Zinnober und Weiß. Das Gelb-Weiß impliziert Licht. In der Bindung der Feuer- und Lichtfarbe an das bergende Braun des Grundes bei gleichzeitiger gespinstartiger Farbbehandlung der Oberflächen wird das Bild zu einer eigenen Welt, in der die Farbe als ein Geschehen wirkt; und dieses Geschehen bedeutet hier beim späten Rembrandt die Veranschaulichung des letzten Wertes vom Leben als einem Gang von der Fragwürdigkeit der Oberfläche der Erscheinung weg in das bergende Dunkel.

Die *»Staalmeesters« (Amsterdam, Rijksmus.)*, die Vorsteher der Tuchmachergilde, ließen sich 1662 von Rembrandt in einem Gruppenbild porträtieren. Bedingt durch den erhöhten Anbringungsort ist das Bild in Untersicht gegeben, wie der Tisch mit dem »Tafelkleedje« zeigt. Der Blick der hinter dem Tisch Sitzenden und Stehenden ist auf die Beschauer gerichtet, ähnlich wie bei den *»Regenten des Altmännerhauses«* von Hals. Welchen Fehldeutungen solche und ähnliche holländischen Bilder ausgesetzt sind, zeigen Erklärungsversuche,[55] die in der Darstellung ein momentanes Ereignis sehen, in dem die Kommission der Tuchprüfer sich gegen Vorwürfe verteidigen sollte, wobei einer Rechnung legt und ein anderer den Geldsack gierig an sich reißt. Derart primitive Verkennungen sind erklärbar aus dem Bedürfnis heraus, die gegenständlichen Angaben als einen Inhalt zu deuten, während man den eigentlichen Inhalt in seiner Tiefe nicht zu erschließen fähig ist. Wo ist er zu finden? Fünf Vorsteher und ein Sekretär im Hintergrund erscheinen in einem Repräsentationsbild, in standesgemäßer Tracht und Haltung sowie mit Gesten, die traditionell Stand und Tätigkeit an-

Rembrandt, »Die Vorsteher der Tuchmachergilde – Staalmeesters«, 1662, 191 × 279 cm. Amsterdam, Rijksmuseum

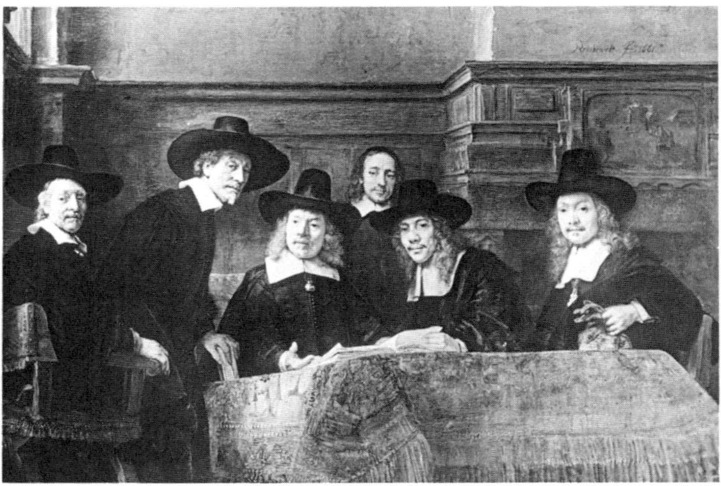

zeigen. Das spricht schon gegen eine Deutung des Bildes als Schilderung einer momentanen Szene. Bei jedem der einzelnen Männerbildnisse ließe sich der Haltungstypus im weiteren Werk Rembrandts und anderer Porträtisten nachweisen. Rembrandts Bild ist also bereits eine Auseinandersetzung mit Bildmodalitäten. Die »Handlung« findet auf ganz andere Weise als in einer »Selbstverteidigung« statt, sie besteht aus der Erscheinung von Menschen. Wie die *»Nachtwache«* ein Gruppenbild und nicht Bildnis einer bei nächtlichem Alarm losziehenden Wache ist, so ist es auch hier: Die Staalmeesters erscheinen im Bild. Wesentliches in diesem ist, wie jeder Einzelne der Vorsteher in seiner Verantwortung »einsteht« in diesem Bild, das von tiefem Ernst beherrscht wird. Vorzeichnungen zu Einzelnen oder Mehreren aus der Gruppe beweisen, wie Rembrandt überhaupt nicht vom Problem der Darstellung eines momentanen Ereignisses, sondern von dem einer würdigen Gruppierung beschäftigt war. Was dieses Gruppenbild von der früheren *»Nachtwache«* unterscheidet, ist der Entzug von Vitalität in der Erscheinung und die Distanz zwischen Gruppe und Betrachter. Zu dieser Distanzierung trägt nicht zuletzt die »Verfremdung« der Porträts durch den fast brutalen Pinselstrich bei, der zwar sehr genau und individuell charakterisiert, aber gleichzeitig wie eine Barriere in seiner Selbständigkeit wirkt.

Der *»Verlorene Sohn« (Leningrad, Ermitage)* stammt aus Rembrandts letzten Jahren, 1668/69. Was oft unsere Ausrede ist im Unvermögen einer Formulierung, nämlich der Begriff des »Unaussprechlichen«, das ist das zentrale Thema des Bildes und seiner Gestaltung. Wie im Bild des Isaak und der Rebekka *(»Die Judenbraut«, 1663–1665, Amsterdam, Rijksmus.)* sind Gefühle der Zuneigung, der Liebe, des Verstehens und Verzeihens dargestellt in ihrer absoluten Stille. Der anschauliche Charakter dieses nicht mehr Sprechenden, nicht Sagbaren entsteht in der Form und Farbe. Die Bezeichnung »Rembrandtbraun« ist schon alt; diese für Rembrandt typische Farbe hat jedoch eine besondere Funktion: »... Braun, Helldunkel, Auflösung der Linie und der Kontur ... verbinden das Einzelne und das Besondere – sei es Ding, Linie oder Farbe – mit einem allgemeinen allhaften ›Grund‹, der die Qualität des Räumlichen hat: Farbraum, Lichtraum, Dingraum. Im Raum

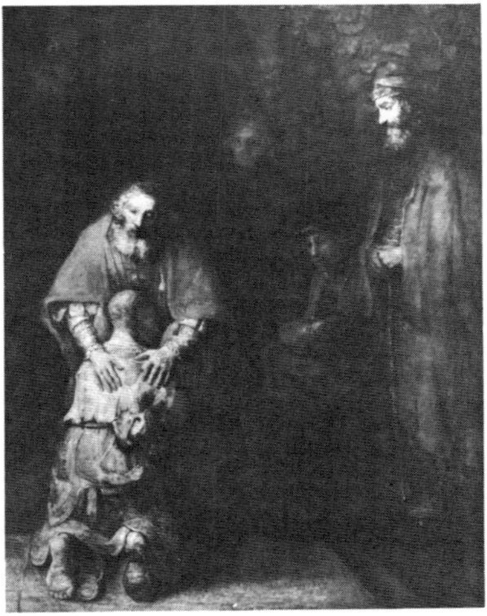

Rembrandt,
»Die Heimkehr des verlorenen Sohnes«,
um 1668/9, 262 × 206 cm.
Leningrad, Ermitage

verbindet das Dämmern und die Nacht, im Lichte das Verfließende, im Farbigen das Braun. Im Seelischen verbindet das Gemüt, das Ahnungsvolle und Geheimnisvolle und das Mitgefühl. Es hebt die Isolierung der Seele auf. Dazu muß ausgeschaltet sein das Willensmäßige, der Wille, der sich behaupten will und isoliert. Der Wille würde aus dem ›unergründlichen Zusammenhang treiben‹, in der bei Rembrandt der Mensch und seine Seele ebenso eingebettet ist wie die Dinge, die Farbe und die Linie. Daher gibt es bei Rembrandt neben den Darstellungen des Nächtlichen und Dämmrigen immer wieder große Darstellungen des Mitgefühls, in deren Mitte das Thema des barmherzigen Samariters steht.«[56]

Im Oevre Rembrandts spielte das Selbstporträt eine erhebliche Rolle, obwohl diese Bildgattung nicht unbedingt bei ausgesprochenen Porträtisten vorausgesetzt werden muß, wie das Beispiel Frans Hals beweist. Bei Rembrandt gibt es eine fast lückenlose Reihe von Selbstbildnissen vom ersten bis zum letzten Schaffensjahr. Die Gründe dafür dürften vielfältig sein. Zunächst einmal ist schon beim jungen Maler ein aus mehreren Quellen gespeistes Selbstbewußtsein zu erkennen, wobei die Frage nach der Kunst – sie ist gerade in dem Konkurrenzgedanken zu Italien festzustellen – für ihn eine persönliche Frage war, um nicht zu sagen eine Frage existentieller Art. Anekdoten – möglicherweise dem Bereich der sog. Künstleranekdote zugehörend und damit eine Art von literarischem Topos – bestätigen das. Dazu kommt als Grund eine ganz starke »Personalisierung« in jedem Bildthema bei Rembrandt. Biblisches oder historisches Geschehen, Mythos und Allegorie werden aktalisiert durch eine »Aufführung« der »Laien«, zu denen seine Umgebung und er selbst gehörte. So könnte man fast alles bei ihm ein »portrait historié« nennen, da jedes Thema nicht anders als vom Menschen getragen denkbar ist. Daher ist es oft schwierig, Rembrandts Bildthema zu bestimmen. Handelt es sich um eine alte Frau oder die Prophetin Hannah, handelt es sich um den Bruder Rembrandts, um einen Mann mit einem Goldhelm oder um einen Mars, handelt es sich um Christus oder um einen jungen Juden aus dem Amsterdamer Ghetto? Einseitige Definitionen würden

Rembrandt, »Selbstbildnis vor der Staffelei«, ca. 1628, Öl/Holz, 32 × 42 cm. Boston, Museum of Fine Arts

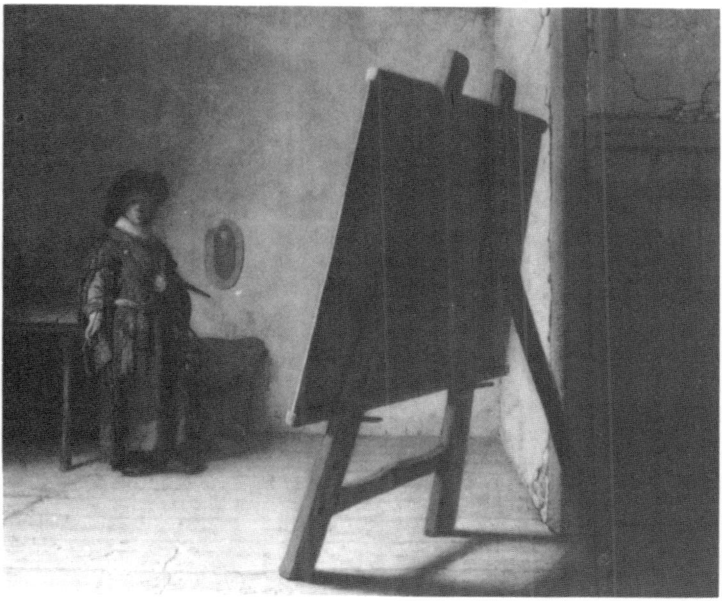

hier Rembrandts Bild verkennen. Daß sein frühes *»Selbstbildnis von der Staffelei« (ca. 1628, Boston, Mus. of Fine Arts)* zugleich Selbstbildnis und Allegorie der Malkunst ist, ist bezeichnend. In diesem Zusammenhang sind auch die anderen frühen Selbstbildnisse zu sehen, wie die in Amsterdam (kurz vor 1629), Kassel (um 1629), Indianapolis (1635) und München (1629) befindlichen. Bis etwa 1629 zeigen diese Bilder vom jungen Leidener Rembrandt ein Gemeinsames. Bei unkonventioneller Lichtführung soll auch das Unkonventionelle einer energisch fragenden und grübelnden Persönlichkeit anschaulich gemacht werden. Während über weiten Teilen des Gesichts (mit den Augen vor allem) dunkler Schatten liegt, ist der Hintergrund wieder erhellt, so daß scharfe Lichtspannungen und Silhouetten entstehen. Die zerklüftete und pastose Oberfläche der Farbe bildet ein Relief, in dem Licht gefangen wird oder umgekehrt tiefe Schattentäler in dieser Mikrostruktur entstehen und zum Eindruck der Spannung beitragen. Bildsystem

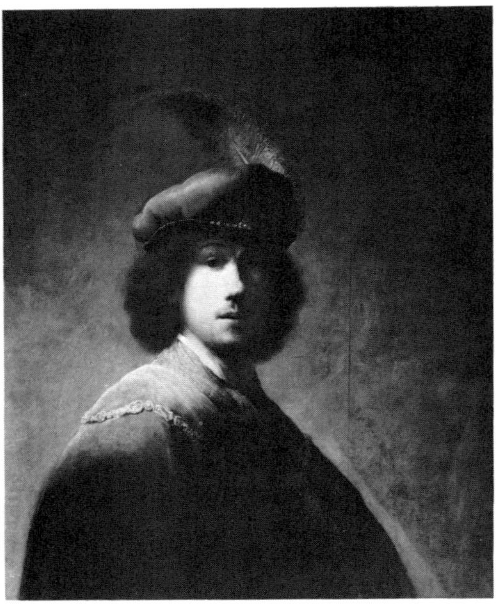

Rembrandt, »Selbstbildnis«, um 1630, Öl/Holz, 89 × 74 cm. Boston, Isabella Stewart Gardner Museum

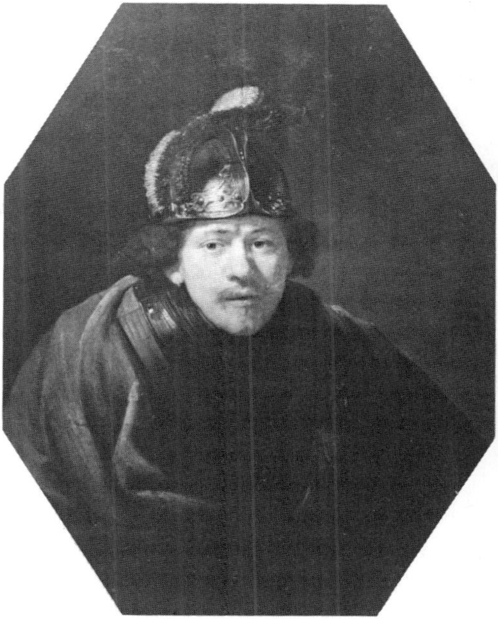

Rembrandt, »Selbstbildnis mit Helm«, 1634, Öl/Holz, 80 × 66 cm. Kassel, Gemäldegalerie

und Gegenstand könnte man als Ergebnis einer »Sturm- und Drangzeit« bezeichnen.

Gegen Ende der Leidener Zeit, etwa zwischen 1629 und 1631, tritt eine Änderung ein. Sie zeigt sich in den Selbstporträts, die in Boston, New York und Stockholm sind. Nur leicht ins Profil vom En-face weggedreht, sind die Augen auf uns in einem kritischen Selbstbewußtsein gerichtet; innerhalb der verschiedenen Bilder werden verschiedene Gemütsstimmungen variiert, vom Empfindsam-Echo-Heischenden bis zum Stolz. Die Hell-Dunkel-Spannung ist gemäßigt und hat sich teilweise in Helligkeitsabstufungen verwandelt, in denen das Licht auf dem Gesicht ein wie in die Oberfläche vordringendes ist.

Die frühe Amsterdamer Zeit bringt zunächst in den Selbstporträts (1633 und 1634, Paris, Louvre; 1634, Kassel, Gemäldegal., früher Vaduz; 1635, Liverpool u. a.) einen anderen und größeren Spielraum zwischen Brustbild und anderen Bildformaten. Die übertriebene Distanzlosigkeit der frühen Selbstporträts ist zugunsten einer »Beweglichkeit« verschwunden, einer »Beweglichkeit«, innerhalb derer auch verschiedene ikonographische Typen erprobt werden von der allegorisierenden Maskerade bis zum Würdeporträt. Fast könnte man vor dieser Serie von der Entdeckung des immer gleichen Gesichts in immer neuen Begegnungen sprechen, von immer neuen Verhüllungen oder Stimmungen und Realitätsgraden der Maskierung.

Gegen 1640 *(»Selbstbildnis«, 1640, London, National Gall., u. a.)* und im weiteren Jahrzehnt tritt eine auffallende Beruhigung ein, was den Requisitenaufwand wie die Porträthaltung und physiognomische Aktion betrifft. Die Zeit der *»Nachtwache«* bedeutet auch im Porträt eine distanzierte Überlegenheit gegenüber den Bildmitteln. Der Bildgrund wird in seiner Tonigkeit zu einer Bindung der neuen Buntwerte, die ungekünstelt, leuchtend strahlen und so der Erscheinung der Gegenstände Bedeutung geben. Rembrandts Gesicht, das eines reifen Mannes mit den ersten Spuren des Alters, erscheint auf eigene Weise, so daß, wenn die Rede ist von Rembrandt'schen Selbstporträt, sich bei uns meist die Vorstellung von diesen Bildern vor und gegen 1650 einstellt. Dadurch daß das Licht nicht mehr so gerichtetes Mittel zur Erzeugung von Spannungen ist, sondern wie ein Prinzip des Vitalen wirkt und so die Gesichter erscheinen läßt, ist die »Auseinandersetzung« zwischen Objekt und Subjekt und die »Selbstbehauptung« zu etwas geworden, was vergleichbar ist den Rembrandt'schen Wunderdarstellungen dieser Zeit. Es kommt etwas »zur Erscheinung«, die formalen Möglichkeiten der Farbe haben geradezu die Gnade, Leben und Licht des Menschlichen hervorzubringen.

Was Rembrandts Selbstbildnis von etwa 1655 bis zu seinem Tode bestimmt (1655, Wien, Kunsthistor. Mus.; 1658, New York, Frick Coll.; 1661, Amsterdam, Rijksmus.; 1669, Köln, Wallraff-Richartz-Mus., und Den Haag, Mauritshuis), ist die Verwandlung des Vitalen in eine Aussage von Skepsis, Abwesenheit; wie umgekehrt wieder eine Aufmerksamkeit in der Skepsis entsteht, die bis zu einem Durchschauen geht. Die großen, dunklen braunen Augen in dem meist erhellten Gesicht sind von der gleichen Farbe wie der dunkle Bildgrund. Dieses Korrespondieren macht den Blick gleicherweise sehend wie in die Tiefe zurückgerichtet. Je mehr die Farbe, pastos und selbständig in ihren abstrakten Teilwerten, aufgebrochen ist und poröses Relief zeigt, desto mehr wird das von ihr Bezeichnete als fragwürdig hingestellt. Die Farben des Gesichtes sind welk, die Oberfläche gebrochen und zerklüftet. Es kommt zu dem Paradox, daß das Vergängliche und die Vergänglichkeit, der Rückzug des Lebens verbunden ist mit einer Steigerung der Selbständigkeit der Farbe. Rembrandts Farbigkeit (nicht zu verwechseln mit Buntheit) steigert sich zunehmend. Die Beschränkung auf wenige Buntwerte im Braun, vor allem Rot und Gold, intensiviert die eigene Leuchtkraft dieser Farben – da aber, wo sie ihre Freiheit zum Bild eines Gegenstandes, Gesichtes oder Körpers zusammenfügen, entsteht das Bild des nahen Todes und der Vanitas.

Die Reihe der Bildnisse Rembrandts ist lang, sie erstreckt sich über sein ganzes Schaffen und umfaßt alle Bereiche, vom Kinderbild über das offizielle Staatsbildnis bis zum Reiterporträt. Auffallend ist auch hier bei Rembrandt die Variation dieses Bildthemas (im Vergleich zu Hals) und vor allem die durchgehend zu findende Nähe zu anderen Themenbereichen. Wie im Selbstbildnis ist oft nicht zu entscheiden, ob es sich um ein Modell handelt, das für ein (biblisches oder mythologisch-allegorisches) Thema benutzt wurde, oder ob ein Thema so in seinem Modell konkretisiert ist, daß im Bild eines bestimmten Menschen ein »portrait historié« vorliegt. Wenngleich die Halbfigur vorherrscht, ist das Bildnis oft dem lockeren Genrebild angenähert, wie im *»Porträt der Hendrickje Stoffels im Fenster« (Berlin-West, Gemäldegal.)*, wo Rembrandt den Typ des »Fensterbildes« bringt, oder im schreibenden Sohn *»Titus« (1655, Rotterdam, Mus. Boymans)* oder wie in dem reitenden *»Frederik Rihel« (1663, London, National Gall.)*, bei dem der Bildtypus höfisch ist. Vor allem in Porträts von mehreren Personen, etwa in Rembrandts *»Selbstbildnis mit Saskia« (ca. 1640, Dresden, Gemäldegal.*, s. S. 47*)*, kann ein Bildtypus als solcher Maskierung werden, also das caravaggeske Genrebild oder das Gesellschaftsbild als Typus den Bildstil bestimmen. In der Entwicklung dieses Porträts ist das gleiche zu beobachten wie in der des Selbstbildnisses. Sind die frühen Bilder Rembrandts mit seiner

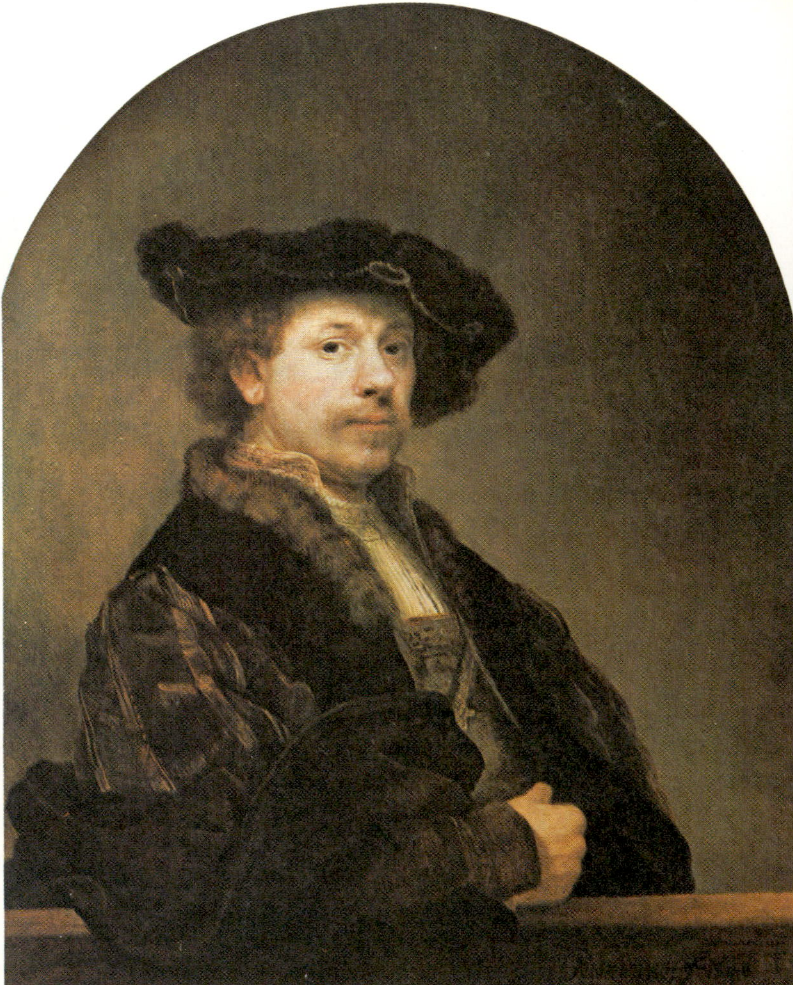

Rembrandt, »Selbstbildnis«, 1640, 102 × 80 cm. London, National Gallery

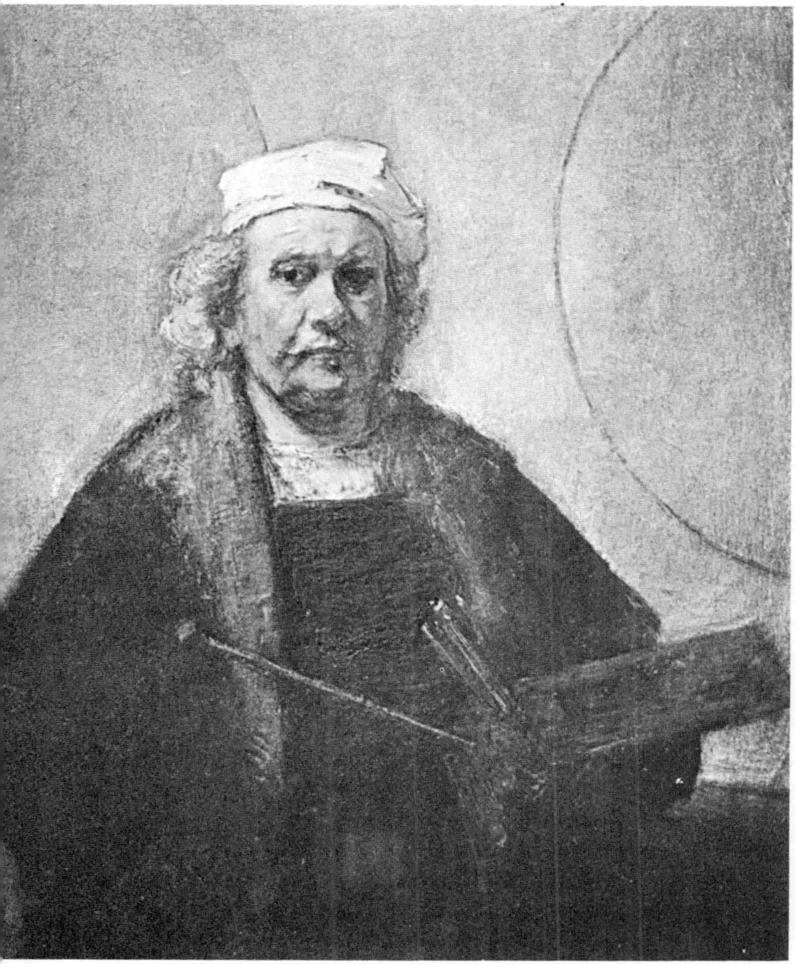

Rembrandt, »Selbstbildnis mit Palette«, 1660, 114 × 94 cm. London, Kenwood House

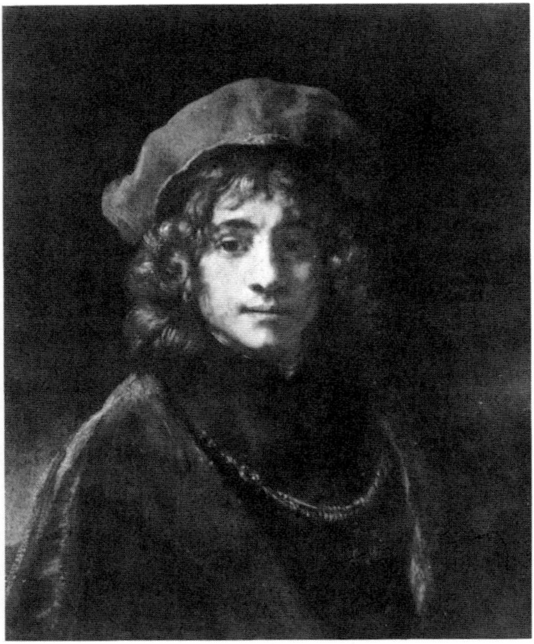

Rembrandt,
»Titus van Rijn«,
um 1657,
67 × 55 cm.
London,
Wallace Collection

Mutter oder mit Saskia (in Zürich, Boston, Mailand) wie Darstellungen von engagierten Akteuren eines ergreifenden Historienstückes, so bemerken wir um die Mitte der dreißiger Jahre *(»Saskia in reicher Tracht«, Kassel, Gemäldegal.* oder *»Saskia als Flora,* s. S. 53*)* jene stille Verinnerlichung wie in den Selbstbildnissen, in denen Schmuck und Kostümierung von der Frau getragen werden wie die Bürde einer Schwangeren. Die späten Bilder der *»Hendrickje Stoffels« (*z. B. *New York, Metropolitan Mus., um 1660)* lassen in der verhaltenen Glut selbständiger Farbigkeit etwas sehen und ahnen, nicht bei Rembrandt selbst den Verfall im Alter, aber doch die Reife des Persönlichen und die dauernde Präsenz der Vanitas.

Die Ölskizze mit den *»Kopfstudien von zwei Negern« (1661, Den Haag, Mauritshuis)* ist der Beweis für Fähigkeit Rembrandts einer interpretierenden Charakterisierung. Der Neger, Mohr, auch in Rembrandts Zeit noch meistens Typus des Exotischen, Page oder König aus dem Morgenland, ist hier in seiner ganzen persönlichen Unverwechselbarkeit gemalt, wobei das hier schwierige Problem der schwarzen Hautfarbe dadurch gelöst ist, daß dieses Schwarz als Farbwert eingesetzt ist wie das Rot sonst.

Das Bildnis des *»Titus van Rijn« (London, Wallace Coll.)* aus einer kleinen Serie von Porträts seines Sohnes, ist wohl in das Jahr 1657 zu datieren. Rembrandts Psychologie ist nicht ohne seinen Bildbegriff und umgekehrt dieser nicht ohne seine Psychologie zu betrachten. Indem ein Kind »sich dem Bilde fügt«, liest, Requisiten anzieht, schreibend sich ins Bild beugt und so »die Aufgaben dieses Bildes erfüllt«, entsteht seine Bildwürdigkeit und diese wird im Ernst der Verantwortung gezeigt. Das Kindliche wird deutlich dadurch, daß das Alter als Reife und Tod miterscheinen, gleichsam in der Bürde, die durch das Erscheinen im Bild in der Verantwortung getragen wird. So bedient Rembrandt sich bei einem Titus-Bild *(Hartford)* sogar des sog. Castiglione-Typus' der Porträtanlage des berühmten Raffaelbildes im Louvre, das den Hofmann in der ganzen Würde seines Kostümes zeigt. Rembrandt kannte das Bild, wie seine schnelle Skizze von 1639 nach diesem Bild (Albertina, Wien) zeigt (siehe Seite 24). Die Bildform wird so zu einem entscheidenden Element im Porträt des Kindes, weil dessen Verhalten zu diesem Bild durch ein Mittragen dargestellt ist.

Im Hinblick auf Bedeutung und Stellenwert des Porträts in der Kunst bieten sich in den Porträts Rembrandts und den holländischen Porträts allgemein gewisse Rückschlüsse an. Das Bedürfnis, sich abbilden zu lassen, wird allein durch die Statistik als immens bestätigt. Der Drang nach Statussymbolen erweist sich dabei ebenso stark wie der nach einer Bestätigung der Individualität. Das führte sicherlich zu dieser typisch holländischen Spannung zwischen einerseits einem Versuch des Anschlusses an die barocke, höfische Kunst mit ihren Würdeformen und andrerseits der Emanzipation des Individuums aus den Formeln des Zeremoniells und der Haltungen. Die holländische Lösung in dieser Spannung ist am besten bei Hals und Rembrandt sichtbar. Es ist die Darstellung der Einkleidung der hohen Form als Gegenstand – geradezu als Maske – und des psychologischen Verhaltens des einzelnen Men-

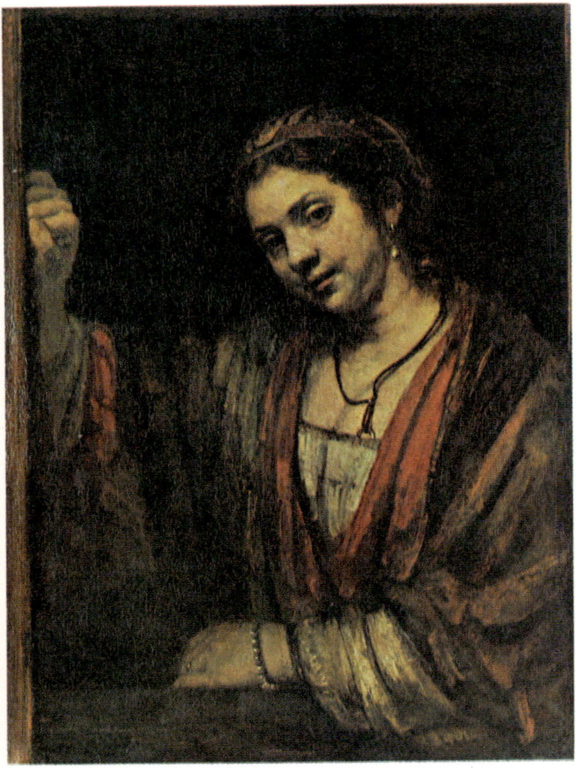

Rembrandt, »Hendrickje Stoffels im Fenster«, um 1658, 86 × 65 cm. Berlin-West, Gemäldegalerie

schen in dieser Form. Der holländische Realismus verzichtet nicht auf die hohe Würdeform der »Übersetzungen« in das Höhere – aber läßt, weil der Mensch als solcher die letzte Instanz (vor Gott) ist, diesen im Bild so erscheinen, wie er handelt – also auch die barocke Form der Steigerung und Übersetzung vorträgt und aufführt.

DIE REMBRANDTSCHULE

Rembrandt hat Schule gemacht und die holländische Malerei verändert. Die Liste seiner Schüler oder derjenigen, die für längere oder kürzere Zeit bei ihm lernten, ist groß. Sie umfaßt unter anderen die Namen von Gerard Dou (1613–1675), Jacob Backer (1608–1651), Ferdinand Bol (1616–1680), Govaert Flinck (1615 bis 1660), Gerhard van Eeckhout (1621–1674), Carel Fabritius (1622–1654), Samuel van Hoogstraten (1627–1678), Nicolaes Maes (1632–1693) und Aert de Gelder (1645–1727). Dabei muß unterschieden und berücksichtigt werden, welche Maler direkt oder nur indirekt unter dem Einfluß Rembrandts standen und vor allem, wie dieser Einfluß wirksam wurde.

Ein Dokument der schon ganz früh einsetzenden Wertschätzung für Rembrandt ist, daß er schon in Leiden Schüler hatte. So war von 1628 bis 1631 Gerard Dou in seiner Werstatt. In Amsterdam entstand um Rembrandt eine große Malerschule, von der Sandrart berichtet: »Daß die Behausung des fürtrefflichen Rembrandt van Ryn in Amsterdam mit fast unzählbaren fürnehmen Kindern zur Instruction und Lehre erfüllet sei, deren jeder ihme jährlich an die hundert Gulden bezahlt.«[57] So wurde schließlich in der Bloemgracht ein Lagerhaus gemietet, in einzelne Verschläge geteilt und so ein Atelier geschaffen, in dem nach dem Modell und Gegenständen gezeichnet und gemalt wurde. Dabei gilt es allerdings zu unterscheiden zwischen Adepten, Lehrlingen, die für den Beruf des Malers ausgebildet wurden, und den Besuchern einer Zeichenschule, die sich der Bildung und einem Steckenpferd widmeten. Die ersteren sind Beweis für die frühe Meisterschaft und stilbildende Kraft Rembrandts, die letzteren dafür, daß offensichtlich (und es gibt dafür auch andere Dokumente) die Malerei im

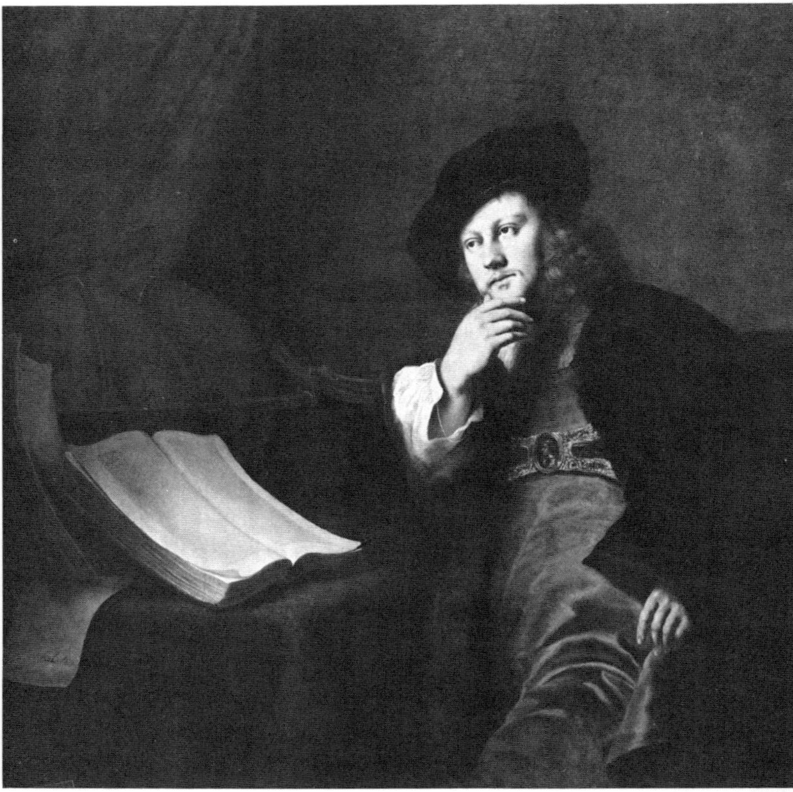

Ferdinand Bol, »Der Astronom«, 1652, 127 × 135 cm. London, National Gallery

Bereich der neuen Welt, die Holland sich schuf, eine fundamentale Möglichkeit innerhalb der Weltanschauung gewesen sein muß. Nicht nur die ansteigende Bildproduktion dieser Zeit beweist das, auch das Interesse am Bild und seiner Erstellung zeigt an, daß mehr vorgelegen haben muß als das Bedürfnis nach Dekoration. Es war wohl eher das Bedürfnis in einer Besitzergreifung, die allen möglich wurde, das Bild zum Instrument zu machen. In diesem Zusammenhang dürften auch die Vergleiche zwischen Rembrandt und der klassischen italienischen Kunst zu sehen sein. Nicht zuletzt durch Rembrandt wurde Holland auch in der Kunst autark. Bezeichnend jedoch ist, daß in Holland in der Folge die Person des Künstlers kaum nobilitiert wurde, er blieb in der allgemeinen Ansicht dem Handwerkerstand verhaftet und das zu einer Zeit, da Rubens zum »Malerfürsten« wurde.

Wichtig, auch im Rückschluß auf Rembrandt selbst, ist, wo und wie er Schule gemacht hat und durch was. Ein Ergebnis, das sich bereits früh abzeichnete, ist der Anstoß zur Entstehung dessen, was man die Leidener Feinmalerei nennt. Deren Hauptvertreter Gerard Dou war der erste und engste Mitarbeiter Rembrandts. Vor seiner dreijährigen Lehrzeit bei Rembrandt war er bezeichnenderweise bei einem Glasmaler, so verband er unter Rembrandt seine Fähigkeit einer feinen und präzisen Oberflächenwiedergabe mit dem Bombastischen und Sublimen von Helldunkelräumen. Was bei Rembrandt in der Dingdarstellung immer von theatralischer Pracht und oft auch Unheimlichkeit des Unergründlichen ist, das ist bei Dou zu einem Selbstzweck geworden. Hell-Dunkel-Kontraste, das Aufscheinen verschiedenster Materialien in Glanz, Oberfläche und Beschaffenheit, das ist zu einer Inszenierung der Kunstmittel um ihrer selbst willen geworden. Es ist kein Zufall, daß sich Dou häufig des Motivs und Systems des »Fensterbildes« bedient. Der *»Kauf eines Hasen«* etwa, oder der *»Arzt bei der Urinprobe«* werden so dargestellt, daß Personen, Geschehen oder Stillebengegenstände in einem Fenster erscheinen. Tatsächlich handelt es sich bei diesem Motiv weniger um ein Fenster, durch das man in einem Raum blickt, als um eine Monumentalisierung des Bilderrahmens mit erheblichen Trompe-l'oeil-Effekten. Die Gegenstände sind nicht nur in ihrer Erscheinung im Licht fein »nachgeahmt«, sie sind auch in die vorderste Bildschicht gelegt als etwas, was sich gleichsam im Begriff des Täuscherbildes erfüllt. Von Rembrandt unterscheidet Dou sich dort, wo er dessen Bildmittel und vor allem das Helldunkel »oberflächlich« benutzt, d. h. mit ihnen Effekte erzielt, die auf die Glaubwürdigkeit der gemalten Gegenstände bezogen sind und nicht auf deren »tiefere Bedeutung«. Das Trompe-l'oeil spielte überhaupt in der Rembrandtschule eine nicht geringe Rolle, etwa bei Samuel van Hoogstraten,

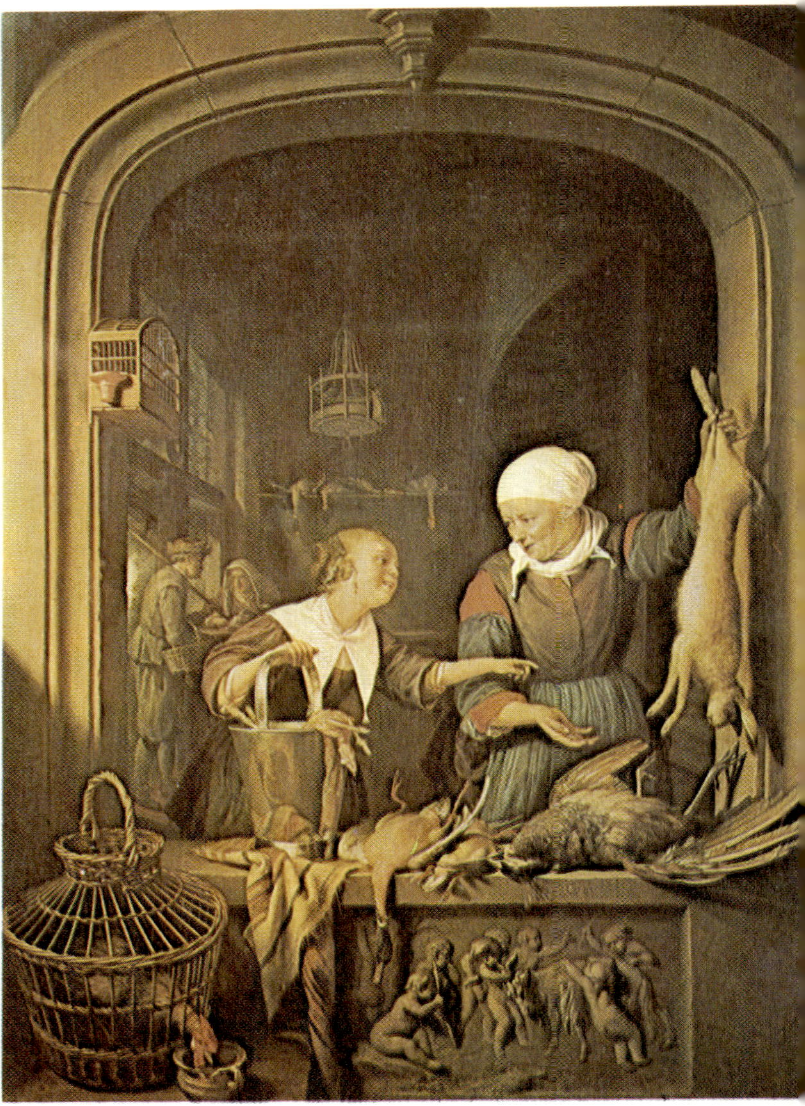

Gerrit Dou, »Der Hasenkauf«, ca. 1660–65, Öl/Holz, 58 × 46 cm. London, National Gallery

der nach 1640 in Amsterdam Rembrandts Schüler wurde, später arbeitete er einige Zeit für den Kaiser in Wien, wie übrigens auch ein anderer Trompe-l'oeil-Spezialist, Gysbrechts, für den dänischen König. Hoogstratens *»Alter Mann, durch ein Fenster blikkend« (1653, Wien, Kunsthistor. Mus.)* zeigt die bizzar-malerische Manier Rembrandts in der Gestaltung des Greisenkopfes, wobei diese Manier weniger der Veranschaulichung eines Inhaltes dient (Biblisches etwa), als vielmehr zum Thema an sich gemacht wird.

In der Zeichnung und in der Druckgraphik entstand ebenfalls eine Vielzahl von Werken, die in Manier und Thema auf den Rembrandtkreis verweisen: malerische Greisenköpfe, Kindergesichter, Aktzeichnungen, in denen teilweise mit crudem Naturalismus nach dem Modell gezeichnet wurde. Vor allem aber setzte die Rembrandtnachfolge Darstellungsmodi Rembrandts bereits als ein Bildmotiv ein. Wie im späten 18. Jahrhundert, in der sog. Rembrandtmode, so war schon früher Rembrandts Helldunkel weni-

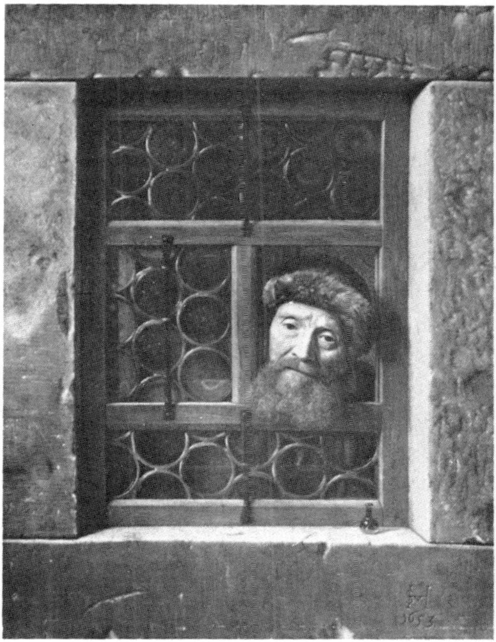

Samuel van Hoogstraaten, »Alter Mann im Fenster«, 1653, 112 × 88 cm. Wien, Kunsthistorisches Museum

ger ein Bildmittel, um Gegenstände so und so zur Erscheinung zu bringen, als etwas, was als Bildgegenstand abgebildet sein kann. Das ist schon bei Govaert Flinck zu beobachten, der wie Jacob Backer in den dreißiger Jahren Schüler Rembrandts war. Flincks freie Kopie nach der *»Opferung Isaaks« (München, Alte Pinakothek;* s. S. 34, Original *Leningrad, Ermitage)*, ist beschriftet: »Rembrandt verandert En over geschildert«. Rembrandt ging also noch einmal verbessernd über das Bild. Ein Vergleich vom Vorbild zur Replik zeigt, daß Flinck eifrig bemüht war, durch eine Steigerung der Affekte alles verständlicher zu machen, indem er es genauer und präziser in der Oberfläche bezeichnete. Ein Phänomen, das weitgehend für die Rembrandtschule gilt: mit rationalen Erklärungen wurde das ursprünglich bei Rembrandt oft sogar gewollt Geheimnisvolle trivialisiert.

Houbraken berichtet, wie die beiden Freunde Backer und Flinck nach Amsterdam kamen. Sie sind schon ausgebildete Maler, aber sie nehmen noch bei Rembrandt Unterricht, »da zu dieser Zeit Rembrandts Malweise überall so bewundert wurde, daß alles über diesen Leisten geschlagen werden mußte, wollte man in der Welt Erfolg haben ... Und doch hat er (Flinck) später sich mit vieler Mühe und Arbeit von dieser Rembrandtauffassung wieder losgemacht. Rembrandt lebte noch, aber der Welt fielen die Schuppen von den Augen, als mit dem Aufkommen der italienischen Manier die helle Malerei wieder Mode wurde.«[58]

Eine Liste der im Schatten Rembrandts berühmt Gewordenen, der Zeit, in der sie bei ihm lernten, und vor allem der Feststellung, welcher Rembrandt vorbildlich wurde, zeigt deutlich, daß es der frühe Rembrandt war, der der dreißiger Jahre, der stilbildend wurde durch seine Erfindungen. Rückgriffe auf Rembrandt in den sechziger Jahren, etwa bei Vermeer, haben nicht den gleichzeitigen, sondern ebenfalls den frühen Rembrandt als Vorbild. Eine wichtige Ausnahme ist vielleicht Aert de Gelder (1645–1727), der in den sechziger Jahren Rembrandts Schüler war. Er wurde vom Spätstil des Meisters beeinflußt und hat diesen durch wechselnd strukturierte Bildoberflächen, wobei er häufig den Spachtel benutzte, gekennzeichneten Stil bis in das 18. Jahrhundert hinein angewendet.

JAN VERMEER UND CAREL FABRITIUS

Jan (eigentlich Johannes) Vermeer wurde 1632 in Delft geboren, im gleichen Jahr mit einem anderen berühmten Delfter, Anthony van Leeuwenhoek, dem Naturforscher. Sein Vater war Schankwirt und hatte wohl, wie es oft der Brauch war, mit Bildern gehandelt. Jedenfalls tat dies später auch der Sohn, allerdings mit Verlusten, wie seine Witwe nach seinem frühen Tod im Jahre 1675 erklärte. Der oben genannte Leeuwenhoek wurde dann Curator für das Vermögen der Witwe des Malers. Vermeers wirtschaftliche Verhältnisse waren wohl nie gut, bei elf Kindern. Er verdiente vor allem in den Jahren des Krieges mit Frankreich seit 1672 kaum mehr etwas. Dabei wurden seine Bilder hoch bezahlt, im Preis konnte nur Gerard Dou mit ihm konkurrieren. Aber Vermeer malte langsam und daher nicht viel. Als ihn 1663 der französische Sammler Balthazar de Monconys besuchte, stand in Vermeers Atelier kein einziges Bild, aber man verwies den Sammler an einen Bäcker, der ein Bild besaß, für das er allerdings 600 Livres bezahlt hatte, was de Moncony übertrieben fand, da nur eine Person auf dem Bilde war. – Wie angespannt die finanzielle Situation Vermeers war, beweist sich dadurch, daß er den Aufnahmebetrag für die Lukas-Gilde in Raten bezahlen mußte. Andrerseits war er so bedeutend, daß er zweimal, 1662–1663 und 1670–1671, den Posten des Gildenvorstehers bekleidete. – Mit dem Gemälde *»Ruhm der Malerei« (Wien, Kunsthistor. Mus.)* bezahlte Vermeers Frau die Schulden bei ihrer Mutter, mit dem Bild einer *»Brieflese-rin« (Dresden, Gemäldegal.)* und einem weiteren mit einer *»Gitarrenspielerin« (London, Kenwood Museum)* tilgte sie die hohen Schulden von 617 Gulden beim Bäcker.

Vermeer als bedeutendster Vertreter in der Gattung der Interieurbilder ist mehr als eine Generation nach Hals und Rembrandt geboren und starb doch nicht wenig später als diese, am äußerli-

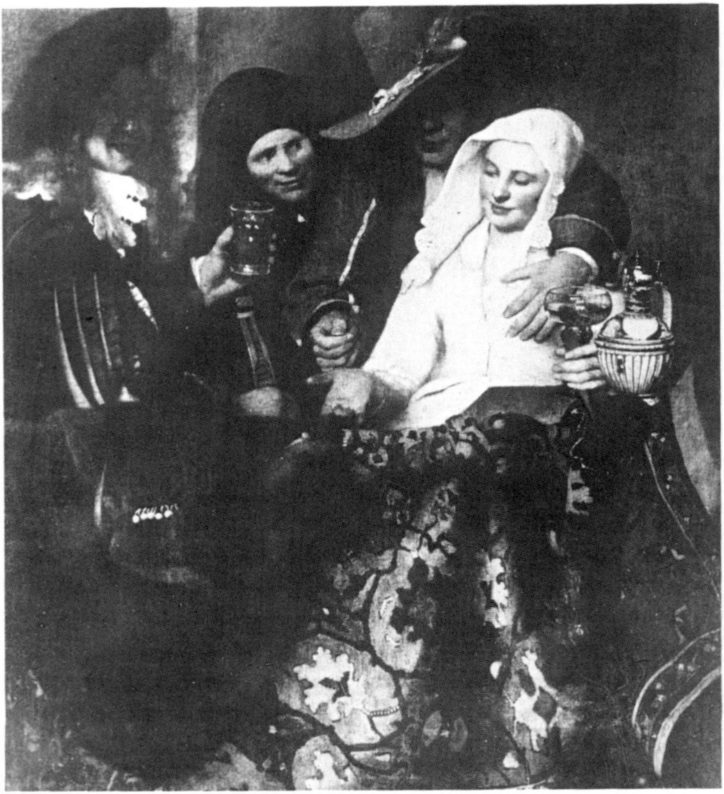

Jan Vermeer, »Bei der Kupplerin«, 1656, 143 × 130 cm. Dresden, Gemäldegalerie

chen wie eigentlichen Ende der Epoche. Da von seinen Bildern nur eines, das im Dresdner Museum mit der »Kuppelszene« sicher datiert ist, nämlich auf 1656, sind wir in der Ordnung seines Oevres auf Indizien und Stilvergleiche angewiesen, wobei einmal der Ablauf einer individuellen und kurzen Entwicklung und andrerseits die Parallelität zur allgemeinen Entwicklung der Malerei in Holland zu beachten ist.

Das Bild *»Bei der Kupplerin« (Dresden, Gemäldegal.)* ist bemerkenswert, weil es zunächst im Motiv und im Ansatz der Licht-

und Gegenstandsbehandlung der Utrechter Caravaggio-Nachfolge nahesteht. Vermeer malte es 1656 im Alter von vierundzwanzig Jahren. Theodor van Baburen hatte bereits 1622 eine Kuppeleiszene gemalt *(Mus. of Fine Arts)*. Dieses Gemälde ist wahrscheinlich im Besitz Vermeers gewesen, denn es erscheint auf zweien seiner Werke: *»Frau am Cembalo« (London, National Gall.)* und *»Das Konzert« (Boston, Gardner Mus.)*. Da um 1650 diese Thematik und Bildauffassung nicht mehr sehr aktuell waren, wird man nach Gründen für diese Anlehnung suchen müssen. Ein Grund für die Themenübernahme dürfte zunächst eine Unsicherheit und die Suche nach einem interessanten Bildthema gewesen sein. Für diese Motive spricht auch ein anderes Bild Vermeers aus dieser Zeit, *»Diana mit den Nymphen nach dem Bade« (Den Haag, Mauritshuis)*, wohl knapp vorher entstanden. Einflüsse der italianisierenden Holländer werden sichtbar, und das Thema verrät die Ambitionen des Anfängers im Historienbild. Das direkte Vorbild dürfte allerdings kaum ein italienisches, venezianisches oder caravaggeskes Bild gewesen sein, sondern ein Dianabild des Jacob van Loo *(1648, Berlin, Bode Museum)*. In ihm sind Teile der Figurenkomposition vergleichbar angelegt, und es weist eine Farb- und

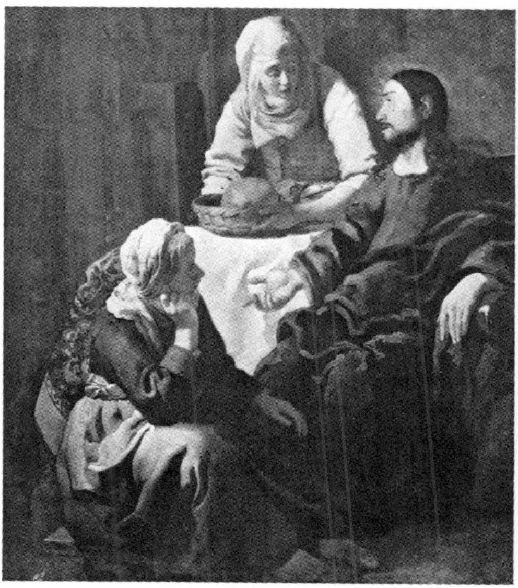

Jan Vermeer, »Christus bei Maria und Martha«, 159 × 141 cm. Edinburgh, National Gallery

Lichtmodellierung auf, die italianisierend und zugleich utrechtisch-holländisch ist.

Den größten Einfluß auf das Oevre Vermeers, auch wenn es auf den ersten Blick kaum so aussieht, dürfte Rembrandt ausgeübt haben. Das Bild *»Christus bei Maria und Martha« (Edinburgh, National Gall.)* gehört ebenfalls zu den Frühwerken, es zeigt wesentliche Merkmale des Rembrandt'schen Bildaufbaus. Die Gruppenbildung, die Führung des Lichtes zwischen hellen Körpern und dunklen Silhouetten, der Helligkeitsraum zwischen den Figuren und die »Verinnerlichung« des Themas basieren auf dem Stil Rembrandts, jedoch nicht auf dem gleichzeitiger, sondern früher Werke der dreißiger Jahre, auch auf den Radierungen dieser Zeit. Dabei wird etwas sichtbar, was im vorigen Kapitel bereits erwähnt wurde und was von Wichtigkeit für die meisten Rembrandtnachfolger ist: daß diese nämlich, oft mit einer Verspätung von zwanzig Jahren und mehr, unberührt vom gleichzeitigen Rembrandt, seinen Stil aus dieser Frühzeit aufgriffen. Rembrandts Erfindungen in seiner Frühzeit waren nicht nur für die Rembrandtschule, sondern für die gesamte holländische Malerei ein Ereignis, das fortwirkte.

Bei Vermeer ist die Vereinigung des Rembrandt'schen Bildsystems mit der utrechtisch-caravaggesken Körper- und Lichtbildung klar erkennbar. So nehmen Bilder »Inhalt« auf und zwischen den Figuren entstehen Licht-Binnenräume, der Raum wird in seiner »Innerlichkeit« zum Handlungsträger. Ebenso entsteht in der Verbindung von naher Augendistanz zu den Bildgegenständen und dem Bildabschluß im Grund ein Aktionsraum, der geradezu einen neuen Bildbegriff einschließt.

Vermeer kann in seiner Faktur und Farbbehandlung mit Rembrandt verglichen werden (in den Mikrostrukturen der lichttragenden kleinen Pastos), er überträgt aber diese Prinzipien des viel späteren Rembrandt der Zeit um 1650 auf das frühe Rembrandt-System. Im Kupplerbild übernimmt Vermeer die von Rembrandts frühen Selbstbildnissen bekannte Verschattung der Gesichter, die Hell-Dunkel-Spannungen, das Outrierte der »natürlichen Bewegung« etc. Aber er setzt eine Farbgebung und damit verbundene Werte ein, die wir bei Rembrandt erst in der Zeit nach der

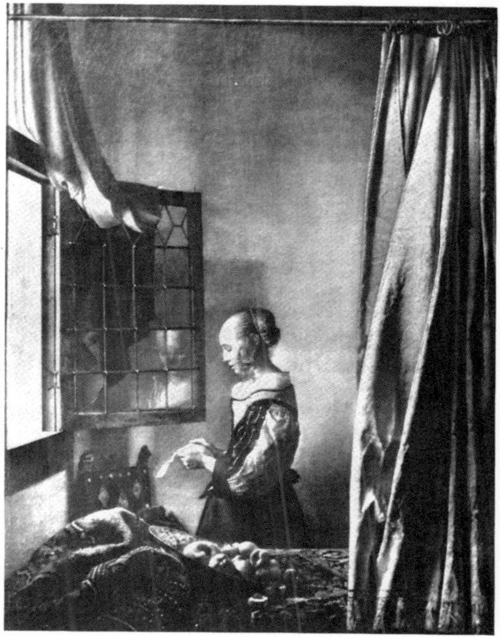

Jan Vermeer,
»Die Briefleserin«,
um 1657, 83 × 64 cm.
Dresden,
Gemäldegalerie

»Nachtwache« in den fünfziger Jahren finden. Bei Vermeer ist dadurch die äußere Handlung, wie bei Rembrandt, verwandelt zur »Innerlichkeit«, die in diesem Falle auch Räume und Genre umfassen sollte. Der banal-traditionelle Vorwurf einer Bordellszene (das Wort »Szene« trifft bereits kaum mehr zu) ist in seinem Stellenwert nur noch ein Anlaß für etwas anderes, das man in seiner Erscheinung am besten mit Worten aus der Sphäre des Stillebens bezeichnet. Die eigenartige und typisch holländische Perspektivanlage des Bildes mit seiner geringen Augendistanz und scharfen Verkürzung der Bildgegenstände sowie die Neigung zum Trompe-l'oeil bringt Dinge und Menschen, Teppich, Gläser, Spitzengewänder oder Haut wie »Milch und Blut« so, daß sie ganz nahe vor uns ausschließlich dazu da zu sein scheinen, um Licht zu sammeln und sich in diesem Licht zu präsentieren.

Eine Gruppe von Bildern Vermeers läßt sich für die Zeit von 1656 bis in die frühen sechziger Jahre zusammenfassen. Die *»Schlafende Frau« (New York, Metropolitan Mus.*; s. S. *75)*, die

»Briefleserin« (Dresden, Gemäldegal.), die *»Die Küchenmagd« (Amsterdam, Rijksmus.;* s. S. 70*)*, die *»Frau am Fenster« (New York, Metropolitan Mus.)* und andere sog. Gesellschaftsstücke gehören dazu. Außerdem dürften die *»Ansicht von Delft« (Den Haag, Mauritshuis)* und die *»Straße in Delft« (Amsterdam, Rijksmus.)* in dieser Zeit entstanden sein. Die Zusammengehörigkeit zu einer Gruppe bestätigen ähnliche Signaturen und vor allem stilistische Merkmale, wie ein sehr körniger Farbauftrag, bei dem die Oberfläche der Dinge in der Farbmaterie geradezu Licht sammelt.

Die *»Briefleserin«* in Dresden stellt wohl in reinster Form den Typus des Vermeerschen Interieurbildes dar. Die Faszination vor der zum Bild gewordenen Ruhe verhindert zunächst sich klarzumachen, wie sehr in diesem Bild reine Bildmittel eingesetzt sind. Ein Bildvorhang, nach rechts geschoben, gibt den Blick in einen Raum frei, weil aber dieser Vorhang kein Raumbestandteil ist, noch ein Bühnenvorhang, sondern nur Bildvorhang, ist das, was er freigibt, vor allem ein Bild. Wie oft bei Vermeer bildet ein Tafelkleedje, ein Tischteppich, im Vordergrund eine Stillebenbarriere vor dem Raum. Dieser Teppich, auf dem ein Porzellan-Früchtestilleben steht, ist derart nahsichtig gegeben, daß konsequenterweise dahinter kein Tiefenraum mehr entstehen kann. So wird die Hintergrundswand so nahe ins Bild gerückt, daß das, was eigentlich den Binnenraum bildet, nur in den Gegenständen vorhanden ist: ein Fensterflügel, der geöffnet in den Raum geschwungen ist, ein Fenstervorhang, der sich darüber legt, und die Frau, die zur Fensterhelligkeit hin einen Brief liest. Die stereoskopische Nahsicht (bei einer von der Perspektive angegebenen Distanz des Betrachters zum Bild von ca. 50 cm) und die Zusammenführung von Vordergrund und Hintergrundabschluß bei gleichzeitiger Suggestion von Innenräumlichkeit geben der Darstellung dieses Innenraumes die Qualität eines Stillebens.

Wenn immer wieder zu lesen ist, daß Vermeer den Menschen quasi zum Gegenstand eines Stillebens macht, so ist dies aber eigentlich vom Binnenraum zu sagen. Die Mittel Vermeers sind beschreibbar. Es entsteht eine Irritierung dadurch, daß eine Figur in räumliche Distanz gerückt ist, gleichzeitig jedoch der Raum in seiner Gegenständlichkeit bis an die Bildgrenze des Trompe-l'oeil nach vorne zu komprimiert ist. Diese Komprimierung macht den Raum, also eigentlich das, was zwischen den Dingen liegt, selbst zu einem Dinglich-Erlebbarem. Der dem Trompe-l'oeil eigene Entzug von Tiefenräumlichkeit zieht die Qualitäten dieses Innenraumes aus der Tiefe nach vorn. Das Licht wird nicht eigentlich durch das Fenster in dem Raum geleitet, es ist bewegungslos und existiert nur im Reflex. Hier ist eine letzte Konsequenz der Lichtdarstellung des Caravaggismus vollzogen, die über Rembrandt hinausreicht. Das Licht, das als Helligkeit genutzt wird, zum Lesen eines Briefes oder zum Betrachten von Perlen, ist eng an seine Erscheinung am Gegenstand gebunden, es konstituiert diese, und das, was eigentlich Reflex ist, erscheint wie das eigentliche Dasein des Lichtes, das damit ebenfalls zum Gegenstand des Stillebens geworden ist.

Jan Vermeer, »Ansicht von Delft«, um 1658–60, 98 × 117 cm. Den Haag, Mauritshuis

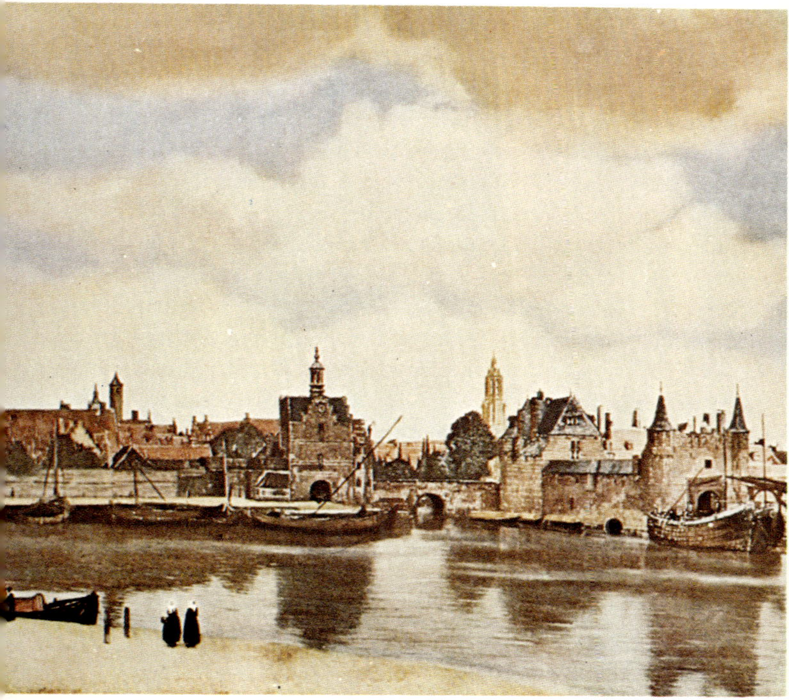

In der gleichen Zeit, also zwischen 1658 und 1660, sind wohl auch die Gemälde *»Die Straße« (Amsterdam, Rijksmus.)* und die *»Ansicht von Delft« (Den Haag, Mauritshuis)* entstanden. Es ist erstaunlich, daß der Spezialist des Raumstillebens zwei Bilder malte, die die späteren Prinzipien der Freilichtmalerei vorwegnahmen. Holländische Landschaftsbilder wurden, wie bereits erwähnt, nicht im Freien, sondern im Atelier gemalt. Auf den Delfter Ansichten Vermeers sind allerdings noch die Häuser nachweisbar, von deren Fenstern aus er die Ansichten der Stadt und der Straße malte. Man kann also von einer Vorstufe der Freilichtmalerei sprechen. Was das Straßenbild so faszinierend macht, ist nicht nur die Übertragung der Gestaltungsmomente des Innenraumbildes, sondern die Verlegung des Distanzierten in die erfaßbare Greifbarkeit der Nähe. Dadurch, daß Vermeer die verschiedensten Brechungen des Lichtes in Materialien wie Holz oder Ziegel als einer der ersten überhaupt darstellt, wird bei ihm die Atmosphäre, der Zwischenraum zwischen Objekt und Subjekt, zwischen Dargestelltem und Beschauer bildwürdig. Da er aber im Trompe-l'oeil Effekt immer wieder die Distanz verkürzt, erleben wir diese Atmosphäre wie einen Stillebengegenstand. In der kleinen Straße gibt es einen Durchblick in einen Hof mit einer Türe, die in einen dunklen Raum führt, in dem nur das weiße Gewand einer dort zum Lichte hin arbeitenden Frau sichtbar wird. Hier wird die »andere Seite« des Raumstillebens sichtbar gemacht.

Es gibt auch zwei allegorische Gemälde von Vermeer: die *»Malerei« (ca. 1660, Wien, Kunsthistor. Mus.)* und der *»Glaube« (New York, Metropolitan Mus.)*, ein Spätwerk. Während über der Interpretation der »Malerei« ein Gelehrtenstreit entbrannte, fand die »Fides« meist nur ein geringschätziges Urteil. Dabei bietet sich gerade das letzte Bild dazu an, einen Einblick zu tun in Vermeers Auffassung vom Gegenstand. Die Allegorie des Glaubens, sicherlich ein Auftragswerk, ist nach dem Standardlexikon für Themen diser Art konstruiert, der »Iconologia« des Cesare Ripa, das 1644 in einer holländischen Ausgabe mit dem Titel »Iconologia, of uytbeeldingen des verstands« erschien. Im Text wird, wie auch sonst bei Ripa, die Begründung der Ausstattung der Allegorie nach alten Quellen erklärt. Danach soll der Glaube als andächtig sitzende Frau darzustellen sein, die einen Fuß auf den Globus stützt, weiter soll unter einem Stein eine zerschmetterte Schlange und nicht weit davon der Apfel des Paradieses liegen. Genannt sind auch Dornenkrone, Kelch und Lorbeer. Die rechte Hand habe die Frau vor die Brust zu halten. – Wer, wie es oft geschehen ist (von E. Plietzsch bis K. Badt) solche Allegoresen als lächerliche Vorschriften bezeichnet, müßte auch Rembrandts *»Danae«* oder den *»Mann mit dem Goldhelm«* als schlecht, weil Illustrationen eines ungeeigneten Textes, bezeichnen.

Um die richtige kunsthistorische Interpretation des *»Ruhmes der Malkunst«* entstand ein Gelehrtenstreit, der die Schwierigkeiten aufzeigt, die allegorische Dimension eines holländischen Bildes jeweils in ihrem Stellenwert richtig einzuordnen. »Vordergründig betrachtet ist das Bild ein ›Genrebild‹: ein Maler malt zur Allegorie der Fama ausstaffiertes Modell. Auf dieser Ebene der Betrachtung zeigt sich zwischen dem ›Inhalt‹ des Bildes und seiner Gestalt kein notwendiger Zusammenhang. Die schönen Farben, das angenehme Licht, die wohltuende Ausgewogenheit

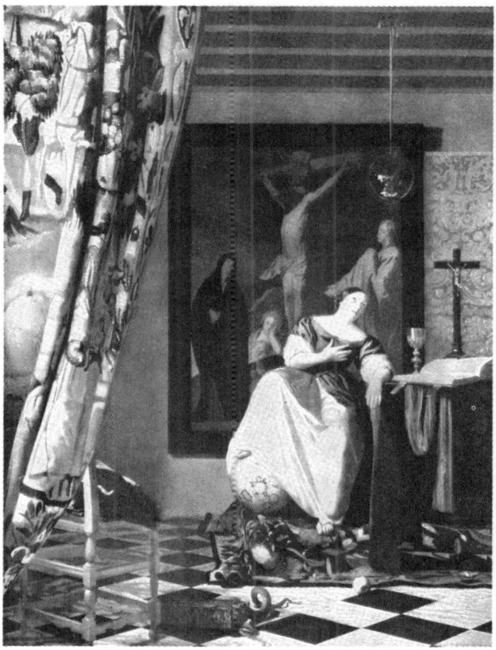

Jan Vermeer, »Allegorie des Glaubens«, um 1669–70, 113 × 88 cm. New York, Metropolitan Museum

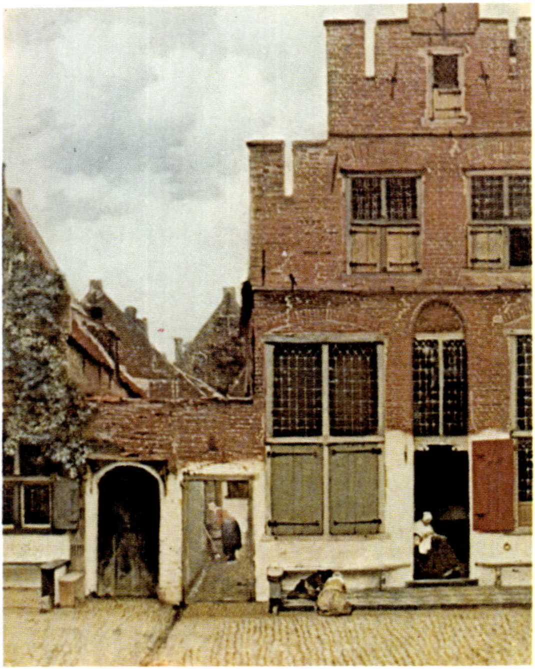

Jan Vermeer,
»Die Straße«,
um 1658–60,
54 × 44 cm.
Amsterdam,
Rijksmuseum

wären selbst sozusagen nur ein ›Aufputz‹, mit dem der Schöpfer des Bildes den belanglosen Vorgang ausstaffiert hätte. Sie wären nur subjektiver ›Geschmack‹ des Malers, gehörten aber nicht notwendig und objektiv zu diesem Thema. Aber die Allegorie erscheint nicht nur im Bilde, das Bild selbst ist eine Allegorie ... Vermeers Witwe hat unser Bild – doch wohl einen Namen verwendend, den Vermeer selbst dem Bilde gegeben hat – ›de schilderconst‹ genannt, das heißt die Kunst des Malens. Die Hauptgestalt des Bildes ist zunächst der Maler; er ist nicht nur die größte Gestalt, er sitzt nicht nur in der Mitte des imaginären Raumes, der sich sozusagen um ihn ›bildet‹ ..., sondern unser Sehen wird gleichsam auf ihn ›eingestellt‹, wie die Brennweite eines photographischen Apparates: seine Gestalt ist am schärfsten zu sehen, während der Vordergrund und Hintergrund leicht unscharf erscheinen. Und doch ist sein Gesicht unsichtbar: er bleibt anonym

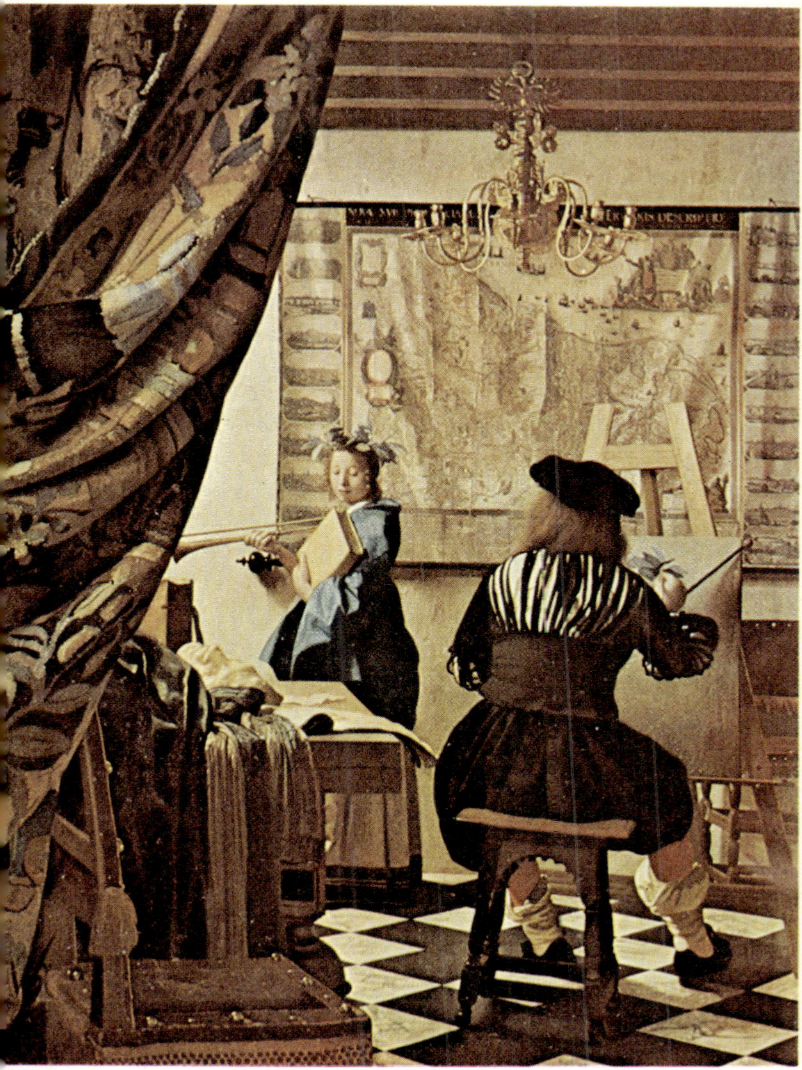

Jan Vermeer, »Der Ruhm der Malkunst«, um 1665, 120 × 100 cm. Wien, Kunsthistorisches Museum

und zeigt sich nur in seinem Amt, der Malkunst. Diese aber ist hier nicht als Handwerk aufgefaßt: nicht zufällig ist von der Palette nichts zu sehen. Der Maler hat zwar den Pinsel in der Hand, aber er malt in diesem Augenblick nicht, sondern wendet sich – das ist an der Strähnung des Haares zu erkennen – mit halbem Blick zum Modell. Er ist in feiertäglichem Gewand, auch ist der Raum keinesfalls ein holländisches Atelier der Zeit, sondern ein feiertäglicher ›Staatsraum‹. Auf dem Tisch liegen nicht die trivialen Requisiten des Malens, sondern Attribute der Malkunst: das aufgeschlagene Skizzenbuch für die Zeichenkunst, im Sinne der zeitgenössischen Kunsttheorie also für den disegno, und die Maske. Wir wären geneigt, diese für ein Attribut der Bildhauerei zu halten, doch liegt sie auch auf dem Titelblatt von G. Bagliones ›Le vite die Pittori, Scultori ed Architetti‹ – 1642 in Rom erschienen – neben den Pinseln zu Füßen der Malkunst. In seiner von Malern vielbenutzten, in zahlreichen Ausgaben erschienenen ›Iconologia‹ nennt Cesare Ripa die Maske als Attribut der Malerei: ›mostra d'imitazione conveniente alle pittura‹. Sie stellt also die imitazione dar, so wie das Skizzenbuch den disegno. Da uns diese Beispiele Vermeer als wohlvertraut mit den Grundbegriffen der Kunsttheorie seiner Zeit zeigen, wird man nicht zu weit gehen, wenn man in dem Buch auf dem Tisch – das durch sein Stehen sich als Gesetzbuch zu erkennen gibt – einen Traktat mit theoretischen Regeln als Verkörperung der buona regola erkennt. Möglicherweise könnten sogar die schönen Tücher – mit einem solchen Tuch ist ja auch das Modell ›geschmückt‹ – etwas bedeuten, nämlich den decoro. Alle diese Dinge erweisen bildlich die Malkunst als ›hohe Kunst‹, als ars major ...

Es ist gewiß kein Zufall, daß auf der Leinwand vor dem Maler nichts anderes gemalt ist als eben nur der Lorbeerkranz (in blauer Grundierung). Aber ebensowenig ist es ein Zufall, daß an der Wand nicht ein Gemälde hängt, sondern eine Landkarte der ›XVII Provinzen‹. Die kommt freilich auch in anderen Bildern Vermeers vor, hier aber ist mit rein formalen Mitteln ein auffallend enger Zusammenhang zwischen ihr und der Gestalt des Ruhmes gestiftet. Diese drei Gehalte geben den allegorischen Gesamtsinn des Bildes an: die Malkunst – der Ruhm – (der) Niederlande.

Sie sprechen ihn nicht laut aus wie die offene Allegorie des Barock – die Malkunst wird nicht wie auf dem Titelblatt des Baglione als vornehmste Kunst mit dem Lorbeerkranz gekrönt –, aber sie spielen ihn, als verhüllte Allegorie, in einer Weise an, die den gebildeten Zeitgenossen ohne weiteres klar war.

Zunächst freilich scheint, besonders wenn man von den Gewohnheiten des europäischen Barock her urteilt, nichts der Darstellung der Gloria unangemessener zu sein als die tiefe Stille und Ruhe, in der sie sich zeigt. Niemals ist der ›Ruhm‹ stiller dargestellt worden: die Posaune wird nicht geblasen, das Buch ist geschlossen wie der Mund, die Augen sind niedergeschlagen. Dabei ist diese Gloria mehr noch als der Maler Hauptgestalt des Bildes, denn auf sie führen alle Blicklinien hin: die indirekte, die in einer Kurve vom leeren Stuhl vorne über die schräg von der rätselhaften Maske über das Buch zu ihrem Gesicht aufsteigt, das der eigentliche Blickpunkt des Bildes ist. Und doch sind alle Attribute der Gloria, den Lorbeerkranz ausgenommen, verneint, beinahe wie eine Travestie, und manchen Betrachtern wollte dies – sehr fälschlich – als leicht komisch erscheinen.«[59]

Dieser Meinung Sedlmayrs steht die von Kurt Badt gegenüber, der in den allegorischen Dimensionen des Bildes nicht die letzten Erklärungsmöglichkeiten sieht, sondern das Bild geradezu als »Antiallegorie« interpretiert: »... so muß auch das Ambiente dieses Bildes mit ein wenig Leichtigkeit, Humor, Ironie genommen werden, als eine kleine Invektive gegen gewisse sehr feierlich einherschreitende Zeitgenossen und Kollegen und das ihre Symbolik und ihre allegorische Apparatur bewundernde Publikum und als eine Verherrlichung des Wirklichen, des Naheliegenden, Unbedeutenden, dem die Kunst Vermeers auch sonst gedient hat *(›Milch eingießende Magd‹ [Amsterdam], ›Klöpplerin‹ [Paris]).*«[60] Sollte es aber nicht einen Mittelweg geben zwischen zwei extremen Möglichkeiten, ja legt nicht die Tatsache, daß es diese Extreme gibt, schon das Fundament einer Interpretation?

Die allegorische Grundlage des Bildes dürfte als erwiesen gelten. Der Streit geht darum, ob diese Allegorie nicht abgelöst sei und ihre Qualitäten zu immanenten, irdischen geworden sind. Tatsächlich ist in der holländischen Malerei, vor allem bei Rembrandt, sehr häufig eine eigene Form der Allegorie zu beobachten: die realistische Allegorie, in der das Symbol »wörtlich« genommen wird. Schon in seinem frühen *»Selbstbildnis vor der Staffelei« (Boston, Mus. of Fine Arts)* hat Rembrandt sich in einem ärmlichen Raum im »Staatsgewand« gemalt, also eine Allegorie ähnlich der des Vermeer geschaffen. – »Die ›Staatstracht‹ des Malers steht im Kontrast zur Erbärmlichkeit des Raumes. Sie ist zwar ikonographisch bedingt, leistet einen ikonographischen Begriff, nämlich den allegorischen d e r Malerei, Rembrandts Realismus jedoch decouvriert die Einkleidung (die Allegorisierung) als Verkleidung. Es handelt sich um ein allgemein holländisches Phänomen, das vor allem im Portrait historié zu beobachten ist.

Während im katholischen Barock Identifizierungen zwischen irdischer Wirklichkeit und dem ewigen Begriff möglich sind (man denke an den *»Medici Zyklus«* von Rubens), bleibt in Holland der Träger der Illusion, also der Mensch, als irdische Persönlichkeit bestehen und ›trägt‹ lediglich seine Rolle. Nicht zufällig ist der ›Mars‹ des Rembrandt bekannt als der *›Mann mit dem Goldhelm‹*. Die junge Frau als ›Flora‹, ›Bellona‹ oder ›Venus‹, ... sie trägt ihren allegorischen Putz wie der Sohn Titus, der durch das Mönchsgewand ... zur ›Humilitas‹ wird, wie Rembrandt selbst, wenn er als orientalischer Herrscher mit Pudel oder mit einem Helm als Kriegsgott auftritt. Ja, man hat vor den Altersselbstbildnissen den Verdacht, daß er jetzt als Rembrandt auftritt. Was soll das bedeuten? der Begriff der Ironie leistet hier nichts. Das Identitätsmanko zwischen Allegorie und deren Gegenständen, Trägern wie Attributen, führt zu keinem Witz, sondern zu etwas anderem. Rembrandts Bildnerei setzt an einem anderen Punkt gegenüber ihrem Gegenstand ein als etwa die von Rubens. Bei letzterem ist die (pathetische) Formensteigerung zugleich eine Steigerung der Inhaltsbedeutung. So werden Transzendierungen möglich, kann ein französischer König zu einem olympischen Wesen werden: Die Malerei als Einbildung des Unsichtbaren macht das mit irdischen Mitteln möglich. Bei Rembrandt liefert das menschliche Bild keine großen Generalbegriffe, sondern individuelle. D. h. das Attribut, das den großen Begriff leisten soll (›Krieg‹, ›Frieden‹, ›Wissenschaft‹ etc.), kann ebenfalls nur individuell begriffen werden und damit als Kostüm. Wie der Mensch nur als Individualität erscheint, so auch seine Kleidung nur als Kleidung derselben und damit wird sie zur Kostümierung und als solche abgebildet – und nicht als Darstellungsmodus verwendet wie bei Rubens. Rembrandts Bild fügt nicht das Individuelle in die von rhetorischer Form erstellten, allgemeineren Sichten, sondern setzt an anderer Stelle mit dem ›Abbilden‹ ein: Zusammen mit dem Träger wird die allegorische Ausstattung porträtiert, d. h. sie ist nicht wie bei Rubens inhaltlicher Träger eines apotheotischen Bildaufbaus, sondern abgebildetes Kostüm. Warum wird dabei kein ›Witz‹ im Sinne des 19. Jahrhunderts daraus? Aus zwei Gründen: Einmal, weil keine Desillusionierung stattfindet, also eine Abbildung von Wirklichkeit als Unglaubwürdigkeit, sondern eine Abbildung der Auseinandersetzung zwischen dem Träger und dem Prozeß seiner Bildwerdung, die nicht zuletzt erst durch das Requisit gegeben ist. Wie erscheint der junge Rembrandt im Kostüm der ›Malerei‹ im Bild? Der triviale Ausdruck mag erlaubt sein, daß er sich abbildet in einem Kostüm (ein Gutteil der modernen Zirkusclownerie arbeitet mit diesem Effekt): hier ist es die betont kleine Statur, der große Schlapphut etc. Der allegorische Anspruch scheint für den jungen Mann einige Nummern zu groß zu sein. Er trägt an ihm, wörtlich wie übertragen, und so ergibt sich ein Bildsinn, der nicht komisch, sondern tief ist. Der junge Maler, angetan mit den Requisiten der Kunst, bildet sich ab: allein, verkleidet im Begriff, an ihm tragend, ausgesetzt der Fragwürdigkeit der Existenz, die nicht nur in der Ärmlichkeit des Ateliers, sondern auch der Vanitas der Kostümierung zum Ausdruck kommt. Diese Dimension einer Durchschauung, sogar des Attributes, also des eigentlich absoluten Zeichens als Plunder führt in unserem Bild auf die Deutung zu. Im Bild Rembrandts ist die Allegorese nicht mehr ein Bildträger, sondern Bildgegenstand geworden. Eitel ist die Allegorie, ihr Kunstbegriff. Sie kleidet uns ein, aber sie ist Plunder, mit ihr angetan steht der Maler vor seiner Staffelei. Die ›Malerei‹ ist so zu einem persönlichen Schicksal geworden. Ihr Begriff ist dinglich geworden, zu einem Gegenstand, wie alles in der holländischen Malerei so sehr Gegenstand ist und damit auch der Vanitas zugehörig und kein apothetisches Vehikel.«[61]

Das »verdinglichte« Symbol ist bei Vermeer das Stillebenhafte aller weltlichen Erscheinung und die Malerei ist ruhmvoll zu nennen, weil sie diese zur Erscheinung bringt. So wird ein malerisches Prinzip identisch mit seinem symbolischen Inhalt.

Carel Fabritius (1622–1654) war das Genie der letzten Generation der holländischen Barockmaler. Er wurde nur 32 Jahre alt, bei der Explosion des Pulverturmes in Delft kam er ums Leben, sein Oevre ist daher nicht sehr groß. Nachdem er sich zunächst in Amsterdam niedergelassen hatte und bis 1643 in der Werkstatt Rembrandts arbeitete, wurde er 1650 Bürger in Delft.

Er war derjenige, der – anders als die übrigen Rembrandtschüler – nicht nur einen Stil des Lehrers übernahm und variierte, sondern diesen zur Basis einer ebenso typisch delftischen wie auch ungewöhnlich eigenen Malerei machte. Von Rembrandt übernahm er als einziger Schüler die Möglichkeit der pastos gesetzten und sich von der Gegenstandsbezeichnung lösenden Farbe. Außerdem nutzte er die Möglichkeit der Trompe-l'oeil, wie wir sie oft in der Rembrandtschule finden. Unverkennbar ist auch in seiner Hell-Dunkel-Disposition Rembrandts Einfluß.

In drei Hauptwerken, alle aus dem letzten Lebensjahr des Fabritius', 1654, wird sein Stil veranschaulicht. Die *»Selbstbildnisse« (London, National Gall.* und *Rotterdam, Mus. Boymans)* sind neben den Porträts Rembrandts und des Frans Hals die einzigen Beispiele der holländischen Malerei, wo Elemente des Skizzenhaften, des verselbständigten Pinselstriches, also jene Vitalisierung des Bildes durch die Verselbständigung des Artistischen das Bild charakterisieren. Das Momentane, Einmalige, ja von der Zeit Gefährdete der menschlichen Erscheinung wird dadurch sichtbar.

Die *»Torwache« (Schwerin, Staatl. Mus.)* ist in gewisser Weise mit Rembrandts »Nachtwache« zu vergleichen. Ein Krieger in seiner martialischen und nicht ganz ernstzunehmenden Aufmachung ist auf der Holzbank sitzend, vor einem Stadttor, eingenickt, ein Hund hockt daneben. Das Licht, hier das eines Sommertages, hebt die Szene hervor – ähnlich wie bei Rembrandt das Theatralische einer »Nachtwache« geradezu identisch ist mit dem Prozeß der Bildwerdung, ist es auch hier. Diese Bildwerdung geschieht hier durch das sehr typisch Delftische einer Verwandlung aller Gegenstände zum Stillebengegenstand. Um die Gegenstände (jedweder Dimension) »dazu zu bringen«, benutzt Fabritius ein Mittel, das den Reiz des Schwerbeschreibbaren besitzt: Die Dinge sind ihrer eigentlichen Funktion entkleidet und gelangen so »zur Ruhe«; der Soldat schläft, die Säule hinter ihm in der Bildmitte trägt nichts außer Efeu, das Tor in der Stadtmauer ist nieder und unbenutzt, ein über ihm angebrachtes Bild in der Mitte abgeschnitten, eine Türöffnung mit Stufen nach oben führt zu keinem Raum mit erkennbarem Sinn usw. Der Bildausschnitt handelt gegen die Tektonik der Bildgegenstände. Und in dieser Entnahme des Funktionellen entsteht das Stillebenhafte. – In ähnlichen Bildanlagen des Francois Ryckhals (nach 1600–1647) oder des David Rychaert d. J. (1612–1661) finden sich solche Kombinationen von Genre und gleichzeitig Größensteigerungen der Dinge zu einem Stilleben, also eine Kombination der Bildtypen des Genre und des Stillebens. Ein Schlafender, ähnlich dem des Fabritius, ist neben einem Berg von Kohlköpfen dargestellt, wobei diese jedoch in ihrer Dimensionierung groß, übergroß, proportional als Stillebengegenstände gemalt sind, so daß zwei Bildmittel gekoppelt sind oder vielmehr

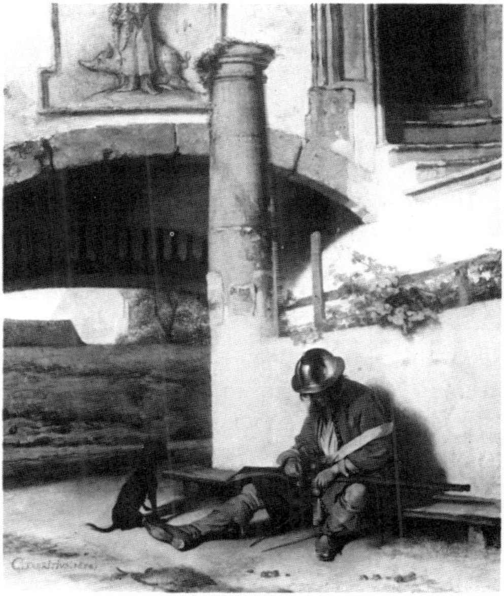

Carel Fabritius,
»Die Torwache«,
Schwerin, Museum

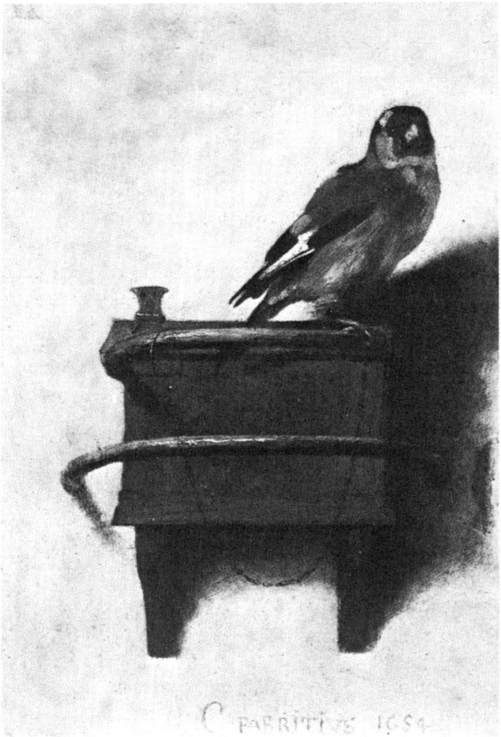

Carel Fabritius, »Der Distelfink«, 1654, 33 × 23 cm. Den Haag, Mauritshuis

der Stillebenmodus der dominante ist. Mit Vermeer van Delft ist Fabritius darin vergleichbar, daß Ruhe und Stille mit dieser Thematisierung des Stillebenhaften das Zentrale des Bildes ausmachen.

Der *»Distelfink« (1654, Den Haag, Mauritshuis)* ist in Trompe-l'oeil-Tradition auf eine Schranktüre gemalt. Neben dem nahen Hintergrundsabschluß und der imitativen Gegenständlichkeit des Vogelbauers vor der Wand und des Stieglitz' dient auch die Licht- und Schattenbildung (in der Tradition Rembrandts) der »Augentäuschung«. Diese Vorliebe für optische Täuschung war in Delft sehr verbreitet; man denke an Emanuel de Wittes *»Kircheninterieur«* (s. S. 99), Carel Fabritius' *»Ansicht von Delft«* (s. S. 97) und Hoogstratens Perspektivkasten *(London* und *Kopenhagen)*. – Die realistische Fixierung der Bildgegenstände ist zugleich eine thematische. Das Angekettetsein des Vogels ist ein Symbol für die Unbeweglichkeit, für die Ruhe und Stille, die allem Gegenständlichen widerfährt, wenn es zum Bildgegenstand wird.

Die Macht des holländischen Bildes zeigt sich da, wo sich die Wirklichkeit zum Bild verdichtet, die imitativen Möglichkeiten des Bildes in der Aufhebung der Grenze zwischen Objekt und Subjekt ausgeschöpft werden, die Augendistanz verringert wird und die Trompe-l'oeil-Effekte und die realistische Lichtführung bis an die Grenzen des Möglichen vorgetrieben werden. Das Bild macht in diesem Vorgang der Bildwerdung und der Imitatio aus den Bildgegenständen die eines Stillebens: des Innehaltens der Welt in der Kunst des Bildes. Über den Realismus entsteht so das holländische Symbol.

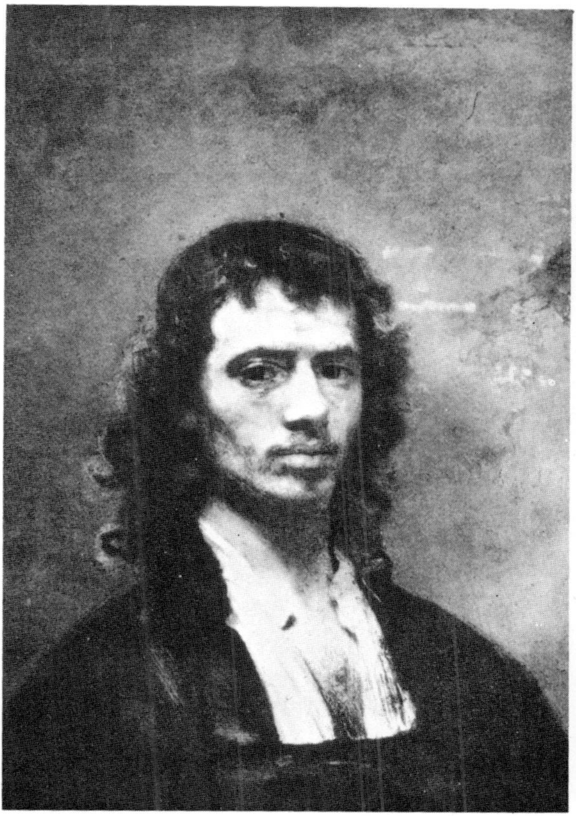

Carel Fabritius, »Selbstporträt«, 65 × 49 cm. Rotterdam, Museum Boymans-van Beuningen

ZUM SCHLUSS

Eine zusammenfassende Arbeit über die holländische Barockmalerei stößt von Anfang an auf die Schwierigkeit, daß mit den Voraussetzungen und der Entstehung eines neuen Bildbegriffes das scheinbare Paradox einerseits der Entstehung eines in dieser Breite bislang unbekannten Spezialistentums sowie einer Schematisierung bei der Bildherstellung und andererseits der Emanzipierung in der Individualisierung eines Typus' von Maler-Genie (Rembrandt, Hals, Vermeer, Fabritius) zu finden ist. Die Kleinmeister und Rembrandt als gleichzeitiges Phänomen aber stellen nur ein scheinbares Paradox dar. Die gleiche Wurzel, die das von Spezialisten machbare, frei verfügbare, »typische« Bild hervorbrachte, diese gleiche Wurzel ließ auch gerade aus dieser Vorstellung vom Bild als praktikablem Stück Kunst die bislang unbekannte Steigerung der Ausdrucksmöglichkeiten in diesem entstehen. Eine enge Begrenzung des Bildbegriffes machte neue Energien frei, und damit ist Rembrandt nichts anderes als ein genialer Vertreter der holländischen Fachmalerei (in diesem Fall mit dem unerhörten Thema Mensch und Gott) und ist diese Fachmalerei umgekehrt die Möglichkeit, das große Thema praktikabel zu machen.

Spezifisches, Neues und für eine Definition dieser holländischen Barockmalerei abstrakt-Benutzbares sollte man nicht in Schlagworte pressen. Deshalb seien die im Buch oft nur kurz genannten Phänomene abschließend provisorisch ausgezählt:

1. Das aus dem »Gesamtkunstwerk« eines von der Architektur angeführten Zusammenhanges weitgehend emanzipierte Bild ist im holländischen Barock mit erheblichen Folgen eine selbständige Instanz im Sinne des modernen »Kunstwerkes« geworden.
2. In dieser weitgehenden Selbständigkeit und Unabhängigkeit etwa von der Architektur ist das Bild in die andere Abhängigkeit

von Instanzen wie Mobilität des Kunstwerkes, Kunsthandel etc. gekommen.

3. Die Emanzipation aus Gesamtzusammenhängen illusionärer barocker Art bringt im holländischen Bild eine neue Art von Illusion hervor: Nicht mehr der Blick ins Überirdische mit realistischen Mitteln, sondern der Gleichnischarakter des Irdischen ist im Bild das Ziel; wobei dieses Bild selbst als irdisches Ding empfunden wird.
4. Im Inhalt dieser Bilder entsteht dabei eine »realistische Allegorie«, die sog. »Wahrheiten« werden dadurch ausgedrückt, daß alles in seinem Gleichniswert im Irdischen dargestellt ist.
5. Folge, aber auch Anlaß, ist das Freiwerden bislang unbekannter »ästhetischer« Qualitäten in der Darstellung des Irdischen im Bild. Gerade da, wo das Bild die sog. »Wirklichkeit« zum Gegenstand hat, werden eigengesetzliche Aesthetica frei.
6. Die »Vergegenständlichung« im Bild, d. h. die Darstellung des eigentlich Unsichtbaren im Sichtbaren weist dem Menschen und der Natur als Bildgegenstand eine wesentliche Rolle zu, die Dimension des Psychologischen und der Stimmung werden zum Bildgegenstand.
7. Diesen Vorgang der Sichtbarmachung des Unendlichen im Endlichen und des Überirdischen im Irdischen, die »realistische Allegorie« kann man unter dem Vorgang der »Verinnerlichung« begreifen. Das Stillebenhafte aller holländischen Bilder resultiert daraus, dieses Anhalten der Zeit in der Gegenständlichkeit des Bildes. Anhalten der Zeit heißt dabei, daß nicht irgendeine Wirklichkeit im Bild kopiert ist, sondern diese Wirklichkeit im Bild »stillsteht« und damit »Kunst« wird.

Anmerkungen

1 Claudel, 1937, S. 7–9
2 The Diary of John Evelyn, I, London 1906, S. 32
3 1610 Remonstrantie. »5 Artikelen van R.« von Uytenbogaert aufgestellt, adressiert an den »Staten General« als religiöses Bekentnis: eine Apologie, die Toleranz predigte, sich nach der Bibel orientierte, gegen die Prädestinationslehre Stellung nahm und die Weisheit, Gerechtigkeit und Liebe Gottes und die eigene menschliche Verantwortung betonte. Auf Drängen von Oldenbarnevelt, der versuchte, die drohende Gefahr einer Desintegration der Republik zu verhindern, von einer tüchtigen Verteidigung in eine Bitte geändert.
Oldenbarnevelt hatte versucht zu erreichen, daß beide Strömungen – Remonstranten und Calvinisten – in der Kirche geduldet würden, daß keine nationale Synode zusammengerufen würde und daß die Rechte der Staaten gehandhabt blieben, d. h.: der Staat steht über der Religion! Moritz weigert sich, gegen die calvinistische Masse und ihre Predikanten mit Gewalt aufzutreten. Es kam zu einer scharfen Trennung zwischen den beiden, auch verursacht durch rein politische Meinungsverschiedenheiten. Der »Staten General« (eine Art Landtag), in dem Amsterdam eine wichtige Rolle spielte, und Moritz stürzten Oldenbarnevelt, um einen Bürgerkrieg zu vermeiden. Dies bedeutete den Sieg für die Calvinisten.
4 Huizinga, S. 21
5 ebenda, S. 22
6 C. F. Koch, Die Kunstausstellung, Berlin 1967, S. 73
7 H. Grimm, Alte Bilderrahmen, München 1978, S. 24
8 s. dazu E. Jacobs, Das Museo Vendramin und die Sammlung Reynst, in: Rep. f. Kunstwissenschaft 46, S. 15–38;
M. E. Bloch, Rembrandt and the Lopez Collection, in: Gaz. des Beaux Arts, 1946, S. 175–186;
L. Cust, Notes to the Arundel Collection, in: Burl. Mag. 19, 1911, S. 278–286, 323–25
9 erste Veröffentlichung von Huygens lateinisch abgefaßter Autobiographie bei: J. A. Worp, Bijdragen en mededeelingen van het historisch genootschap 18, 1897, S. 1–22;
A. H. Kan (Hrg. und übers.), De jeugd van Constantijn Huygens, Rotterdam–Amsterdam 1946

10 H. F. Waterloos, Hollantsche Parnas, Amsterdam 1660, S. 408
11 s. dazu Wishnevsky, 1967
12 Bauch, 1960, S. 63
13 s. dazu Kaufmann, 1943
14 s. dazu Keyszelitz, 1956
15 s. dazu Bergström, 1956
16 z. B. »een stilleven van Evert van Aelst«, 1650. In: Bredius, Bd. 4, 1917, S. 1439
17 Sandrart, 1924, S. 182
18 H. Jantzen, Über die Farbenwahl und die Farbgebung in der holländischen Malerei des 17. Jahrhunderts, Halle 1912
19 s. dazu Burda, 1969
20 ebenda, S. 156
21 ebenda, S. 157
22 s. dazu Jantzen, 1910
23 ebenda, S. 86
24 ebenda, S. 123
25 Claudel, 1937, S. 19 f.
26 Hüttinger, S. 100
27 s. dazu Bol, 1973
28 H. Jantzen, Halle 1912
29 M. Dvorak, Über die geschichtlichen Voraussetzungen des niederländischen Romanismus, in: Kunstgeschichte als Geistesgeschichte, München 1924, S. 211
30 Hubala, 1970, S. 31
31 W. Schöne, Über das Licht in der Malerei, Berlin 1977[4], S. 136 f.
32 ebenda, S. 137
33 W. Messerer, Die Zeit bei Caravaggio, in: Hefte des kunsthistor. Seminars 9–10, München 1964, S. 68
34 H. Grimm, Frans Hals. Entwicklung, Werkanalyse, Gesamtkatalog, Diss. München 1972, S. 36
35 ebenda, S. 36
36 s. Roh, Holländische Malerei, Jena 1921, S. 7 und Anm. S. 321: über die zeitgen. Beschreibungen von C. van Mander und Ampzing (1628).
37 Grimm, 1972, S. 46
39 ebenda, S. 60
40 ebenda, S. 99
41 ebenda, S. 121
42 ebenda, S. 117
43 Einen – wenn auch nicht erschöpfenden – Einblick in die Literatur zu Rembrandt-Gemälden findet man bei Horst Gerson, Rembrandt-Gemälde, Gütersloh 1969
44 Huygens, in: Kan, 1946, S. 79
45 ebenda, S. 79
46 Bauch, 1960, S. 10 f.

47 ebenda, S. 101
48 ebenda, S. 101 f.
49 H. G. Evers, Peter Paul Rubens, München 1942, S. 228 f.
50 Dr. Nic. Tulp
Jacob Block
Hartman Ha(rtmansz)
Adrian Slabr(an)
Jacob de Witt
Matthijs Kalk(oen)
Jacob Koolvelt
Frans van Loenen
51 Fromentin, 1915, S. 240 f.
52 W. Weidlé in einem unveröffentlichten Vortrag über Rembrandt, München 1959
53 H. Sedlmayr, Zugänge zu Rembrandt, in: Epochen und Werke, II, Wien–München 1960, S. 97
54 ebenda, S. 96
55 s. Gerson, S. 128, über die Interpretation von Schmidt-Degener
56 Sedlmayr, S. 94 f.
57 Sandrart, 1925, S. 203
58 Houbraken, Bd. 2, 1719, S. 20
59 Sedlmayr, Jan Vermeer, Der Ruhm der Malkunst »De Schilderconst«, in: Epochen und Werke II, Wien–München 1960, S. 111–114
60 Kurt Badt, Modell und Maler von Jan Vermeer, Köln 1961, S. 111
61 H. Bauer, Rembrandt vor der Staffelei, in: Festschrift Wolfgang Braunfels, Tübingen 1977, S. 3 f.

LITERATUR

Die Literaturliste gibt nur eine Auswahl aus der großen Fülle von Publikationen zum Thema der holländischen Malerei. Nicht aufgeführt sind Monographien zu einzelnen Künstlern.

C. van Mander, Het Leven der Doorluchtighe Nederlantsche en Hoogdhuytsche Scilders, Haarlem 1604; deutsche Ausgabe: H. Floerke, 2 Bde, München–Leipzig 1906

C. van Mander, Den Grondt der edel vry Schilderconst, Haarlem 1604; deutsche Ausgabe: R. Hoecker, Das Lehrdicht des Karel van Mander (Quellenstudien zur holländischen Kunstgeschichte VIII) Den Haag 1915

J. von Sandrart, Teutsche Academie, Nuremberg 1675–79; moderne Ausgabe von A. R. Peltzer, 2 Bde, München 1925

A. Houbraken, De Groote Schouburgh der nederlandsche konstschilders en schilderessen, 3 Bde, Antwerpen 1718–21, Neudruck Den Haag 1753 deutsch in: Quellenschriften für Kunstgeschichte und Kunsttechnik des Mittelalters und der Renaissance, Bd. 14, Wien 1880 (Hrg. R. Eitelberger von Edelberg)

C. Hofstede de Groot, Beschreibendes und kritisches Verzeichnis der Werke der hervorragendsten holländischen Maler des 17. Jahrhunderts, 10 Bde, Eßlingen 1907–28

Hans Jantzen, Das niederländische Architekturbild, Leipzig 1910

Hans Jantzen, Niederländische Malerei im 17. Jahrhundert, Leipzig 1912

E. Fromentin, Die alten Meister, Weimar 1915

A. Bredius, Künstler-Inventare, Urkunden zur Geschichte der holländischen Kunst des 16., 17. und 18. Jahrhunderts, 8 Bde, Den Haag 1915–22

K. Voll, Das 17. Jahrhundert (Entwicklungsgeschichte der Malerei in Einzeldarstellungen, Bd. 3), Leipzig 1917

Jacob Burckhardt, Über die niederländische Genremalerei, in: Vorträge 1844–47, Basel 1919

M. J. Friedländer, Die niederländische Malerei des 17. Jahrhunderts (Propyläen-Kunstgeschichte, Bd. 12), Berlin 1923

R. Grosse, Die holländische Landschaftskunst 1600–1650, Berlin, Leipzig 1925

W. Drost, Barockmalerei in den germanischen Ländern (HB der Kunstwissenschaft), Wildpark–Potsdam 1926

Leo Bruhns, Das Jahrhundert Rembrandts, Leipzig 1930

Alois Riegl, Das holländische Gruppenporträt, 2 Bde, Wien 1931
A. v. Schneider, Caravaggio und die Niederländer, Marburg 1933; 2. Auflage: Amsterdam 1967
Paul Claudel, Vom Wesen der holländischen Malerei, Wien 1937
L. von Weiher, Der Innenraum in der holländischen Malerei des 17. Jahrhunderts, Würzburg 1937
F.-S. Würtenberger, Das holländische Gesellschaftsbild, Schramberg i. Schwarzw. 1937
H. Rudolph, Vanitas, in: Festschrift Wilhelm Pinder zum 60. Geburtstag, Leipzig 1938
B. Knipping, De iconografie van de contrareformatie in de Nederlanden, 2 Bde, Hilversum 1939–40 (engl. Ausgabe 1974)
Horst Gerson, Ausbreitung und Nachwirkung der holländischen Malerei des 17. Jahrhunderts, Haarlem 1942
H. Kaufmann, Die Fünfsinne in der niederländischen Malerei des 17. Jahrhunderts, in: Festschrift Dagobert Frey (Hrg. H. Tintelnot), Breslau 1943
M. J. Friedländer, Vom Wesen der Genre-Malerei und dem Entstehen der Bildgattung, in: Essays über die Landschaftsmalerei und andere Bildgattungen, Den Haag–Oxford 1947
Ch. Sterling, La nature morte de l'antiquité â nos jour, Paris 1952
Wilhelm v. Bode, Die Meister der holländischen und flämischen Malerschulen (bearb. von E. Plietzsch), Leipzig 1953 (7. Aufl.)
I. Bergström, Dutch Still-Life Painting in the 17th century, London 1956
R. Keyszelitz, Der (!) »clavis interpretandi« in der holländischen Malerei des 17. Jahrhunderts, Diss. München 1956
Jean Leymarie, Die holländische Malerei, Genf–Paris–New York 1956
W. Bernt, Die niederländischen Zeichner des 17. Jahrhunderts, 2 Bde, München 1957–58
K. Fremantle, The Baroque Townhall of Amsterdam, Utrecht 1959
P. Zumthor, La vie quotidienne en Hollande au temps de Rembrandt, Paris 1959 (engl. Ausgabe 1963)
Kurt Bauch, Der frühe Rembrandt und seine Zeit, Berlin 1960
H. Plietzsch, Holländische und flämische Maler des 17. Jahrhunderts, Leipzig 1960
R. Cogniat, Die Malerei im 17. Jahrhundert (Epochen der Kunst, Bd. 9), Gütersloh 1964
Uwe Schneede, Das repräsentative Gesellschaftsbild in der niederländischen Malerei des 17. Jahrhunderts, Diss. Kiel 1965
Rosenberg/Slive/Ter Kuile, Dutch Art and Architecture 1600 to 1800 (Pelican History of Art 25), 1966; Taschenbuchausgabe 1972
H. Dattenberg, Niederrheinansichten holländischer Künstler des 17. Jahrhunderts, Düsseldorf 1967
R. Wishnevsky, Studien zum »portrait historié« in den Niederlanden, Diss. München 1967

W. Stechow, Dutch landscape painting of the seventeenth century, London 1968 (2. Aufl.)
W. Bernt, Die niederländischen Maler des 17. Jahrhunderts, 3 Bde, München 1969–1970
Laurens Bol, Holländische Maler des 17. Jahrhunderts nahe den großen Meistern. Landschaften und Stilleben, Braunschweig 1969
Christa Burda, Das Trompe-L'oeil in der holländischen Malerei des 17. Jahrhunderts, Diss. München 1969
Erich Hubala, Die Kunst des 17. Jahrhunderts (Propyläen Kunstgeschichte, Bd. 9), Berlin 1970
Johan Huizinga, Holländische Kultur im siebzehnten Jahrhundert, Suhrkamp TB 401
Rembrandt en zijn tijd, Ausst. Kat. Brüssel 1971
Art in Seventeenth Century Holland, Ausst. Kat. London 1976
The Dutch Cityscape in the 17th Century and its Sources, Ausst. Kat. Amsterdam–Toronto 1977
L. J. Bol, Die holländische Marinemalerei des 17. Jahrhunderts, Braunschweig 1973
Die Sprache der Bilder, Ausst. Kat. Braunschweig 1978
E. Hüttinger, Holländische Malerei im XVII. Jahrhundert, Stuttgart o. J.
W. Martin, Die holländische Malerei in der zweiten Hälfte des 17. Jahrhunderts, Wiesbaden–Berlin o. J.

Weitere Literatur in den Anmerkungen.

REGISTER

Internationale Kritiken zu der Taschenbuchreihe Heyne-Stilkunde

„Een nieuwe reeks kunstboekjes, erg welkom omdat ze op een bondige, heldere, boeiende en ook persoonlijke manier ‚minder' bekende tendensen uit de kunstgeschiedenis belichten. Veel en kleurrijk, mooi afgedrukt beeldmateriaal, mooie druk" (Streven, Vlaanderen XLVI, Antwerpen 1978, S. 567). – „Daß Stilkunde überhaupt nicht hochgestochen sein muß, zeigt der *Heyne*-Verlag. ... Jeder Band enthält eine leicht verdauliche Sammlung von Texten, Dokumenten, Fotos und Bildern und bietet eine wirklich gründliche Information" („Freundin" 16. 2. 1978). – „Die Texte sind auch für den Nichtfachmann verständlich" (Neue Wege, November 1977). – „La collection de manuels d'Histoires des Styles ... aura grand succès: prix modique, illustrations nombreuses. Voilà ce qu'aucun éditeur français ne semble capable de faire" (Revue Dix-huitième Siècle 9/1977). – „Die bisher vorliegenden Bände überzeugen – bei Taschenbüchern keineswegs selbstverständlich – von Inhalt wie Ausstattung her. Die Texte sind verständlich abgefaßt, die Auswahl der Bilder ist ungemein informativ" (Fränkisches Volksblatt 20. 8. 1977). – „Den Deutschen wird nun auch das Bücherlesen wichtiger als das Bücherbesitzen. Neues erfreuliches Beispiel: die vielbändige *Heyne*-Stilkunde" (Capital VII 1977). – „Die Bände sind durchwegs Originalausgaben, reich illustriert und mit Literaturangaben und einem ausführlichen Registerteil versehen. Ein repräsentativer Querschnitt durch Kultur und Gesellschaft der Neuzeit" (Österreichischer Rundfunk/Fernsehen 21. 5. 1977). – „Mit ... dieser enzyklopädisch aufgebauten, von namhaften Kunsthistorikern verfaßten Reihe ... legt der Verlag äußerst informative und zudem sehr preiswerte Veröffentlichungen vor. ... Ein brauchbares Werk sowohl für Büchereien wie auch für den Privatgebrauch" (Deutsches Institut für Filmkunde, Wiesbaden: Die Information V 1977, Nr. 7–9). – „... mit einer ausgezeichneten Buchreihe begonnen, die zwar im Taschenbuchformat erscheint, deren Ausstattung in Druck und Papier aber weit anspruchsvoller ist" (Der Bundesbahninspektor 4/1977). – „Der Verlag war in der Auswahl der Titel, die diese Reihe einleiten, gut beraten" (Österreichischer Rundfunk 19. 2. 1977). – „Eine beachtenswerte Taschenbuchreihe" (Österreichischer Rundfunk/Fernsehen 29. 1. 1977). – „Ob als Einzelbände oder als Enzyklopädie, die Taschenbuchreihe ‚*Heyne*-Stilkunde' bietet eine brauchbare Zusammenfassung eines Themas, fundiert und doch leicht faßlich, mit vielen Bildern" (Oberösterreichische Nachrichten 17. 1. 1977). – „Über die jeweiligen Stile werden sachkundige und, angesichts der Aufgabenstellung, recht umfassende Darstellungen veröffentlicht, die mehr als nur einen ersten Ein- und Überblick bieten" (Student, Freiheitliche Zeitschrift für Politik, Kultur und Gesellschaft, Januar 1977). – „Der Münchner *Heyne*-Verlag, ehedem nur auf zweitklassige Krimis, triviale Alt-Bestseller ... spezialisiert, ... setzt ... zusehends auf mehr Niveau. Wie gut diese Rechnung aufgeht, demonstriert eine neue *Heyne*-Edition: eine Stilkunde im Taschenbuch" (Badische Zeitung 11./12. 12. 1976). – „... in Bild und Text hervorragende Taschenbücher" (Heim und Werk 3. 12. 1976). – „Alle Kunstbereiche ... abhandelnd wird hier ein gutes Gesamtbild jeder Epoche geboten" (Das Haus XI 1976). – „Ausdrücklich sei auf die neue *Heyne*-Reihe Stilkunde verwiesen" (Die Kunst und das schöne Heim, September 1976). – „Die zugleich außerordentlich preiswerte Reihe sollten Kunstfreunde im Auge behalten" (Der Tagesspiegel, Berlin 15. 8. 1976).